KB103074

더 나은 삶을 위한 경제학

더 나은  삶을

주류 경제학이
나아갈 길에 관하여

위한 경제학

로버트 스키델스키

장진영 옮김

WHAT'S WRONG WITH ECONOMICS

안티레스

길들지 않은 거대한 괴물이 된 경제학

우리는 '더 나은 삶', '더 나은 세상'을 바라며 경제학을 공부한다. 그러면서 차츰 경제학 공부가 다름 아닌 '경제학자가 해야 할 일이 무엇인지' 공부하는 것임을 깨닫게 된다. 바로 이 지점에서 의구심이 생긴다. 경제학자들이 하는 일은 경제학의 궁극적인 목적, 즉 인류가 '더 나은 삶'을 살도록 하는 것일까? 아니면 다른 무언가가 있을까? 나는 이 책에서 그 의구심을 해소하고자 한다.

지난 30년 동안 인류의 경제생활과 관련해 많은 문제가 발생했다. 불평등이 극심해지자 노동 보호와 절차가 해체됐고, 2007~2008년에는 세계적 금융 시스템이 붕괴했다. 주류 경제학이 이와 같은 수많은 경제 문제에 연루된 정황이 드러나면서, 더 나은 세상을 만든다는 경제학 본연의 역할에 대한 의심과 불안이 피어올랐다. 자유 경쟁 시스템은 그야말로 "인간의 운명에 무관심한 채 길들지 않은 거대한 괴물처럼" 마구 날뛰었다.[1] 앨프리드 마셜(Alfred Marshall, 1842~1924)이 《경제학 원리(Principles of Economics)》에서 인용한 이 표현은 그가 사망한 지 100년이 지난 오늘날의 경제학에도 여전히 들어맞는다.

역사의식을 가진 사람이라면 이 세계를 국경과 문화가 없는 거대한 하나의 시장으로 통합하려는 시도는 결국 물거품이 된다는 사실을 알 것이다. 그런데도 주류 경제학은 인류가 역사상 처음으로 무제한 소비에 대해 비합리적인 저항을 멈췄을 때 시장 주도의 '세계화(globalisation)'가 성숙 단계에 이르렀다고 바라본다.

나는 현상을 이렇게 해석한 뒤 진보적인 생각이라고 말하는 경제학자들의 머릿속이 궁금했다. 그리고 나는 경제학이라는 학문이 형성되던 초기부터 이미 '시장 방임(unleash the market)'을 내포하고 있었음을 확인했다. 오늘날의 주류 경제학은 많은 부분에서 그 뿌리로 되돌아간 경제학이다. 나는 이를 곱씹을수록 경제학의 치명적인 문제점은 특정 이론이 아니라 결론에 도달하고자 사용한 방법에 있다는 확신을 갖게 됐다.

나는 이 책에서 여러분에게 경제학자들의 마음속을 꿰뚫어 보는 통찰력, 다시 말해 그들이 인간의 경제 행위를 바라보는 방식에 대한 통찰력을 제공하고 싶다. 물론 모든 경제학자가 똑같은 방식으로 경제 행위를 바라보는 것은 아니다. 다만 이들 경제학자가 경제를 바라보는 방식에서 나타나는 특징을 설명할 '모델(model)'은 존재한다. 경제학자들은 인간 존재를 '효용 극대화(utility maximiser)'의 관점에서 본다. 우리가 경제 행위를 하는 일관된 목적과 경제 행위의 결과를 계산하는 신뢰할 만한 방법은 경제학자들에게 인간 행동의 비밀을 풀어줄 마법의 열쇠다. 경제학자들은 인간을 '호모 이코노미쿠스(homo economicus)', 즉 '경제적 인간'으로 이해하며 갖가지 정책 자문을 제공한다. 그들은 개개의 인간이 합리적이고 이기적인 동기를 갖고 경제 행위를 하므로 예측 가능하다고 여긴다. 그러나 인간 개인이 언제나 합리적이고 이기적으로 행동하지는 않는다. 이렇듯 인간이 그런 행동을 하는 동기를 불완전하게 이해하고 있기 때문에 그들은 자주 잘못된 정책 자문을 제공한다. 간단히 말하자면 경제학자들은 자신들이 세운 이론에서 벗어난 개인의 선택과 행동의 동기는 무시한다. 그래서 예측을 하는 데 번번이 실패한다.

이 책 전체를 통틀어 내가 말하는 '경제학'과 '경제학자'는 '신고전주의(neoclassical)' 경제학을 지칭한다. 나는 '신고전주의' 경제학을 '한계주의(marginalism)' 경제학'이나 '주류(mainstream)' 경제학이라고도 부른다. '주류' 경제학이라 부르는 이유는 현재 경제학 교과서의 내용 중 많은 부분이 신고전주의 경제학에 할애되는 데다, 신고전주의 경제학이 현대 경제학 방법론에 뚜렷한 영향을 줬기 때문이다. 앞으로 나는 이 세 가지 용어를 번갈아 사용할 텐데, 별도의 수식이 없는 '경제학'과 '경제학자'도 모두 이를 일컫는다고 이해하면 된다.

더 나은 삶을 위한 경제학

신고전주의 경제학은 이름에서 알 수 있듯이 '고전주의 경제학'을 계승한다. 그렇지만 나는 신고전주의 경제학과 고전주의 경제학을 구분한다. 고전주의 경제학은 신고전주의 경제학보다 사회 문제를 바라보는 관점과 사회적 지식을 습득하는 시각이 넓다. 반면 신고전주의 경제학은 실제로 존재하는 것은 오직 '개인'이며 개인의 합리성이 인간 행동을 예측하게 해준다고 주장한다.

이로 인해 학문의 영역이 좁아졌다. 신고전주의 경제학에서 조직은 개인으로 구성된 집단일 뿐이다. 1932년 라이어널 로빈스(Lionel Robbins, 1898~1984)가 경제학의 신고전주의적 관점을 정의한 이래 지금껏 경제학계를 지배해왔으므로 나는 신고전주의 경제학을 '주류'라고 부른다. 이미 눈치챘겠지만 이 책에서 나는 주류 경제학을 공격할 것이다. 따라서 신고전주의 경제학의 강점보다 약점에 초점을 맞출 것이다. 신고전주의 경제학자들은 자신들의 지식을 과장한다. 나는 그들의 약점을 누출함으로써 잘못된 부분을 바로잡을 것이다. 나아가 신고전주의 경제학의 최대 강점은 일반화인데, 지나치게 단순한 전제를 근거로 일반화한다는 것이 약점이기에 나는 이 약점을 집중적으로 파고들 것이다.

그들은 신고전주의 경제학이 모든 사회과학 중 물리학과 가장 유사해서 어려운 예측이 가능하다고 주장한다. 이 '예측'이 신고전주의 경제학에 특별한 권위를 부여한다. 경찰 제복을 입는다고 해서 경찰의 권위가 생기는 것은 아니지만, 어쨌든 경제학이 입은 제복은 무척 인상적이다. 이 제복에는 모델, 함수, 분석, 통계 등의 약장이 주렁주렁 달려 있다. 대부분 사람은 과학이 권위 있는 학문이라고 생각한다. 실험 결과와 데이터라는 약장이 권위를 부여해주는 덕분이다. 철학이나 정치학 같은 학문은 과학보다 열등하게 본다. 제복에 달린 것들이 없어서다. 권위 없는 사색으로만 여길 뿐이다. 그렇다면 경제학은 다른 사회과학이 얻지 못한 권위를 얻었을까? 그렇다. 의심할 여지없이 경제학은 정부가 최대의 경의를 표하는 학문이 됐다. 제복에 덕지덕지 붙은 온갖 약장이 '예측'을 할 수 있다는 신뢰와 기대를 불러일으켰다.

숫자의 마법에서 그 답을 찾을 수 있다. 수학 기호에 숫자를 붙여 방정식을 만들어내는 능력에서 경제학의 권위가 생긴다. 경제학자들은 이 능력으로 정량적 예측치를 내놓는다. 그 어떤 사회과학도 주어진 재료를 이토록 열정적으로 계산하고 측정하지는 않는다. 그동안 수많은 경제학자들이 경제학에서 수학이 남용되고 있다고 불평하기도 했지만, 경제학이 연구 대상을 측정 가능한 경제 행위로 제한하면서 수학이 남용됐다고 말한 경제학자는 거의 없다. 그렇다고는 해도 경제를 사람과 재화의 양으로 풀어낸 수학적 모델을 통해 나타낼 수 없었다면 경제학은 권위를 갖지 못했을 것이다.

그러므로 경제학의 수학적 언어는 '입증'이 아닌 '설득' 기술 일부분으로 간주해야 한다. 왜냐하면 자신들의 주장이 '참'임을 입증할 수 없기 때문이다. 경제학자들은 오직 사람들을 자신들과 같은 관점에서 세상을 바라보도록 '설득'할 수 있을 뿐이다.

더 나은 삶을 위한 경제학

여러분은 내가 신고전주의 경제학을 너무 희화화한다고 나무랄 수 있다. 내가 그들의 사고방식을 왜곡한다고 느낄 수도 있다. 하지만 경제학 교과서에 가득 실려 있는 신고전주의 경제학 이론들이 이미 코미디다. 2008년 노벨경제학상을 받은 폴 크루그먼(Paul Krugman, 1953~)의 표현을 빌리면 "유치한" 형태로 가설을 제시하고는, "가정을 완화해" 현실에 가까이 적용할 때는 지나치게 단순한 추론으로 끌어들인다. 경제 부처 관료, 경제 전문 기자, 기업 로비스트, 정치인들 사이에서 복음으로 통하는 것은 다름 아닌 '초소형' 경제 모델이다. 신고전주의 경제학은 초소형 경제 모델 안에서 돈을 근거로 추론한 뒤 그 결론을 더 복잡한 경제 모델에 추가한다. 이 실패한 방법론은 2008년 글로벌 금융 위기로 이어진 숱한 사건에서 대단한 영향력을 행사한 금융 시스템의 핵심 역할을 이해하는 데 좋은 사례다. 초소형 모델에서 만들어진 결과에는 권력과 불확실성이 만연하게 행사하는 영향력은 제외된다.

여러분은 또한 내가 1980년대 이후 주류 경제학의 발전 과정을 간과했다고 비판할 수 있다. 2008년의 경제 붕괴는 분명히 충격적이었고 경제학계가 자아 성찰을 하는 계기가 됐다. 그렇게 등장한 '행동 경제학(behavioural economics)'은 우리가 얻은 중요한 성과다. 행동 경제학 말고도 연이은 경제 위기의 원인을 설명하는 수백 건의 논문이 전문 학술지에 게재됐다. 다른 학문의 관점에서는 오랫동안 명백하게 보였던 인간 행동을 경제학에서도 비로소 보게 됐다는 점에서 환영할 만한 일이다. 주류 경제학도 현실주의에 입각해 새로운 접근법을 시도했지만 나는 이를 비판적으로 바라본다. 합리적 계산과 반대되는 가설을 근간으로 삼는 접근방식은 이미 망가진 상태에서 시작하는 것이기 때문이다. 기존의 예측과 크게 어긋나는 결과가 나오더라도 그들의 모델에 대입하면 인간이 '합리적 행동(효용 극대화)'을 하지 않는 것은 불가능하다. 2011년 노벨경제학상을 받은 토머스 사전트(Thomas Sargent, 1943~)는 주류 경제학 이론을 간결하게 요약해 많은 논문을 발표했지만, 그가 말했듯이 "불합리성은 합리성의 특별한 경우"일 뿐이었다.

나는 이 책에서 경제학 방법론을 다룰 때 해당 분야 최고 권위자들의 견해만 인용하려고 애썼다. 그들 대부분은 노벨경제학상 수상자들이다. 주류 경제학을 향한 신랄한 비판은 젖비린내 나는 애송이들에게서 나오지 않았다. 역대 최고의 경제학자들에게서 나왔다.

이 책은 경제학 교과서가 아니지만, 역설적이게도 나는 이 책을 쓰기 위해 수많은 경제학 교과서를 참조했다. 물론 여러분이 이 책을 선택한 까닭은 경제학에 관심이 있어서일 것이다. 그리고 여러분의 선택은 옳다. 그렇지만 나는 좀 더 작심하고 이 책을 썼다. 이 책의 목적은 여러분을 포함해 경제학이 자신들을 어디로 이끌고 있는지 궁금해하는 경제학자와 비경제학자 모두의 관심을 끄는 데 있다. 갖가지 경제 모델에 내포된 전제에 관해 경제학자들을 심문하고 그 내용을 만천하에 공개해 과연 그들이 주장하는 것들을 스스로 어디까지 믿고 있는지 살펴려고 한다.

더 나은 삶을 위한 경제학

최대한 쉽고 단순한 말로 설명하고자 노력했지만 그 속에 담긴 복잡하고 깊은 사고는 절대로 단순하지 않을 것이다. 이 책의 토대는 내가 2018년 신경제사고연구소(Institute of New Economic Thinking) 초청을 받아 런던과 뉴욕에서 진행한 강연이다. 강연 때 시간이 짧아서 생략했던 내용을 보완했고, 강연 이후 받은 의견과 비판을 수렴하면서 새로 추가한 내용도 있다.

그런데 나는 이 주제를 다룰 만한 자격을 갖췄을까? 나는 역사학으로 첫 번째 학위를 받았고 정치학 박사 학위를 갖고 있다. 오랫동안 나는 역사와 정치의 경제적 측면에 관심이 있었다. 하지만 존 메이너드 케인스(John Maynard Keynes, 1883~1946)에 관한 책을 쓰겠다고 결심했을 때 나는 경제학을 '조금' 아는 정도로는 턱없이 부족하다는 사실을 깨달았다. 그래서 집필을 미루고 본격적으로 경제학을 다시 공부했다. 그런 뒤 전기를 비롯해 케인스를 주제로 세 권의 책을 썼으며 워릭대학교(Warwick University) 경제학부 정치경제학 교수를 맡았다.

이와 같은 이력이 이 책을 쓰는 데 영향을 미쳤다. 그 영향은 크게 두 가지로 나눌 수 있다. 첫째, 나는 철저히 역사적 관점에서 경제학에 접근한다. 어떤 경제 이론을 독립적으로 바라보지 않고 역사적 맥락과 전후 상황을 고려해 살핀다. 둘째, 나는 제3자의 시각으로 경제학을 조망한다. 밝혔듯이 내 전공은 경제학이 아니다. 그렇기에 나는 인류학자가 부족을 연구하거나 이민자가 이민국 관습을 공부하듯이, 경제학자가 경제 현상에 접근하는 방식과 그들이 의례적으로 하는 작업을 배울 준비가 돼 있다. 나는 내부자가 아닌 외부자로서 경제학자의 마음을 들여다봤고 많은 것을 배웠다. 나는 경제학의 언어를 표준어가 아닌 사투리로 말할 수 있다.

한편으로 이 책과 이른바 '비주류(heterodox) 경제학'의 관계도 짚고 넘어가야겠다. 당연하게도 비주류 경제학은 주류 경제학에 매우 비판적이다. 대표적인 비주류 경제학자 제프리 호지슨(Geoffrey Hodgson, 1946~)에 따르면 비주류 경제학은 경제 지식의 '누적된 발전(cumulative advance)'을 유지하기 위해 신고전주의 경제학을 넘어서는 학문 분야 수립을 목표로 삼는다. 그러나 나는 지금의 경제학이 통합된 학문 분야가 됐다고 생각하지도 않고 비주류 경제학이 바람직하다고 여기지도 않는다. 게다가 주류 경제학을 공격한다고 해서 내가 비주류 경제학을 옹호하는 것도 아니다.

나는 경제학이 존 케이(John Kay, 1948~)가 부르는 '적재적소(horses for courses)'의 방법론으로 나아가야 한다고 믿는다. 각각의 상황에 맞는 경제 이론으로 주어진 상황을 분석하는 것이다. 간략히 말하면 경제학은 '모든' 상황과 문제에 적용 가능한 '보편적' 이론을 수립하려는 욕심을 버려야 한다. 다시 말해 경제학은 거시경제적 환경을 '미시화'하려고 시도해서는 안 된다. 개인의 합리적 선택으로 모든 일반적 결과를 설명하겠다고 고집을 부려선 안 된다. 그렇지 않으면 예컨대 "대량 실업은 일을 덜 하겠다는 개인의 선택이 모여서 나온 결과"라는 말도 안 되고 비인간적인 결론에 이르게 된다. 나는 '비주류'보다 '다원주

더 나은 삶을 위한 경제학

의(pluralism)'라는 이름표를 붙이고 싶다. 다원주의는 다른 학문이 제공하는 통찰을 고려하자고 요구한다. 나는 제프리 호지슨이 가정한 경제학의 '누적된 발전'에 대해서는 매우 회의적이다. 자연과학과 달리 일반화된 경제 제안을 시험할 수 있는 확실한 방법이 없기 때문이다.

이 책의 주제를 제대로 다루려면 주류 경제학 말고도 수많은 경제학 분야를 망라해야 하지만, 생태 경제학, 페미니즘 경제학, 물리 경제학, 생물물리 경제학, 현대 통화 이론 등 수많은 경제 이론은 제외했다. 그 이유에 대해 변명하자면, 이 책의 목적은 주류 경제학의 대안이 될 이론을 제시하는 게 아니기 때문이다. 여러분이 만약 그런 주제의 책을 읽고 싶다면 존 하비(John Harvey, 1961~)의 《경제학의 주요 쟁점과 재고: 다원주의 경제학 소개(Contending Perspectives in Economics and Rethinking Economics: An Introduction to Pluralist Economics)》를 추천한다.[2]

그리고 내가 이 책에서 언급하는 비주류 경제학자들과 학파가 정통(주류 경제학)에 저항하는 반체제 인사들로 느껴진다면, 그것은 전혀 내 의도가 아님을 미리 말해둔다. 이 책은 주류 경제학이 어떻게 그리고 왜 오늘날에 이르게 됐는지에 집중한다. 주류 경제학에는 심각한 결함이 있다. 이를 감안하면 당장이라도 주류 경제학을 떨쳐버리고 새로운 대안을 찾고 싶은 욕구가 생길 것이다. 그러나 주류 경제학이 왜 주류가 됐고 지금의 지배적 위치를 갖게 됐는지 그 배경을 이해하지 못하면 우리는 주류 경제학을 정당하게 바로잡을 수 없다.

학문의 권위는 어느 정도 불투명함에서 비롯된다. 접근하기 어려울수록 대단한 학문처럼 보인다. 하지만 나는 경제학(더 포괄적으로는 사회과학)의 핵심 사상은 절대적으로 투명해야 한다고 생각한다. 난해한 전문 용어 속에 묻혀서는 안 된다. 그 이유는 두 가지다.

첫째, 우리는 우리의 행동이 어떻게 이해되고 있는지를 이해해야 한다. 사회적 이론을 전달하는 언어는 관찰자와 피관찰자가 그 해석을 놓고 논쟁을 벌일 수 있을 정도로 개방적이어야 한다. 불투명함은 이를 불가능하게 만든다.

둘째, 학문은 서로 소통하면서 발전해야 한다. 물론 전문 용어는 필요하다. 그렇지만 지나치게 배타적이어서는 곤란하다. 많은 학자가 자신들과 다른 용어를 사용하는 학파의 주장이나 이론에 눈과 귀를 닫는다. 자신들과 결이 다르면 고려 대상에서 배제한다. 하지만 과거 대부분의 위대한 경제학자들은 일상적인 언어로 자신의 통찰을 전달하고자 노력했다. 일례로 신고전주의 경제학의 창시자라고 불리는 앨프리드 마셜도 복잡한 도표는 부록에만 넣는 것으로 유명했다. 그런데 오늘날 경제학자들은 거의 수학적인 언어로만 말한다. 애써 다른 학자들과 소통하거나 그들의 말에 귀를 기울이려고 하지 않는다. 심지어 영역 구분까지 확실해졌다. 같은 학파의 하위 분파끼리도 서로 소통하지 않는다. 하물며 주류는 비주류와 절대로 소통하지 않는다.

학문 용어의 과도한 전문화가 가져온 폐해는 사회과학 전반에서 나타난다. 주제가 같더라도 다른 분야의 문헌을 참고하지 않는다. 경제

학 용어는 다른 사회과학 용어보다 이해하기에 더 어려우므로 경제학
자들의 잘못이 더 크다.

2008년 글로벌 금융 위기 이후 경제학은 안팎으로 흠씬 두들겨 맞
았다. 그런데도 공공 영역에서 경제학의 특권적 지위는 그대로 유
지됐다. 우리 시대를 지배하는 공공 정책 패러다임인 '신자유주의
(neoliberalism)'는 사실상 모든 사회 문제에 경제적 해결책이 있다고 본
다. 즉, 시장이 가장 잘 안다는 것이다.

많은 경제학자가 정치인들이 자신의 조언을 귀담아듣지 않는다
고 불평하면서, 이를 근거로 자신들이 공공 정책에 지나치게 많은 영
향력을 행사한다는 주장을 반박했다. 트럼프와 브렉시트의 시대였
으니 맞는 말 같기도 하다. 이른바 '포퓰리스트 반란(populist revolts)'
때 경제학자들의 처방인 '자유무역(free trade)'은 거부당했다. 하지
만 포퓰리스트 반란의 이면에도 친기업적인 '시장 근본주의(market
fundamentalism)'가 존재했다. 시장 근본주의는 주류 경제학의 기본 관
점이며 경제학 커리큘럼의 밑그림을 이루고 있다. 정부가 시장에 개입
하지 않는 한 모든 일이 잘 풀릴 것이라는 관점이다.

대다수 경제학자가 경제에서 정부의 역할에 대해 미묘히 다르게 바
라보지만, 도널드 트럼프(Donald Trump, 1946~)의 당선과 특히 영국
의 유럽연합 탈퇴에는 격렬히 반대했다. 그렇다면 여기에서 우리는 중
요한 질문 하나를 던질 수 있다. 우리가 '경제학'을 말할 때 그 '경제학'
은 무엇을 지칭하는 걸까? 경제학계, 정부, 경제연구소 등에서 내놓

는 전문 견해와 연구 결과를 말하는 걸까? 아니면 대학에서 학생들이 배우는 경제학이라는 과목을 뜻하는 걸까? 학술지 〈이코노메트리카(Econometrica)〉가 경제학일까, 개론서 《경제학 101(Economics 101)》이 경제학일까?

이 질문을 던진 이유는 경제학만큼 학교에서 배우는 것과 실물 경제에서 연구하는 것의 차이가 큰 학문이 없기 때문이다. 똑똑하고 성실한 학생들이 학교에서 경제학을 공부해 좋은 점수를 받았어도, 실제로는 경제학자가 하는 일을 거의 이해하시 못했을 수 있다. 그런 상태로 사회에 나가 스스로 경제학자라고 여기며 경제를 연구하는 것이다.

글로벌 금융 위기 이후에도 달라진 것은 없다. 계속해서 잘못된 견해를 수정하고 있다는 항변도 설득력이 없다. 좀처럼 접근하기 어려운 전문 학술지에 읽히지도 않는 문장을 약간 수정하는 것만으로는 충분치 않다. 경제학 전공자들이 배우는 커리큘럼도 변함없이 그대로다. 학문의 기본 전제는 지금 세대가 앞선 세대의 교훈을 습득해 다음 세대에 전달하는 과정을 반복함으로써 발전할 수 있어야 한다는 것이다. 경제학은 살아 숨 쉬는 경제를 다루기에 이 과정이 더욱 빈번하게 이뤄져야 한다. 앞선 세대가 쌓아 올린 잘못된 지식의 벽을 무너뜨려야 앞으로 나아갈 수 있다.

제12장 ◆ 윤리학은 경제학을 어떻게 도울 수 있는가

제13장 ◆ 전지적 학문이 아니라는 사실을 인정할 때

경제학 방법론에서 비롯된 모든 문제

제 1 장

> 경제학만 아는 사람이 훌륭한 경제학자일 리 없다.
>
> _존 스튜어트 밀[1]

:: 불가능한 법칙 ::

2008년 글로벌 금융 위기 이후 경제학에 대해 재고해봐야 할 필요성이 대두됐다. 그해의 위기를 예측한 경제학자들은 적었다. 인터넷 알고리듬 시스템보다 경제 시스템이 훨씬 더 잦은 고장을 일으키리라고 예상한 이들도 적었다. 그러자 경제학을 공부하던 학생들이 물었다. 경제에 어떤 일이 벌어지고 있는지 설명하거나 나쁜 일이 생기지 않도록 방지하는 정책을 제시할 수 없다면 경제학을 공부하는 게 무슨 소용인가? 제2차 대전 이래 최악의 경제 위기가 닥쳤다. 어떤 이들은 '소공황(Lesser Depression)'이라 불렀고 어떤 이들은 '대침체(Great Recession)'라고까지 말했다.

경제 위기의 근본 원인은 경제학자 개개인의 무능이나 무관심이 아니다. 오히려 경제학의 '방법론(methodology)'과 깊은 관련이 있다. 방법론이라고 하니 고리타분하게 들릴 수 있겠지만, 경제학자들의 방법론은 경제가 어떻게 그리고 왜 잘못됐는지를 이해하는 데 매우 중요하다. 그런데 신고전주의 경제학은 경제를 연구하고자 유별난 방법을 개발했고, 이 밖에 다른 방법을 활용한 경제 연구는 경제학으로 인정하지 않는다. 다시 말해 신고전주의 경제학에서 연구 대상이 되는 인간의 경제 활동은 신고전주의적 방식으로 정의된다.

이런 방식의 경제 모델은 오직 제한된 범위의 가능성만 허용한다. 신고전주의 경제학자들은 이 범위를 벗어난 상황에는 관심을 두지 않는다. 금융 시장이 효율적으로 움직인다는 것을 보여준 이들의 경제 모델은 2008년의 위기를 예측하지 못했다. 신고전주의 경제학 대부분의 경제 모델이 이렇다. 실제로 금융 위기의 원인을 분석한 논문은 위기가 발생하고 난 뒤에 마구 쏟아졌다. 그 덕분에 우리는 어렴풋하게나마 '다중 균형(multiple equilibria)'이 '내부적으로(endogenously)' 발생할 수 있다는 사실을 배웠다. 하지만 글로벌 금융 위기가 닥치기 전의 '불확실성(uncertainty)'에 관한 언급은 없었다. 그저 보험 들어둘 만한 '리스크(risk)'만 있었다. 나는 이 책에서 공공 정책을 수립할 때 가장 큰 영향력을 행사하는 경제학과 현실 사이에 왜 괴리가 자주 발생하는지 밝힐 것이다.

어떤 경제학자들은 방법론을 멸시하기도 했다. 폴 새뮤얼슨(Paul Samuelson, 1915~2009)은 "할 수 있는 자들은 과학을 하고, 할 수 없는 자들은 방법론에 대해 떠들어라"라고 썼다.[2] 프랭크 한(Frank Hahn, 1925~2013)도 "나는 젊은이들에게 방법론에 너무 많은 시간을 소비하지 말라고 조언하는데, 경제학도들이 철학을 배우면 다음은 무엇을 할 텐가"라고 말했다.[3] 이 두 사람의 경제학자는 경제학을 공부하는 학생이 자기가 무엇을 히고 있는지 생각할 필요성을 찾게 해주는 데는 관심이 없었다. 이들은 사고의 방식이 아니라 사고의 대상이 중요하다고 여겼다.

만약 경제학이 자연과학에 속한다면 이는 좋은 조언이 될 것이다. 자연과학자들은 방법론을 고심하는 데 시간을 소비하지 않는다. 그들은 물리적 세계를 이해하고자 발전시켜온 방법들이 진실을 밝히는 데 적절하다고 믿는다. 그들에게는 이렇게 믿을 충분한 이유가 있다. 실제로 연구 방법론에 관한 성찰은 르네 데카르트(René Descartes, 1596~1650)에서부터 알베르트 아인슈타인(Albert Einstein, 1879~1955)에 이르기까지 물리학의 발전과 밀접한 관계가 있다. 그러나 실리적 목적을 위해 자연과학의 방법론은 늘 고정돼 있다.

어쨌든 대부분 경제학자는 자연과학자들과 동일한 노선을 따른다. 그들이 바라보는 세상은 인간 로봇으로 가득하다. 그래서 그들은 이 기계와 같은 생명체의 행동을 분석하고 그에 관한 '법칙(law)'을 수립하는 데 목표를 둔다. 아직은 완전한 법칙이 마련되지 않았다. 하지만 그들이 생각하기에 신경과학자들이 인간 뇌에 관한 연구를 완료하면 마침내 자연과학을 따라잡을 것이다. 그들은 자신들의 연구와 이해의 대상인 인간이 자연법칙에 따라 움직이지 않는다는 사실을 인정하려고 들지 않는다. 인간은 유일무이하게 창의적인 동물이다. 자아를 갖고 있으며 자신의 경험을 통해 스스로 목표를 설정한다. 주변 환경 및 타인과 관계를 맺으며 자기 행동의 도덕적 타당성을 고민하고 새로운 환경에 창조적으로 적응한다. 인간은 사고력과 상상력을 발휘해 자신과 세계의 미래를 수정해나간다. 역설적이게도 그렇기 때문에 경제학자들은 자신들의 게임을 유지할 수 없다. 경제학이 마련할 수 있는 법칙은 기껏해야 '경향(tendency)'이다.

:: 열린 시스템과 닫힌 시스템 ::

존 메이너드 케인스는 '불확실성'이라는 결코 피할 수 없는 사실을 지적하면서 다음과 같이 설명했다.

— 마치 사과가 땅에 떨어지는 것이 사과의 동기, 즉 땅에 떨어질지 말지에 관한 사과의 가치 판단과 땅이 사과가 떨어지기를 바랐는지의 여부, 그리고 지구 중심에서 자신이 얼마나 멀리 떨어져 있는지에 대한 사과의 계산 착오

에서 비롯됐다고 주장하는 것과 같다.[4]

이 지적은 심오한 의미를 담고 있다. 케인스는 인간이 사과처럼 행동하도록 프로그래밍돼 있지 않다고 말한다. 인간은 복잡한 시스템의 일부이며 그 행동은 자연과학의 근간이 되는 일반적인 법칙으로는 설명할 수 없다. 자연물은 닫힌 시스템이기에 'X일 때 Y'가 적용되지만 인간은 열린 시스템이라서 그렇지 않다.[5]

물론 닫힌 시스템에도 다양성이 존재한다. 예컨대 체스 게임에서 수많은 조합을 만들어낼 수 있다. 그렇지만 아무리 조합이 다양하더라도 결국 체스판 안에서의 움직임이다. 어떤 이들은 체스는 너무나도 복잡해서 체스 말을 움직이는 조합이 무한하다고 주장할지도 모르겠다. 하지만 그렇지 않다. 경우의 수가 무한하게 보일 정도로 많을 뿐이다. 제한된 다양성은 물리적 세계에 적용된다. 주사위를 한 번 던져서 각 면의 숫자가 나올 확률은 1/6이다. 이 '진실'은 주사위가 상황을 어떻게 보는지와는 아무런 상관이 없다. 그런데 금리가 X만큼 하락하면 투자가 Y만큼 증가하리라고 예측하는 것은 열린 시스템을 닫힌 시스템으로 전환하는 행위다. 나머지 모든 경제 요인이 정책이나 법령으로 동결된 경우에만 X의 변화가 Y를 예측할 수 있는 효과를 만들어낼 것이다.

경제학자들은 시스템을 불안정하게 만드는 '움직임'을 제외함으로써 열린 시스템을 닫힌 시스템으로 전환한다. 독재자들은 명령으로 TV

더 나은 삶을 위한 경제학

화면을 정지시키듯 국민의 활동을 일순간 얼어붙게 만들지만 경제학자들은 경제 모델을 활용해 그렇게 한다. 그들은 이 세상을 모든 움직임이 프로그래밍된 하나의 거대한 컴퓨터 네트워크라고 가정한 뒤 자신들의 모델을 벗어나는 요인은 고려 대상에서 제외한다. 이 책의 제4장과 제5장에서 이 '화면 정지 기법'에 대해 자세히 살펴보겠다. 여러분은 인간 행동을 예측할 수 있다는 경제학자들의 주장이 지나치게 과장됐음을 알게 될 것이다.

태풍이 스스로 생길지 말지를 선택하지 않는 것처럼 사과도 땅으로 떨어질지 말지를 선택하지 않는다. 자연에는 선택권이 없다. 과학의 임무는 그것들이 왜 그렇게 행동하기로 선택했느냐가 아니라 왜 그렇게 행동했느냐를 설명하는 것이다. 인간도 자연의 일부이기에 경제학자들도 물리적 현상이 발생하는 원인처럼 인간이 왜 그렇게 행동하는지를 설명하고 싶을 것이다. 그러나 그와 같은 희망을 품으려면 그 전에 인간이 매우 복잡한 존재임을 인정해야 한다. 인간 자체가 복잡한 존재이기 때문에 사회 시스템도 무한에 가까울 정도로 복잡한 것이다.

화면을 정지시켜 그 화면에 담긴 움직임만으로 인간의 행동을 연구하는 화면 정지 기법은 시장과 기업을 별개로 분석할 때는 효과를 기대할 수 있다. 하지만 전체 경제 시스템을 분석하는 데 효과적이지 않다. 기본적으로 경제학은 '미시경제학(microeconomics)'에 뿌리를 두고 있다. 미시경제학은 '돈'이라는 동기를 제외하고 단일 시장에서 인간이 어떤 논리에 따라 행동하는지를 연구한다. 돈은 인간이 잘못된 선택이나 종잡을 수 없는 행동을 하게 만들어 전체 경제 시스템에 고장을 일으킨다. 이런 이유로 돈은 별개의 연구 분야로 간주됐다. 일반적인 경제학 교과서에서 돈은 후반부에 '상황을 복잡하게 만드는' 요인으로 소개된다. 케인스 '거시경제학(macroeconomics)'은 경제 시스템의 오작동을 설명할 때 이 요인을 고려한다.

그런데 최근에 많은 경제학자가 미시경제학으로 복귀하고 있다. 그들은 경제 활동을 교란하지 않는 범위 내에서 움직이도록 돈을 통제할 수 있다고 가정하면서 거시경제학을 밀어내고 있다. 이렇게 미시경제학 이론은 체급을 올려 인간의 모든 경제 활동을 설명할 수 있다는 수준으로까지 확장됐다. 그러나 미시경제학의 방법론으로는 "무엇이 호황과 불황, 인플레이션과 디플레이션, 성장과 침체를 초래하는가?"와 같은 거시경제학의 거대한 질문에 만족스러운 답을 내놓을 수 없다.

:: 잘못된 가설 ::

경제학 방법론을 공부한다는 것은 경제학자들이 습득했다고 주장하는 '지식'이 아니라, 그 지식을 습득하려고 그들이 사용한 '방법'을 공부하는 것이다. 다시 말해 경제의 원리를 공부하는 게 아니다. 만약 지식을 '참된 믿음'이라고 정의한다면 경제 원리의 확산은 지식을 생성하는 기존 방법들의 실패를 증명한다. 물리학에서 '법칙'을 만들어내는 방법

더 나은 삶을 위한 경제학

이 경제학에서 원리를 만들어낸다.

경제학자들이 세우는 가설 대부분은 확인할 수 없는 것들이다. 이런 점에서 종교적 믿음을 닮았다. 관건은 경제학의 방법론이 자연과학과 얼마나 비슷한지가 아닌 그 방법으로 인간 행동을 제대로 이해할 수 있는지다. 그리고 그에 대한 비판은 잘못된 추론보다 지나치게 단순한 전제에서 비롯된 추론에 쏟아져야 한다.

오늘날 경제학 강의실에서 학생들은 경제 모델에 관해 주입식으로 배운다. 명문 대학일수록 전통적인 경제 모델을 더 완벽하게 주입한다. 가장 기본이 되는 경제 모델은 '완전 경쟁(perfect competition)'이다. 완전 경쟁 경제에서는 필요한 정보를 완벽하게 갖춘 판매자와 구매자가 가격을 통해 서로의 선호사항을 조정한다. 학생들은 이와 같은 경제 모델을 성실히 배울 뿐 그것에 대해 의문을 제기해서는 안 된다. 2008년 금융 시스템의 붕괴는 거의 모든 경제학자가 전혀 예상치 못한 사건이었다. 왜냐하면 그 붕괴는 그들이 세운 경제 모델 '바깥에' 있었기 때문이다.

일반적으로 경제 모델은 현실 세계와 긴밀히 연관된 것으로 간주된다. 경제 모델을 완전히 익히고 나면 '무슨 일이 벌어지고 있는지'에 대해 신뢰할 만한 지식을 얻을 수 있다. 그렇지만 경제 모델과 현실 세계 사이의 관계는 명확하지 않다. 경제 모델은 실물 비행기의 축소판인 모형 비행기와는 다르다. 실제 비행기와 전혀 닮지 않은 모형 비행기는 한눈에 알아볼 수 있다. 하지만 경제 모델은 현실 세계에서 존재하는 무엇을 축소한 모형이 아니다. 경제 모델은 '공리(따로 증명할 필요가 없다고 여기는 사실)'에서 나온 논리적 추론으로 구성된다. 그렇다면 경제 모델이 현실과 관련돼 있다는 것은 어떻게 알 수 있을까? 경제 모델이 실제로 일어나고 있는 현상을 이해하는 데 중요한 현실 요소를 전제하고 있다는 사실은 어떻게 알 수 있을까?

경제 모델은 실제 현실에서 벌어지는 것들의 필수적인 특징만 나타낸 일종의 '캐리커처(caricature)'다. 이것이 앞의 두 가지 질문에 대답이 될 수 있다. 캐리커처가 캐리커처일 수 있는 이유는 비교힐 실제 얼굴이나 몸이 존재하기 때문이다. 자연과학자들이 그렇듯 경제학자들은 경제 모델을 '데이터'와 비교해서 부당하면 불합격 처리한다.

그러나 나는 과학적 권위가 있다고 주장하는 많은 경제 모델을 확실하게 검증할 방법이 없다고 생각한다. 경제학자들은 경제 모델이 제시하는 가장 중요한 가설을 입증할 수 없다. 그래서 경제 모델은 이데올로기에 빠지게 된다. 과학인 척하면서 경제적 사고가 가진 수사적 특징을 감춘다.

:: '물리학 선망'이라는 병 ::

경제학자들은 '물리학 선망(physics envy)'이라는 병을 앓고 있다. 자신들의 연구 대상인 인간을 자연에 뿌리 둔 자연물 가운데 가장 복잡한 존재라고 여긴다. 그들은 충분한 데이터와 연산력만 갖추면 자신들이 인간 행동의 암호를 해독할 수 있다고 믿는다. 애초에 잘못된 생각이며 경제학을 물리학과 같은 궤로 보는 관점도 잘못이다. 이 때문에 경제학자들은 우리가 사는 현실 세계에서 점점 더 멀어진다. 자신들이 이해하려고 노력하는 대상이 다름 아닌 우리 인간인데 말이다.

물리학에 대한 선망을 넘어서 문학, 음악, 미술 등의 통찰력을 활용하고 심리학, 사회학, 정치학, 역사학 등의 사회과학과 협업한다면 경제학은 현실 세계에 좀 더 가까이 다가갈 수 있다. 경제학 특유의 예리함을 잃지 않은 채 인간의 삶에서 참되고 중요한 것들을 바라보는 시야를 넓힐 수 있다. 경제학 커리큘럼에 다른 학문도 포함해야 한다. 그래야만 주류 경제학의 프레임 밖에 존재하는 세계를 바라보는 관점을 확보할 수 있다. 경제학에 다원주의를 요구하는 것은 새로운 이론을 내놓으라는 의미가 아니다. 보다 넓은 관점에 대한 요구다. 더 넓은 시각으로 새로운 이론들(다원적인)이 나올 수 있다. 역사학자 에릭 홉스봄(Eric Hobsbawm, 1917~2012)은 역사학과 경제학 그리고 사회학이 만나는 영역이 생기기를 애타게 기다렸었다. 나는 여기에 심리학과 정치학 등이 추가되기를 바란다.

다원주의의 가치는 고대 인도의 우화에서도 잘 드러난다. 맹인 승려 여섯 사람이 눈에 보이지 않는 코끼리를 만져서 어떤 존재인지 알고자 했다. 코를 만진 맹인은 코끼리를 뱀이라고 생각했고, 옆구리를 만진 맹인은 벽이라고 생각했다. 꼬리를 만진 맹인은 밧줄이라고 생각했으

코끼리를 만지는 맹인 승려들(하나부사 잇초 作, 1888)

며, 귀를 만진 맹인은 부채라고 믿었다. 다리를 만진 맹인은 코끼리를
나무 그루터기라고 여겼고, 상아를 만진 맹인은 창이라고 생각했다.
이 우화 속에 등장한 맹인 중 그 누구도 '코끼리'라는 사실을 알지 못했
다. 전체 그림을 보려면 서로 협력하고 자신의 위치에서 얻은 정보를
공유해 각각의 조각을 맞춰서 종합적으로 판단해야 한다. 그러면 코끼
리의 진짜 정체를 파악할 수 있다. 내가 하고 싶은 말은 이것이다. 경
제학자들도 다른 학문을 연구하는 사람들의 이야기에 귀를 기울일 줄
알아야 한다.

　물론 다른 학문에도 여러 가지 이론과 주장이 있다. 그렇기에 하나

의 '심리학적', '사회학적', '역사적' 관점을 논하는 것은 너무 단순한 사고방식이다. 개개의 학문마다 인간 행동을 바라보는 시각은 다양하다. 따라서 학문별로 인간 행동을 어떤 관점에서 보는지 먼저 살피는 게 타당할 것이다.

철학은 경제학 방법론을 재고하는 데 우선으로 필요한 학문이다. '경제학의 아버지'로 불리는 애덤 스미스(Adam Smith, 1723~1790)가 본래 도덕철학자라는 사실을 떠올릴 필요가 있다. 진실을 말하는 데 필요한 조건 그리고 이 조건이 경제 명제에 어디까지 적용되는지 생각해야 한다. 인식론으로서 경제학, 다시 말해 '지식으로서 경제학'에 대한 논의는 경제학에서 빠져 있다. 경제학 방법론에서 철학은 완전히 무시된다. 오히려 경제학은 인문학에 가까워야 하는데, 대다수 경제학자는 경제학이 '가치' 판단에서 자유로운 실증 과학이라고 주장한다.

우리는 엄격한 가정을 근거로 결론을 이끌어내는 논리적 추론이 세상의 진실에 도달하는 가장 좋은 방법인지, 아니면 논리는 엉성하더라도 개별 사물을 더욱 부지런하게 살피는 것이 좋은지 고민해봐야 한다. 2008년 글로벌 금융 위기를 예측하는 데 실패한 경험은 유용성을 희생해 정밀성을 확보해야 한다는 반성을 촉진했다. 더 살기 좋은 세상을 만든다는 경제 정책의 궁극적 목적을 생각한다면 현재의 경제학 방법론으로 얻은 지식을 어느 수준까지 어떤 영역에서 활용하는 게 합당한지 따져봐야 한다. 나아가 인간 행동을 연구하는 여러 다른 방식으로 습득한 지식을 통해 어느 부분을 보완해야 하는지도 진지하게 숙

고해봐야 한다.

　주류 경제학은 인간 개개인의 행동을 요약하면 경제 현상을 이해할 수 있다고 믿는다. 이 접근법은 '방법론적 개인주의(methodological individualism)'로 알려져 있다. 방법론적 개인주의에는 두 가지 특징이 있다. 첫째, 주류 경제학이 만든 '현실 지도(map of reality, 세상 모형)'에서는 오직 개인만이 '경제 주체'이자 '행동 동인'이다. 현실을 반영해 가구와 소기업은 포함하지만, 조직이나 계층은 포함하지 않는다. 둘째, 개인은 각자 나름의 선택과 결정을 내리므로 선택과 결정은 독립적이다. 이렇게 설정한 특징 때문에 경제학자들은 단순한 덧셈으로 "각각의 경제 주체가 자유재량으로 내린 결정들이 더해져 나온 결과"가 종합적 결과라고 말하는 것이다.[6] 각 개인은 자신이 세운 계획을 완수한다는 가정, 즉 '불확실성'이 없다는 가정을 추가하면 인간 개개인이 세운 계획을 합해 전체 결과를 얻어낼 수 있다.

　그런데 개인의 선택을 평행선으로 보는 이 접근법에는 두 가지 커다란 결점이 있다. 첫째, 개인과 개인의 관계와 개인이 그와 같은 선택을 한 사회 구조가 생략됐다. 하지만 개인은 개개인의 선택으로 구성된 네트워크의 일부다. 그러므로 종합적인 결과는 개인 선택의 합과 사회 구조의 결합으로 도출해야 한다. 둘째, 케인스가 지적한 '구성의 오류(fallacy of composition)'다. 개개인이 독립적으로 선택하더라도 각각의 선택은 서로 영향을 주고받는다. 사람들은 자신의 소득에서 얼마를 저축할지 독자적으로 결정한다. 내가 1달러를 더 저축하기로 선택하더라도 사회 전체의 저축액이 1달러 증가하지는 않는다. 내가 1달러를 더 저축하면 그만큼 지출이 줄기 때문에 다른 누군가의 소득이 1달러 줄어들게 된다. 사회의 총저축액은 증가하지 않는다. 레너드 코헨(Leonard Cohen, 1934~2016)의 노랫말을 빌리자면 우리는 "부분을 더할 수는 있지만 전체를 얻지 못할 것"이다. 이 부분은 제7장에서 자세히 논의하겠다.

:: 합리적 계산기 ::

주류 경제학자들은 인간 개개인을 단일 선택 단위로 정의하는 데 만족하지 않고 그 선택이 '합리적'이라고 전제한다. 그들에 따르면 개인은 일관성 있는 계획을 수립하고, 그 계획을 달성하고자 의도적으로 행동하며, 원하는 것을 얻을 수 있는 가장 효율적인 수단을 강구한다. 요컨대 주류 경제학은 인간을 호모 이코노미쿠스(경제적 인간)로 정의한다. 일종의 '인간 계산기'다. 인간 개인은 최소 비용으로 최대 성과를 거둘 방법을 계산한다. 그리고 모든 것에는 가격이 있기에 이 계산은 가격으로 나타난다.

주류 경제학의 방법론은 인간 개인에게 집중하고 개인을 언제나 합리적으로 계산하는 기계로 간주한다. 이것이 주류 경제학에서 무엇이 잘못됐는지를 파악할 수 있는 실마리다. 그들은 사회 구조를 경제적 거래 행위로 격하하고, 가격을 계산하는 특성을 인간 행동의 보편적 법칙으로 격상한다. 주류 경제학에서 인간은 'X 대신 Y를 하면 비용이 얼마나 들까?'를 고민하는 존재인 것이다. 그래서 우리가 사랑, 헌신, 동정, 용기, 명예, 욕망, 공익 등을 위해 행동했다고 주장하면 경제학자들은 곤란해진다. 합리적인 계산, 이해득실을 따져서 나온 동기가 아닌 까닭이다. 이런 행동을 이끄는 동기가 '가격 너머의' 무엇이라는 사실을 그들은 받아들일 수 없다. 그러므로 비록 개인의 이와 같은 행동이 비합리적으로 보이더라도, 제한된 정보만이 주어진 상황에서 개인은 반드시 합리적으로 행동한다고 계속 주장한다. 이런 식으로 그들은 인간 행동에 대한 설명을 자신들의 필요조건에 따라 설정한 터무니없이 편협한 방법론에 억지로 끼워 맞추게 되는 것이다.

이 지점에서 우리는 또 하나의 중요한 의구심을 품을 수 있다. 매력 없는 생명체인 호모 이코노미쿠스는 인간을 현실적으로 묘사하고자, 또는 인간의 이상적인 유형을 제시하려고 의도적으로 만든 개념일까? 아니면 단지 연역 추론을 위한 필요조건일까? 나는 물리학에 대한 선망이 경제학자들에게 인간을 완벽한 기계로 생각하도록 부추겼다고 생각한다. 인간 행동을 자신들의 이론에 부합하도록 모델화한 것이다.

20세기에 이르러 경제학이 학문으로서의 형식을 갖추게 되면서 '이상적' 모델화의 필요조건들이 경제 이론을 장악했다. 모델화하는 데 수월하도록 경제 이론은 고립된(결정론적인) 원자를 조건으로 서술돼야 했다. 경제학은 과학이 돼야 하기에 당시 경제학자들은 X라는 조건에서 나온 결과가 다양한 결과 가운데 하나일 뿐이라는 사실을 용납할 수 없었다. 그래서 그들은 미리 X라는 조건에서 유일하고도 최적의 결과인 Y만이 존재하고, (합리성에 대한 강박으로) 인간은 이 결과만을 추구한다고 전제했다. 그런데 초기 단계에서는 이 부분이 명확하지 않았다. 인간 본성을 설명하는 방식이 '기술적(descriptive)'인지 '규범적(prescriptive)'인지 불분명했다. 이런 불명확함이 오늘날까지도 경제학을 괴롭히고 있는 셈이다.

인간을 경제적 존재로만 바라보는 관점은 미숙하기에 심리학자들은 경제학에서 제시한 인간 유형을 진지하게 탐구하지 않았다. 마찬가지로 경제학자들도 인간 행동에 관한 심리학 지식을 자신들에게는 쓸모없다고 치부했다. 심지어 라이어널 로빈스는 "경제학은 정신분석학보다 구구단에 의지한다"는 글을 남겼고, 행동 심리학을 "괴상한 컬트"라고 부르며 거부했다.[7] 그러나 이른바 '비이성적 풍요' 때문에 금융 위기가 닥치자 경제학자들은 기존의 관점을 조정하기 시작했다. 그러면서 심리학을 비롯한 사회과학이 융합된 행동 경제학이 주목을 받았다. 앤드루 로(Andrew Lo, 1960~)는 이렇게 진단했다.

— 글로벌 금융 위기가 경제학자들을 분열시켰다. 자유 시장 경제학자들은 여전히 우리 모두를 수요와 공급의 법칙에 따르는 경제적으로 합리적인 성인이라고 믿는다. 반면 행동 경제학자들은 우리가 다른 포유류처럼 두려움과 탐욕에 의해 움직이는 비합리적인 동물이라고 믿는다.[8]

하지만 행동 경제학도 문제가 있는데, 신고전주의적 합리성에 부합하지 않는 인간 행동은 모두 비합리적이라고 판단한다는 것이다. 그리고 특정 조건에서는 비합리적 행동을 합리적 행동의 틀에 끼어 맞추려고 한다. 예를 들어 행동 경제학은 '집단을 따르는 행동'은 부분적인 정보만 주어졌을 때 합리적이라고 평가한다. 내가 볼 때 이는 현실과의 타협이고 일관성이 모자란 태도다.

경제학은 경제를 개개인의 선택이 더해진 합계라고 간주한다. 이런 관점 때문에 경제학은 사회의 본질을 제대로 이해하지 못한다. 경제학자들은 합리적인 개인이 서로 고립돼 선택한다고 여긴다. 그래서 그들은 '지식 사회학' 같은 학문에는 관심도 없다. 다시 말해 경제학자들은 인간 행동에 대한 지식을 분석할 때 사회적인 요소를 전혀 고려하지 않는다. 개인의 선택에서 사회적 관계를 중요한 요소로 생각하지 않는다. 오히려 개인의 선택을 방해하는 성가신 문제로 본다. 사람들 사이의 상호작용은 '죄수의 딜레마(prisoner's dilemma)'처럼 전략적 게임으로 모델화할 때만 합리적인 인간 행동에 영향을 주는 요인으로 이해한다. 죄수의 딜레마는 사람들이 서로 속이거나 협력할 때 각자에게 주어지는 보상의 가치를 계산하는 '게임 이론(game theory)'이다. 협력이 최선의 선택인데도 자신의 이익만을 고려함으로써 결국 모두가 불리해지는 상황을 초래한다.

경제학자들이 사회학을 무시하는 데는 사회학의 책임도 일부 있다. 사회과학으로서 사회학에 대한 수요가 줄어든 것일 수 있다. 공급에도 문제도 있다. 경제학자들은 시장의 '보이지 않는 손(invisible hand)'이 사회적 안정을 보장한다고 믿는다. 사회학적 관점에 반하는 생각이지만 오늘날 사회학자들은 경제를 완전히 경제학자들에게 맡겨버렸다. 경제사회학자 볼프강 슈트렉(Wolfgang Streeck, 1946~)은 사회학이 정치와 경제를 재발견해야 한다고 역설한다.[9]

개인과 사회 사이에서 선택의 문제는 간단하지 않다. '모든 사회적 실체를 개인 행위의 집합'으로 보는 '방법론적 개인주의'를 통해 경제학이 개인을 집단의 구성원으로 취급하지 못하도록 만든다고 비판할 수 있다. 하지만 방법론적 개인주의에는 선택의 구조를 무시한다는 약점이 있다. 개인의 선택은 개인의 사회적 지위와 사회적 권력의 크기, 선과 악에 대한 도덕적 관점, 지식 수준에 영향을 받는다. 따라서 개인의 선택은 사회의 구조를 조정하는 데 도움이 된다.

:: 논쟁만 가득한 향연 ::

일반적으로 주류 경제학은 경쟁 시장에서 자발적인 교환으로 개인의 행동이 발생한다고 여긴다. 그들의 정의에 따르면 경쟁 시장에서 각각의 거래 행위자들에게는 권력이 없다. 이는 주류 경제학의 경제 모델로는 경제적 관계를 형성하는 데 권력이 무슨 역할을 하는지 이해할 수 없다는 의미다. 주류 경제학의 경제 모델에서는 숫자가 갖는 가상의 권력이 엘리트 집단의 실제 권력을 대체한다. 피고용자와 고용자 사이에 존재하는 권력 불균형, 돈이 정치에 미치는 영향력, 개인의 행동을 이끄는 대기업의 역할 등은 '모델 바깥에' 존재한다. 그들이 바라보는 개인의 합리적 동인은 결코 광고에 현혹되지 않는다. 모든 개인이 합리적으로 행동하기 때문이다. 잘못된 시각이다. 권력 구조가 선택 구조를 형성하는 데 영향을 미치므로 경제학자들은 권력에 근거해 관계를 다루는 정치학을 공부해야 한다. 카를 마르크스(Karl Marx, 1818~1883)는 누구보다도 이를 잘 이해했다. 그러나 대부분 대학의 경제학 커리큘럼에서 그의 문헌은 경시된다.

역사는 경제학을 공부하는 사람들에게 경제의 본질을 이해할 수 있는 강력한 도구를 제공한다. 모든 학문에는 과거에 어떻게 연구해 현재에 이르렀는지와 같은 나름의 역사가 있다. 그런데 자연과학자들처럼 경제학자들은 오늘날의 경제학, 즉 최근 교과서에 나오는 경제학이 100년 전 심지어 10년 전의 과학보다 더 탁월하다고 말한다. 그들은 '시간'이 과거에 경제학자들이 저지른 실수를 일소했다고 주장한다.

하지만 막상 경제학을 공부하다 보면 경제학이 더 견고한 지식으로 나아가기보다는 끊임없이 계속되는 논쟁으로 가득하다는 사실을 알게 된다. 경제학의 역사에서 그 어떤 학파도 독보적 지위를 얻지는 못했다. 크게 고전주의와 신고전주의로 발전해왔다고 생각할 수 있지만 경제학에는 독일 역사 학파, 마르크스주의, 제도 경제학, 케인스 경제학, 행동 경제학, 환경 경제학, 생태 경제학을 비롯한 수많은 학파가 존재

더 나은 삶을 위한 경제학

한다. 사회과학 분야에서는 흔하지만 자연과학에서는 드물다. 경제학에서 이론을 통합하는 것이 극도로 어렵다는 방증이기도 하다. 예컨대 수 세기에 걸친 논쟁에도 '돈'에 관해 합의에 이른 경제학 이론은 아직 없다. 각각 따로 배워야 한다. 카를 마르크스나 존 메이너드 케인스와 개별적으로 만날 수밖에 없다. 각 학파의 관점이 다르기에 각각의 방법론에 대해서 의구심을 품을 수 있다. 그리고 그런 의구심을 품는 사람이 자기 혼자가 아님을 깨닫게 될 것이다.

이 책에서 나도 그렇지만, 그동안 주류 경제학을 향한 공격은 무척 거셌다. 그러나 그 매서운 공격에도 경제학 방법론은 거의 손상을 입지 않았다. 자연과학이 되려는 경제학의 열망 때문이다. 강력한 중력을 발휘하도록 설계한 방법론도 큰 몫을 하고 있다.

과학 철학자 토머스 쿤(Thomas Kuhn, 1922~1996)과 러커토시 임레(Lakatos Imre, 1922~1974, 헝가리 태생으로 '임레'가 이름이며 '러커토시'가 성이다)가 방법론적 지속성의 뿌리에 관해 설명한 바 있다. 어떤 과학 이론이 확립되면 외부 공격으로부터 스스로 보호하고자 난공불락의 방법론적 방어벽을 세운다는 것이다(제10장에서 자세히 다루겠다). 아울러 이 방어벽은 반대 사상을 흡수하면 더욱 강력해진다. 경제학은 그렇게 수학을 흡수했다. 하지만 때때로 방어벽은 사물을 바라보는 세계관이 바뀌면서 완전히 무너지기도 한다. 경제학에서는 두 가지 사건이 '패러다임 전환(paradigm shift)'에 맞먹는 변화를 가져왔다. 하나는 1870년대의 '한계 혁명(marginal revolution)'이고, 하나는 1930년대의 '케인스 혁명(Keynesian revolution)'이다. 한계 혁명은 신고전주의 경제학이 방법론적으로 가장 내구성 있는 방법임을 입증했다. 케인스 혁명도 고전주의 경제학 이론의 혁명적 전환을 이뤄냈다고 평가받았지만, 신고전주의의 방법론적 지속성은 대안 이론을 세우고자 한 케인스 학파의 시도를 무산시켰다.

역사를 연구하는 것은 매우 가치 있는 일이다. 역사는 경제 원리가 보편타당한 진실이 아니라 역사적 사건과 연결돼 있음을 보여준다. 특정 시간과 장소라는 조건은 경제 원리가 언제 어디에서 등장했는지, 왜 다른 원리는 사라지고 그 원리만 살아남았는지를 설명해준다. 영향력 있는 사회 이론은 기존 사고 체계의 외부에서 등장한 '욕구'를 충족시킨다. 19세기 독일 역사 학파의 보호주의 원리는 영국과 같은 자본주의 개척자들을 따라잡으려는 후발주자들의 욕구에 부응했다. 마르크스주의는 초기 산업 혁명 시기에 공장 노동자들의 비참한 상황을 설명하고자 노력했다. 케인스 학파는 제1차 대전 이후 계속되는 실업 문제에 대해 이론적 설명을 제시했다.

20세기의 '개발 경제학(development economics)'은 자유무역 때문에 가난한 국가는 영원히 가난한 상태를 벗어나지 못할 것이라고 비판했다. 이후에도 행동 경제학, 페미니즘 경제학 등 다양한 학파가 등장했다. 그리고 경제 원리 대부분은 어느 정도 정치적 목적을 달성하기 위해 등장했다. 역사는 계속 흐르고 있다. 따라서 경제 원리가 특정 역사적 상황과 권력 구조를 반영한다는 생각을 뛰어넘어 우리가 살아가는 현재와도 지속해서 관련 맺고 있다는 사실을 이해해야 할 것이다. 경제학들이 역사를 고려하지 않으면 역사학자들 또한 자기흡수에 빠지는 우를 범할 것이다. 니얼 퍼거슨(Niall Ferguson, 1964~)이나 해럴드 제임스(Harold James, 1956~) 등을 제외한 다른 역사학자들은 경제를 경제학자들의 몫으로 남긴 채 여전히 경제 이론에 관여하지 않고 있다.

경제학은 자연과학이 아니기에 경제 문제에 대해 옳고 그름을 가려내야 한다. 경제학은 윤리적·도덕적 판단을 하는 존재, 즉 우리 인간을 탐구하는 학문이다. 그러므로 경제를 단순히 논리와 산술의 문제로 바라봐서는 안 된다. 그런데도 경제학자들은 도덕적 질문에 답하는 것은 능력 밖의 일이며 정치인들이 다룰 문제라고 말한다. 그렇게 된 까닭은 그동안 의도적으로 도덕적 질문을 배제하고 경제학을 정의해왔기 때문이다. 매우 무책임한 생각이다. 결국 경제학자들이 추구하는 가치가 곧 대중의 관심사와 적용할 경제 모델 그리고 정부의 경제 정책 등을 결정하지 않는가. 경제학은 결코 도덕적 판단에서 벗어날 수 없다. 윤리학은 경제학 방법론을 비판할 수단으로 사용될 수 있다.

거의 모든 학문에는 나름의 편견이 존재한다. 심리학자들에게는 인간 행동을 비합리적이라고 생각하려는 경향이 있다. 사회학자들에게 인간은 집단을 형성하는 생물이다. 역사학자들은 권력관계에 치중해 세상을 바라보고, 정치학자들은 그런 역사학자들의 뒤를 따라왔다. 경제학은 이런 편견을 수정해줄 유용한 도구를 갖고 있지만, 마찬가지로 다른 학문에서 배울 것들이 많다. 잘 알려진 연구에 따르면 폭넓은 교육을 받은 사람들이 편협한 관점을 가진 전문가들보다 미래의 경제적 가능성에 관해 더 잘 판단했다.[10] 호기심은 고양이를 죽음에 이르게 할지도 모르지만 더 나은 예측으로 이어진다. 일찍이 케인스는 이를 제대로 이해했고 경제학자가 가져야 할 태도에 대해 이렇게 썼다.

— 경제학자는 여러 가지 재능을 보기 드물게 두루 갖춰야 한다. 경제학자는 수학자이자 역사학자, 정치학자이자 철학자여야 한다. 경제학자는 상징을 이해해 말로 옮길 수 있어야 하고, 개별적인 것들을 일반화할 수 있어야 하며, 추상과 구체를 동일한 사고의 틀 속에서 다룰 수 있어야 한다. 경제학자는 과거의 관점에서 현재를 연구하고 미래를 내다볼 줄 알아야 한다. 경제학자는 인간의 본성과 사회적 현상을 관심 밖에 두어서는 안 된다.[11]

의심할 수도 없고 반박할 수도 없는 옳은 말이며, 경제학자들은 물론 경제에 관심 있는 모든 사람이 새겨야 할 이야기다.

더 나은 삶을 위한 경제학

채울 수 없는 욕구, 채우지 못한 수단

제 **2** 장

나는 절대로 만족하지 않는다.

_냇 킹 콜(Nat King Cole, 1919~1965)

:: 욕구와 수단 ::

철학은 목적과 수단을 논하며, 경제학은 욕구와 수단을 말한다. 이 차이는 중요하다. 철학자들에게 목적은 인간이 추구해야 할 '선한(좋은) 것'과 관련이 있다. 반면 경제학자들에게는 욕구, 즉 인간이 '원하는 것'이 목적이다. 그들이 생각하기에 사람들이 원하는 것은 돈 자체 또는 돈으로 살 수 있는 상품이다. 그래서 경제학은 목적이 아닌 욕구를 연구한다는 명목으로 윤리학과 거리를 둔다. 알다시피 윤리학은 선에 관한 학문이다. 하지만 경제학은 선에 관심이 없다. 인간이 늘 도덕적 선택 앞에서 고민한다는 현실의 중요한 사실을 외면한다. 그리고 경제학은 이른바 '희소성(scarcity)'의 문제에서 윤리학을 철저히 배제한다.

처음부터 경제학이 지금처럼 윤리적으로 색맹이었던 것은 아니다. 역사적으로 경제학에 관한 두 가지 정의가 있었다. 첫 번째 정의는 경제학이 '부에 관한 학문'이라는 것이고, 두 번째는 '선택에 관한 학문'이다. 첫 번째 정의는 1776년 출간된《국부론(An Inquiry into the Nature and Causes of the Wealth of Nations)》의 저자 애덤 스미스로부터 시작된다. 그는 부의 본질을 논하면서 "부는 돈(금과 은)으로 이뤄진다"는 기존의 생각을 반박했다. 그리고 부를 "토지와 노동의 연간 생산량"이라고 재정의했다.[1] 부는 식량, 집, 옷, 가구 등 유용한 것들의 생산과 교환에서 나오며 안락의 수단이라는 것이었다.

그로부터 100여 년 뒤인 1890년 앨프리드 마셜이《경제학 원리》를 통해 경제학을 "웰빙(well-being)의 물질적 필요조건을 연구하는 학문"이라고 정의하면서 새로운 지평을 열었다.[2] 그러나 '웰빙'이 정확히 무엇인지를 규정하지 않아서 필요조건에 대한 개념은 불명확하다. 웰빙은 '기분 좋은 상태'라고 해석할 수 있는데, 보통은 '행복을 느끼는 상태'로 통용되며 오히려 철학적으로 더 자주 사용된다. 어쨌든 간에 그렇다면 기분 좋은 상태는 얼마나 많은 필요조건을 요구할까? 전통적으로 봤을 때 필요조건은 생활의 물질적 유지 또는 준비와 관련이 있다. 인간은 음식과 안정을 사기 위해 돈이 필요했다. 그런데 인터넷도 물질적 유지나 준비의 일부분일까? 인터넷 네트워크에 물질적인 것은 없다. '충분함'을 나타내는 지표인 '국민 총생산(Gross National Product, 이하 GNP)'에서도 이런 질문이 제기된다.

그래도 부를 기준으로 한 경제학의 오래된 정의에는 세 가지 장점이 있었다. 첫째, 최우선으로 삼지는 않았지만 경제 연구에서 인간 행동의 동기를 중요하게 여겼다. 둘째, 행동의 '투입(input)'과 '산출(output)'을 양으로 측정함으로써 경제학을 과학화했다. 셋째, 아직은 도덕적이었다. 부를 추구하는 것은 권력을 추구하는 것과 달리 협력을 요구하므로 다른 욕구에 비해서 덜 해롭다고 간주됐다. 그래서 부의 추구는 아예 무해하거나 평화로운 형태의 사회적 경쟁으로 인식될 수 있었다. 나아가 이 세 가지 장점은 경제학이 다른 사회과학보다 정책적으로 더 먼저 고려되도록 해줬다. 경제학은 더 명확하게 제안했고 더 낙관적으로 설명했다.

그러다 세월이 흘러 경제학을 부와 빈곤의 원인을 탐구하는 학문으로 보는 관점은 1932년 라이어널 로빈스에 의해 새로운 시각으로 대체됐다. 여기에서 경제학에 대한 두 번째 정의가 나온다. 《과학으로서의 경제학이 지닌 속성과 중요성(The Nature and Significance of Economic Science)》에서 그는 경제학을 "여러 목적과 대안으로 사용 가능한 한정된 자원과 무한한 욕구 사이의 관계로서 인간 행동을 연구하는 과학"이라고 정의했다. 그에 따르면 인간 행동은 "희소성으로 강요된 (행동의) 형태"다.[3] "인간의 물질적 욕구는 무한하지만 그 충족 수단인 재화는 부족"하다. 이 '희소성' 때문에 누구도 자신이 원하는 것 전부는 가질 수 없다. 결국 희소성이라는 한계 내에서 행동할 수밖에 없다는 뜻이다. 로빈스는 "재화를 경제적으로 만든 요인은 물질성이 아니라 희소성"임을 지적했고, 이후 희소성은 경제학의 핵심이자 유일한 주제가 됐다. 그는 또한 "선택과 관련된 모든 결정에는 경제적 측면이 있다"고 주장했다. 인간의 욕구는 다양하지만 "인생은 짧고, 자연은 인색하다"는 것이다.[4] 산출의 극대화는 본질적으로 투입을 절약하는 문제다. 그렇지만 사람들이 비물질적 재화보다 물질적 재화를 더 선호하거나 선호해야 한다는 증거는 없다. 결국 경제학의 임무는 인간이 원하는 것을 얻는 효율적인 방법과 비효율적인 방법의 차이를 밝혀내는 일이 된다. 이제 경제학은 욕구에 관해서는 무관심하지만 수단에는 지대한 관심을 보인다.

라이어널 로빈스의 정의는 '정치적 경제'에서 '경제학'으로 전환하는 변곡점이 됐다. 이에 경제학은 사회에 관한 광범위한 탐구의 일부에서 전문 영역을 파고드는 하나의 완전한 학문으로 탈바꿈했다. 이와 더불어 경제를 사회제도에 '탑재된' 시스템 정도로 바라보던 시각이 이해타산적 개인의 합리성 덕분에 '스스로 조절되는' 시장이라는 관점으로 바뀌었다. 로빈스는 경제학을 인간이 얻고자 애쓰는 모든 대상에 적용할 합리적 선택에 대한 과학으로 재정립했다. 그러면서 경제학은 지금까지 이론화하지 못한 인간 행동을 수학의 언어로 이해할 수 있는 '가장 완벽한 사회과학'이라고 주장했다.

그의 이 같은 주장은 경제적 사고를 날카롭게 하는 데 도움이 됐지만, 경제학은 두 가지 대가를 치러야 했다. 첫 번째 대가는 개인의 모든 선택이 동등하다는 가정에서 비롯됐는데, 공통 척도로 모든 선택의 무게를 잴 수 있다는 것이었다. 공통 척도는 다름 아닌 '돈'이다. 비극적인 선택은 없다. 오직 거래만 있을 뿐이다. 두 번째는 역사의 배제였다. 로빈스의 방법론은 특정 시점에 주어진 자원을 효율적으로 할당하는 데 집중했다. 고전주의 경제학자들은 시간 흐름에 따라 자원의 성장과 정체를 설명하고자 애썼다. 그러나 라이어널 로빈스의 경제학에서 고전주의 경제학자들의 관심사는 무시됐다. 1960년대부터 로빈스의 주장은 경제학의 실질적인 정의로 받아들여졌다. 경제학은 선택의 논리에 관한 학문이 됐다. 그리고 그 논리는 희소성 때문에 지금도 철저히 경제 주체 개인을 향해 있다.

라이어널 로빈스는 모든 선택에 경제적인 측면이 있다고 말했지만, 그것이 유일한 측면이라고는 하지 않았다. 우리 생활의 많은 부분은 경제적 계산의 영역 밖에 존재한다. 하지만 라이어널 로빈스의 합리성 개념에는 이해타산적이라는 편견이 있었다. 행동의 효율성을 판단하는 유일한 기준이 돈이기 때문이다. 그렇게 해서 오직 측정 가능한 선택들만 합리적이라는 주장은 이론으로서 자연스럽게 발전했다. 라이어널 로빈스의 효율성 기준이 법과 혼인 같은 비시장적 제도를 경제적으로 분석하는 길을 열었다. 이런 통찰에서 비롯된 주제로 연구를 진행한 많은 경제학자가 노벨경제학상을 받았다. 대표적인 예로 게리 베커(Gary Becker, 1930~2014)는 결혼, 범죄, 처벌을 경제적으로 분석해

1992년 노벨경제학상을 수상했다. 그렇지만 효율성을 가진 합리적 선택의 방정식은 전형적인 '파르스 프로 토토(pars pro toto, 부분으로 전체를 대변하는)' 오류다. 인간 행동에서 나타나는 하나의 특정 양상이 전체를 대변한다고 간주하기 때문이다.

경제학의 초기 정의와 후기 정의는 극명한 차이를 보인다. 희소성에 대한 라이어널 로빈스의 관점은 경제 성장을 주제로 한 고전적인 논의 속에 이미 내포돼 있었다. 부는 잘 익은 과일처럼 나무에서 툭 하고 떨어지지 않는다. 달리 말해 부를 얻기 위해서는 노력이 필요하다. 가장 유명한 경제 법칙 두 가지를 근거로 고전주의 경제학은 '음울한 과학(dismal science)'으로 알려졌다. 하나는 인구가 필연적으로 식량 공급량을 앞지르게 된다는 토머스 맬서스(Thomas Malthus, 1766~1834)의 이른바 '맬서스의 법칙(Malthus's law)'이며, 다른 하나는 데이비드 리카도(David Ricardo, 1772~1823)가 제시한 '수확 체감의 법칙(law of diminishing returns)'이다. 하지만 두 법칙 모두 기술 혁신의 누적된 영향을 간과했다. 고전주의 경제학 또한 시간과 관련한 효율성을 가르쳤다. 오늘 노력해 얻는 모든 결실을 곧바로 현금화하지 말고 평생 시간을 두고 현금화하라고 조언했다. 앨프리드 마셜은 이를 '기다림'이라고 불렀으며, 오늘날 경제학자들은 그것을 '저축'으로 알고 있다.

이쯤 되면 경제학자들은 삶이라는 연회에 찬물을 끼얹으러 온 사람들이라고 할 수 있을 것이다. 그들은 계산과 효율의 필요성을 계속해서 상기시킨다. 그러면서 열심히 일하고 만족은 나중으로 미루라고 말한다. 심지어 시간 여유가 있는 사람들에게도 시간에 값을 매겨야 한다고 주장한다. 하지만 시간의 희소성은 결코 극복될 수 없기에, 효율이 더이상 필요 없는 날은 절대로 오지 않을 것이다. 싫더라도 인정할 것은 인정하자. 경제적 추론은 당장 내일 보상받지 못할 것을 알면서도 공허한 약속을 하는 정치인들에게 유용한 해독제다.

경제학자들은 생산과 소비의 조화를 달성하는 데 가장 효율적인 메커니즘이 시장의 '보이지 않는 손'이라고 생각했다. '보이지 않는 손'의 발견은 경제학이 경제에 이바지한 것 중에서 가장 의미 있는 일이라고 할 수 있다. 경제적 선택은 물론 어렵지만, 그렇다고 해서 경제생활이 승자와 패자로 나뉘는 '제로섬(zero-sum)' 게임일 필요는 없다. 거래에 참여하는 양측 모두 그 거래로부터 이득을 얻을 수 있다고 판단해야 자발적 거래가 이뤄질 수 있다.

:: 필요에서 욕구로 ::

라이어널 로빈스의 경제학 정의에서 욕구와 수단 사이에 존재하는 긴장감은 중요한 요소다. 인간의 욕구는 주어진 수단을 초과하기 마련이고, 수단은 주어진 욕구를 충족하기에 턱없이 부족할 것이다. 욕구와 수단은 잠재적으로 희소한 자원이라고 할 수 있다. 그래서 '절약'이 희소성 문제를 해결할 수 있는 옳은 답이다.

본래 '욕구(wants)'는 '필요(needs)'였다. 생계를 유지할 수단을 '원한다'는 개념은 '필요하다'는 생각에서 비롯됐다. 그러다가 욕구라는 개념에 필요를 넘어 '갖지 못한 것을 갈망한다'는 심리적 의미가 생겼다. 라이어널 로빈스 이후 경제학에서 욕구는 '주어진 것'이며 '당연한 것'이다. 현대 경제학에서 개인의 욕구는 추가적인 설명이 필요 없는 당연한 사실이다. 아울러 로빈스는 욕구를 채울 수 없다고 말하지 않았다. 어느 시점에서 개인의 욕구는 자신이 가진 자원을 초과한다고 말했을 뿐이다. 그렇지만 그 말은 욕구를 채울 수 없다는 의미를 강하게 담고 있다.

캠벨 매코널(Campbell McConnell, 1928~2019)은 공저 《거시경제학(Macroeconomics)》에서 "좋든 싫든 거의 모든 사람은 사실상 무한한 욕구를 가졌다"고 썼다.[5] 그런데 일찍이 라이어널 로빈스는 "추구하는 목적이 매우 제한적이면 모든 재화를 얻을 수 있다"고 여겼다.[6] 이에 인류학자 마셜 살린스(Marshall Sahlins, 1930~)는 최초의 수렵−채집 사회에서나 가능한 일이라면서 "최소한의 노력과 시간으로 원하는 것을 얻을 수 있는 원초적 풍요 사회"라고 말했다.[7]

그러나 인류는 이와 정반대의 상황을 경험해왔다. 낙원에서 쫓겨난 이후부터 그랬다. 우리는 필요하거나 쉽게 구할 수 있는 것보다 더 많은 것을 원하거나, 원하도록 유도된다. 우리는 언제나 초조함에 시달리고 자신의 부를 늘리고자 애쓴다. 경제학은 이런 노력을 사실 또는 데이터로 받아들이면서 만족을 모르는 것은 인간의 본성이라고 간주

더 나은 삶을 위한 경제학

한다.

하지만 인간의 만족을 모르는 무한한 욕구가 "개인의 욕구는 합리적"이라는 주장을 뒷받침한다고 보기에는 논거가 부족하다. 합리성은 "무엇을 원하는가"가 아닌 "원하는 것을 어떻게 얻을 것인가"와 관련이 있다. 목표를 향해 일관성 있게 나아갈 때 합리성이 생긴다. 목표가 무엇인지는 중요하지 않다. 우리는 수많은 만족감 가운데 무엇이 더 또는 덜 중요한지를 판단하고 그에 따라 선택의 순위를 매긴다. 누군가가 B보다 A를 선호하고 C보다 B를 선호할 때, 그 사람이 A보다 C를 선호한다고 말하는 것은 비합리적이다. 일관성 없는 선호는 망상, 신경증, 광기 등과 다를 바 없다. 거시경제학은 개인의 선호가 일관적이라는 가정을 바탕으로 다른 재화의 대용 가능성, 다른 재화와 비교한 재화의 수요, 재화의 균형 분배, 교환의 균형, 가격 형성 등을 다룬다.

논리는 제법 그럴듯하다. 경제학자들은 희소한 자원에 대한 무한한 욕구가 주는 압박감이 인간에게 절약을 강요한다고 여긴다. 그렇다면 경제학자들은 인간이 그렇게 행동한다고 정말로 믿는 걸까, 아니면 그렇게 행동해야 한다고 생각하는 걸까? 그리고 이와 같은 행동의 상수가 '완벽한' 예측 모델을 만들 수 있는 유일한 방법일까? 경제학을 공부할 때 반드시 던져봐야 할 질문이다. 수학적 모델에서는 상수가 가장 중요하다. 예측 모델에서는 일관된 행동이 상수다. 라이어널 로빈스가 지적했듯이 인간 행동에 일관성이 없으면 정확한 결과를 얻을 수 없다.[8] 개인이 모순된 행동을 하는 한 목적과 수단의 문제는 여전히 존재할 것이다.

　고전주의 경제학이라고 불리는 초기의 경제학자들은 '필요'와 '욕구'를 구분했다. 인간은 우선 생리적으로 충족되지 않은 '필요'를 충족하고자 애쓰는데, 그 과정에서 필요하다고 착각하는 '필요'가 생기며 그것이 '욕구'로 변모한다고 주장했다. '욕구'의 사회적 기원이나 '필요'에서 '욕구'로의 변화가 갖는 경제적 함의를 끊임없이 고민했다.

　애덤 스미스는 "인간의 음식에 대한 욕망은 위장이 작아서 제한적이지만, 주거지와 가구, 옷, 장식품, 탈것 등 편리함에 대한 욕망은 경계가 없는 듯하다"라고 말했다.[9] 오스트리아 학파의 창시자로 알려진 카를 맹거(Carl Menger, 1840~1921)는 인간의 다양한 '필요'가 '욕구'를 충족하는 데 똑같이 중요하지는 않다는 사실을 인정했으며, 삶에 본질적인 영향을 미치는 욕구에서부터 잠깐의 소소한 즐거움에 기여하는 욕구에 이르기까지 '필요'의 강도에 따른 '욕구'의 서열을 구분했다.[10]

　맹거는 자신의 분석 내용을 표로 정리해 10부터 0까지 그 강도를 표시했다. 10은 가장 높은 필요를 나타내고 0은 필요가 없다는 뜻이다. 만약 음식에 대한 필요 강도가 10이고 담배가 6이라면, 소비자는 음식에 대한 필요가 충족될 때까지 담배를 구매하지 않는다. 만족도 증가는 '한계 효용 체감의 법칙(law of diminishing marginal utility)'의 영향을 받는다. 가장 시급했던 필요를 충족함으로써 얻는 만족감은 점점 줄어들고, 바통은 그다음의 덜 시급한 필요로 넘어간다. 이렇게 해서 생리적 필요가 아니라 심리적 욕구가 부의 성장을 이끈다. 카를 맹거의 이

　더 나은 삶을 위한 경제학

카를 맹거의 욕구 서열표

I	II	III	IV	V	VI	VII	VIII	IX
10	9	8	7	6	5	4	3	2
9	8	7	6	5	4	3	2	1
8	7	6	5	4	3	2	1	0
7	6	5	4	3	2	1	0	
6	5	4	3	2	1	0		
5	4	3	2	1	0			
4	3	2	1	0				
3	2	1	0					
2	1	0						
1	0							
0								

욕구 서열표는 각기 다른 강도의 필요가 어떻게 균형을 이루는지를 설명한다. 재화 I(일테면 음식이라고 하자)은 필요 9에 도달할 때까지 소비된다. 재화 I이 필요 9에 도달하는 시점에서 재화 I과 재화 II(주거지라고 하자)는 각각 필요 8과 필요 7에 도달할 때까지 소비된다. 욕구 서열표에 따르면 인간은 재화를 이런 식으로 소비한다.[11]

이처럼 애덤 스미스와 카를 맹거 모두 인간 욕구에 서열이 있음을 인지했다. 욕구 서열은 생리적 필요로 시작한다. 대부분의 역사에서 '위장의 필요', 즉 '절대적 욕구'가 가장 중요했다. 그래서, 어찌 보면 당연하지만, 경제학자들은 타인의 존재로 인해 발생하는 '상대적 욕구'에는 그다지 주목하지 않았다.

소스타인 베블런(Thorstein Veblen, 1857~1929)은 개인의 소비 패턴에서 나타나는 상대적 욕구에 주목한 첫 번째 경제학자였다. 그는 그때까지 경제학자 대부분이 인간의 본성 때문에 생긴다고 여기던 '무한한 욕구'가 '사회적'으로 구성된다는 사실에 주목했다. 그는 '지위 상징(status symbol)'과 '과시적 소비(conspicuous consumption)'와 같은 용어를 만들었다. 인간은 단순히 효용 가치뿐 아니라 다른 사람들이 갖지 못한 것을 소유함으로써 얻게 되는 기회 때문에 재화나 서비스를 원하기도 한다.[12]

베블런은 19세기 미국의 폭발적인 소비 문화도 설명해냈다. 그런 문화가 등장한 이면에는 이른바 '누보 리슈(nouveaux riche, 벼락부자)'라 불린 '강도 남작들(robber barons)'이 있었다. 그들은 철도, 철강, 석유 등의 거대 사업을 통해 얻은 막대한 이익으로 화려한 저택을 짓고 호화롭게 살았다. '부의 과시'는 이 새로운 계급의 특징이었다. 그들은 자신의 부와 권력을 경쟁자들에게 과시하고 자신보다 열등한 이들의 기를 죽였다.

부르고뉴(Bourgogne) 와인 경매를 생각해보자. 1.5리터짜리 한 병의 낙찰가가 5만에서 10만 달러에 이른다. 낙찰자가 부르고뉴 와인 애호가라서 기꺼이 거액을 들이는 걸까? 그리고 낙찰자는 2만 달러짜리 와인 한 잔과 5달러짜리 와인 한 잔을 구분할 수 있을까? 꼭 그렇지는 않을 것이다. 다른 입찰자들에게 자신이 더 부자임을 보여주고 싶어서, 화제의 인물이 되고 싶어서 값비싼 와인을 낙찰받은 것인지도 모른다.

이것이 '과시적 소비' 행위다.

베블런은 사회의 문화적 행태에 대해서도 비판했는데, 예컨대 젠더(gender)와 관련해 "여성의 드레스는 착용자가 생산적 노동에 참여하지 않는다는 사실과 더불어 남편의 사회적 지위를 상징한다"고 썼다. 그리고 "긴 스커트는 비싼 데다, 매번 입을 때마다 불편하고 활동을 제한한다는 점에서 특히 가치 있다"고 덧붙였다.

소스타인 베블런은 "이웃보다 더 많은 것을 소유하려는 개인의 분투는 사유재산제와 불가분의 관계를 갖는다"고 주장했다. 부에 대한 경쟁의식을 물질적 재화에 완전히 집중시킨 것은 다름 아닌 '자본주의'다. 그렇게 함으로써 사람들이 점점 더 많은 것을 욕망하게 만든다. 그러나 결코 만족하지 못한다. 인간의 욕구는 무한하기 때문이다. 바로 이 개인의 불만족이 자본주의의 동력이다. 베블런은 생리적 욕구와 안락함이 충족된 이후에도 지출을 발생시키기 때문에 부에 대한 경쟁의식을 낭비라고 생각했다. 더욱이 과시적 소비 행위로도 타인과 자신을 비교하려는 욕구의 원인인 초조함과 불안감을 잠재울 수는 없었다.

나아가 베블런은 끝없이 욕구를 형성하게 만드는 광고의 역할에 대해 경고했다. 오늘날 주류 경제학자들에게 광고는 소비자에게 상품 정보를 제공하는 효율적 시스템일 뿐이다. 하지만 소스타인 베블런과 그의 뒤를 잇는 경제학자들은 광고가 인간의 절대로 채워지지 않는 욕구를 자극한다고 봤다.[13]

소스타인 베블런의 이 같은 분석에 영감을 받아 프레드 히르슈(Fred

Hirsch, 1931~1978)는 '지위재(positional goods)'라는 개념을 발전시켰다. 지위재는 그 재화 소유자의 사회적·정치적 지위를 드러낸다. 아무나 가질 수 없는 재화는 소유자의 높은 지위를 보여준다. 그러나 누구나 가질 수 있을 정도로 대중화되는 순간 가치를 잃게 된다. 위대한 화가의 미술 작품은 희소성이 높은 지위재다. 전망 좋은 저택, 일류 대학 학위 등은 애초에 획득이 어려워 그 희소성이 유지된다. 권력은 지위재의 전형이다. 그리고 이와 같은 지위재의 소유권 쟁탈전은 필연적으로 제로섬 게임이다. 모든 사람이 동시에 권력을 가질 수 없기 때문이다.[14]

우리의 현실은 사람들이 윤택하게 살도록 충분한 재화를 공급하려는 경제학자들의 칭찬받을 만한 열망과는 거리가 멀다. 상대적 욕구는 희소한 재화를 얻으려는 탐욕을 낳고, 가난이 항상 가까이에 있다는 생각을 우리에게 심어준다. 비교를 멈추지 않는 이상 나 자신이 가난하다고 느끼게 만드는 누군가는 항상 존재한다. 소비는 인간의 욕구를 채워주지 못한다.

∷ 인위적 희소성 ∷

이번에는 라이어널 로빈스의 경제학 정의에서 '대체재가 있는 희소한 수단'에 대해 알아보자. 일반적인 상황에서 경제 행위에 비용이 들

더 나은 삶을 위한 경제학

지 않는다고 생각하기란 쉽지 않은 게 사실이다. 그렇다면 희소성이 경제학에서 주장하듯이 일반적이거나 심각하다는 것은 사실일까? 두 가지 관점에서 살펴보자.

첫째, 라이어널 로빈스는 수단의 희소성에 '시간'이라는 요소를 포함해 희소성 개념을 완성했다. 인생은 원하는 모든 것을 성취하기에 충분히 길지 않다. 로빈스는 이런 맥락에서 "당신의 경제학자는 비극 작가다"라고 말했다. 경제학을 공부할 때 우리는 모든 경제 행위가 '기회 비용(opportunity cost)'을 수반한다고 배운다. 기회 비용은 해당 경제 행위 시점에 발생하는 금전적 비용뿐 아니라 그 금전적 비용이 발생한 시간도 포함한다. 다시 말해 '시간이 돈'이다. 1시간 동안 일해 10달러를 벌 수 있는 사람이 1시간 동안 빈둥대면 사실상 10달러를 소비한 셈이다. 그리고 상식적으로 생각할 때 가진 예산(부)이 클수록 음악회나 전시회에 가는 것처럼 다른 관심사를 추구할 수 있는 시간이 많아질 것이다.

그래서 부의 성장과 더불어 희소성의 심리적 압박은 줄어든다고 예상할 수 있다. 하지만 사실 반드시 그런 것은 아니다. 그 가운데 하나를 선택해야 한다. 음악이라면 여러 곡 중에서 무엇을 들을지 골라야 한다. 그 누구도 동시에 여러 음악을 한꺼번에 들을 수는 없다. 이와 같은 정보 과부하는 시간의 희소성을 유지하는 데 도움이 된다. 우리는 끊임없이 과거의 선택보다 더 큰 만족감을 약속하는 수많은 선택의 공세를 당한다. 우리에게 풍요의 꿈은 망상이다. 죽음이 무한히 연기

되지 않는다면 인간은 시간의 희소성에서 벗어나지 못한다.

둘째, 라이어널 로빈스 이후의 주류 경제학자들은 욕구와 마찬가지로 수단도 데이터로 이용한다. 로빈스는 "재산의 초기 분배를 가정한다"고 썼다.[15] 그런데 주류 경제학자들은 수단을 이미 정해진 것으로 간주하며, 욕구를 채워줄 가용한 재화의 분배를 자신들의 의제에서 제외한다. 하지만 희소성은 단순히 모든 사람에게 영향을 주는 자연의 인색함 때문만이 아니라 일부 사람들의 빈약한 소득 때문에도 문제를 일으킨다. 소득 불평등이 심하면 희소한 수단을 선점하는 것은 부자의 욕구가 된다. 현재의 빈곤은 희소성이 아닌 불평등으로 발생하는 문제다. 증가하는 인구를 먹일 식량은 충분하다. 이런 이유로 빈곤과 질병 감소를 최우선 과제로 삼는 경제학파는 생산과 교환의 효율성뿐 아니라 분배의 효율성에도 관심을 기울인다.

인위적으로 만들어진 희소성, 다시 말해 자연적 원인이 아닌 특정한 사회적·정치적 구조와 정책에서 비롯된 희소성은 많이 있다. 그중 전쟁 및 전쟁 준비는 희소성을 지속해서 만들어내는 대표적인 사례다. 신형 항공모함을 구입하는 데 들어가는 비용은 병원이나 학교를 신설하는 데 쓰이는 비용과 대조적이다. 군사력 보강에 드는 부가 많으면 많을수록 민간의 필요를 충족시키는 데 활용할 부는 줄어든다. 이렇게 강요된 희소성은 국가 예산의 30% 이상이 국방비로 쓰이는 공산주의 체제의 결정적인 특징이었다. 국가가 토지와 자본을 독점하고 국가적 차원에서 노동력을 할당할 수 있기에 강요된 희소성이 만들어질

더 나은 삶을 위한 경제학

수 있었다. 1998년 노벨경제학상 수상자 아마르티아 센(Amartya Sen, 1933~)은 "가난한 국가에서 기근은 자연적 희소성의 결과이자, 식량을 정치적으로 결정해 분배한 결과"라고 비판했다.[16] 말라리아나 한센병처럼 근절할 수 있는 질병을 없애는 데 실패하는 까닭은 자연이 너무해서가 아니라 통치자들이 무기를 사들이고 자신과 가족의 배를 불리는 데만 돈을 쓰기 때문이다.

경제학자들은 그런 '인위적인 희소성'이 나쁜 경제학이 아니라 나쁜 정치학 때문에 만들어진다고 지적할지 모르겠다. 실제로 그들은 정부의 '지대 추구(rent-seeking)'를 집요하게 비판했다. 정부가 권력을 남용해 법적인 규제나 인허가 등으로 공급을 제한함으로써 인위적인 희소성을 만들어낸다는 것이다. 그러나 그들은 대기업의 지대를 획득하는 능력에 대해서는 상대적으로 무지했다. 오늘날 초대형 지대 추출기는 대형 은행으로 구성된 카르텔이다. 이들은 기업의 생산 활동에 필요한 자금 조달 수단을 통제한다. 주류 경제학자들은 완전 경쟁 시장에서 소비자는 주체적이며, 모든 생산 요소는 생산 결과물로 이어짐을 '증명해' 실제 시장 분배에 대한 비판을 약화했다. 그들이 제시한 증거들은 규제되지 않는 시장 분배가 부와 권력을 지닌 자들에게 유리하게 왜곡되는 정도를 최소화한다. 주류 경제학은 희소성이 제도가 아닌 자연에 의해 주어진다고 주장함으로써 시장을 규제하고 소득을 재분배하려는 노력의 칼날을 무디게 만든다.

흔히 효율성과 공정성은 '트레이드-오프(trade-off)'의 대상이라고 말한다. 어느 한쪽을 얻으려면 다른 한쪽을 반드시 희생해야 한다는 이야기다. 경제학자들은 소득의 '효율적' 분배가 무엇인지 설명할 수 있다. 하지만 '공정한' 분배는 논하지 않는다. 정치학의 영역이라고 여기기 때문이다. 그나마 좌익 성향의 신고전주의 경제학자들은 효율성과 공정성 모두를 만족시키는 '최적의' 분배 방안을 세우려고 애썼다. 그러나 생산적 효율을 강조하는 프로파간다(propaganda)가 매우 심해져서 도덕적 효율에 관한 관심이 줄어들었다. 그 결과 불평등이 심화했고 '효율적인' 시장은 대중의 반감을 불러일으켰다. 이 부분은 제13장에서 좀 더 자세히 살필 것이다.

나아가 주류 경제학자들은 경제가 자연스럽게 완전 고용을 달성한다고 가정한다. 이 가정 때문에 경제가 붕괴해 회복하지 못할 수 있다는 가능성은 무시된다. 2008년 글로벌 금융 위기 이후 유럽 국가 대부분에서 나타난 극심한 실업, 저성장, 소득 침체는 이른바 나쁜 경제 정책으로 인한 희소성의 사례다.

:: **높아져만 가는 사다리** ::

그러면 이제 라이어널 로빈스의 경제학 정의가 어떻게 해서 이 같은 경제 문제를 초래했는지 비판적으로 살펴보자. 이 문제는 수요와 공급의 관점에서 접근해볼 수 있다. 먼저 '수요'의 관점에서는 다음의 세 가지를 지적할 수 있다.

첫째, 주류 경제학에서 '도덕성'이 추방됐다. 이는 라이어널 로빈스의 경제학 정의에서 가장 명확한 특징이다. 효율을 신격화함으로써 효율이 무엇을 위해 존재하는가에 대해서는 고민하지 않는다. 로빈스는 "인간이라는 동물이 왜 특정 가치를 특정 사물에 부여하는가는 논의의 대상이 아니다"라고 썼다.[17] 주류 경제학은 목적과 필요 그리고 욕구를 '선호'라는 단일 범주로 묶고 이를 '주어진 것'으로 간주함으로써 그 누구도 욕구의 가치에 의문을 제기하지 못하게 만들었다. 다시 말해 "욕망하는 대상이 바람직한가?"와 같은 물음은 경제학의 질문이 아닌 게 됐다.

'웰빙'을 위해 얼마나 많은 '부'가 필요할까? 존 스튜어트 밀(John Stuart Mill, 1806~1873)은 가난을 극복하면 효율성에 대한 필요가 줄어들 것이라고 믿었다. 그런데 경제학자들은 경제에 대한 오래된 견해에서 벗어나지 못한 채 이 질문의 답을 구하고자 했다. 1890년 앨프리드 마셜은 '충분한 부'에 대해 정확한 수치를 부여했다. 그는 연간 150달러(오늘날의 가치로 환산하면 약 1만 달러)만 있으면 한 가정이 '완전한 삶의 물질적 조건'을 갖춘다고 계산했다.[18] 현재 전세계 평균 1인당 소득은 1만 7,300달러다. 앨프리드 마셜이 제시한 기준을 받아들인다면 더 이상의 경제 성장은 필요 없고 부만 재분배하면 된다. 그렇지만 알다시피 물질적 풍요는 식량 공급 문제를 초월한 지 오래다. '상대적 욕구'로 가득한 세상에서 '충분'이라는 개념은 존재하지 않는다.

둘째, 주류 경제학에서 '선호'는 주어지는 것이 됐다. 주류 경제학은 사람들이 이것보다 저것을 원하도록 만든 설득 도구에 관해 연구하지 않는다. 단순히 소비자 주권을 당연하게 여기며, 욕구를 실현한 인간의 행동에서 나타나는 논리와 그 행동의 결과에만 관심을 둔다. 즉, 인간 욕구의 역사나 사회학에 대해서는 무관심하다. 인류 역사에서 소유욕은 늘 존재해왔지만 유독 자본주의에서만 경제생활의 동력이 됐다. 전근대 사회에서 부는 그저 윤택한 삶의 수단으로 여겨졌다. 도덕주의자들은 무분별한 돈벌이를 비난했고 사회 관습은 그 영역을 제한했다. 그런데 '과학적' 경제학은 돈에 대한 욕망을 인간 본성의 주된 심리적 원동력으로 여기고 부를 축적하는 데 유용하다는 점만 강조했다. 윤리는 상업의 확산에 부응하는 방향으로 재편됐으며, 탐욕은 악을 원하면서 선을 행하는 힘이 됐다.

탐욕의 현대판인 '대량 소비(mass consumption)'는 '20세기 초'라는 분명한 시간과 '미국'이라는 분명한 장소에서 '역사적으로' 등장했다. 이전까지만 해도 대량 소비는 불가능한 일이었다. 오늘날 대량 소비는 경제학자, 광고주, 정치인 등에 의해 민주적 형태의 행복으로 홍보된다. 앤디 워홀(Andy Warhol, 1928~1987)은 "TV를 보면 코카콜라가 나오고, 대통령도, 리즈 테일러도, 우리도 모두 코카콜라를 마신다", "콜라는 콜라일 뿐, 아무리 큰돈을 준다 해도 더 좋은 코카콜라를 마실 수는 없다"고 말했다.

하지만 모두가 똑같이 코카콜라를 마실 수 있으니 충분할까? 우리가

더 나은 삶을 위한 경제학

스스로 처음부터 코카콜라를 욕망했는가? 탐욕이 주어지는 것이 되면 희소성에 끝은 존재하지 않는다. 욕구의 사다리에서 가장 높은 단이라고 분명히 말할 수 있는 곳이 보이지 않게 되기 때문이다. 사다리는 계속해서 높아져만 간다. 욕구를 이루면 욕구해야 할 무엇인가가 또다시 주어진다. 이는 경제적 문제는 영원히 우리를 놓아주지 않는다는 것을 의미한다. 낙원은 절대로 오지 않는다. 욕구가 문화, 특히 무차별적인 마케팅으로 형성된다는 인식은, 인간의 욕구 자체를 좌우할 수 있다는 생각으로 이어져 헤르만 괴링(Hermann Göering, 1893~1946)과 같은 자들의 손에 리볼버를 쥐여주기도 했다.

셋째, 필요와 욕구를 구분하지 못하게 되자 주류 경제학에서 수요의 변동이 무시됐다. 라이어널 로빈스의 경제학 정의에 따르면, 경제는 언제나 수요가 아니라 공급의 제약을 받는다. '세의 법칙(Say's law)'으로 유명한 장-바티스트 세(Jean-Baptiste Say, 1767~1832)는 "공급은 스스로 수요를 만들어낸다"고 주장했다. 사람들이 필요로 하지 않았다면 해당 재화를 생산하지도 않았을 것이다. 위장의 필요만을 고려한다면 일리가 있는 주장이다. 캐비아(caviar)는 늘 부족하다. 그러나 지금까지 인간의 경제 행위를 촉발시킨 대부분은 필요가 아니라 욕구였다. 따라서 경제의 안정은 위장이 아닌 사람들이 무슨 생각을 하느냐에 달려 있다. 신고전주의 경제학은 필요에서 욕구로의 전환이 행동의 안정을 저해한다는 사실을 이해하지 않은 채 필요의 오래된 기계론적 심리학을 이어받았다.

반면 '공급'의 측면에서 인간은 수단의 충분한 양에 대한 염려와 불안감을 단 한 번도 떨쳐내지 못했다. 이 또한 무리가 아니다. 경제학이 무한한 욕구를 허용하자 소비가 지구의 천연자원에 압박을 가하면서 맬서스의 문제가 재등장했다. 인간은 엔트로피(entropy)가 낮은 에너지와 자원을 사용해 없애버리고 엔트로피가 높은 쓰레기를 배출한다. 산업 및 농업 시스템은 다량의 이산화탄소와 메탄 등의 유해 가스를 대기로 방출해 자연의 흡수력과 회복력을 파괴하며 기후를 불안정하게 만든다. 직설적으로 말하면, 인구가 너무 많다. 게다가 그 많은 사람들이 너무나도 많은 것을 원한다. 니콜라스 게오르게스쿠-뢰겐(Nicholas Georgescu-Roegen, 1906~1994)이 지적했듯, 증가하는 인구가 지금과 같은 속도로 계속 소비한다면 인류는 멸종한다. 경제학은 투입의 최소화를 탐구하는 학문이다. 하지만 산출을 제한하지 않으면 효율성만으로는 욕구를 충족시킬 수 있는 천연자원의 충분한 양을 보장할 수 없다.

신고전주의 경제학자들은 가격 시스템이 이런 결과가 생기지 않도록 보호한다고 주장한다. 희소성은 상대적이므로 결국 가격이 변동하면 상대적으로 생산 비용이 높은 재화보다 낮은 재화로 수요가 이동하게 된다고 말한다. 그런데 이 생각은 두 가지 가정을 전제한다. 하나는 현재 수준의 생산량과 소비 규모를 만족시킬 만한 충분한 '투입(풍력이나 태양력 에너지)'이 늘 있다는 가정이고, 또 하나는 재앙이 닥치기 전에 시장 시스템이 '적절한 가격'을 책정해준다는 가정이다. 그러나 신고전주의 경제학 방법론의 신봉자가 아닌 사람이라면 두 가지 가정 모두 믿지 않을 것이다.

정리해보자. 희소성은 라이어널 로빈스와 그를 이은 경제학자들이 주장하는 것만큼 장기적으로 '자연적'인 조건이 아니다. 희소성은 대체로 '인위적'이다. 희소성은 수요를 자극하는 지속적 필요뿐 아니라 공급의 인위적 제한에서도 발생한다. 자본주의는 광고를 통해 필요한 수요를 창출해낸다. 이와 동시에 많은 국가에서 자원 할당을 정치적으로 통제함으로써 공급의 희소성을 인위적으로 유지한다. 주류 경제학은 수요의 근원 및 공급에 대한 정치적 방해에 이의를 제기하지 않음으로써 오늘날 경제 문제에서 가장 시급하게 고민하고 해결해야 할 부분을 중화시킨다.

물론 주류 경제학의 불완전한 방법론이 지구 온난화의 원인이라고 비판하는 것은 옳지 않다. 그렇더라도 주류 경제학이 필요와 욕구를 구분하지 않은 채 욕구를 '주어진 것'으로 간주함으로써 사람들을 도덕적 가치에 둔감하게 만드는 데 일조하고 있다는 사실은 비판받아 마땅하다. 기후 위기를 불러온 인류의 탐욕은 합리성이 아니라 광기다.

제**3**장

어떻게 경제를 성장시킬 것인가

소녀들처럼 경제 이론들이 미인대회에 나간다면,
비교우위론이 분명히 높은 점수를 받을 것이다.

_폴 새뮤얼슨

:: 경제 성장을 향한 여러 시도들 ::

경제학의 궁극적 목적은 빈곤을 없애고 인류에게 '더 나은 삶'을 열어주는 것이다. 경제학에 이것 말고 다른 목적은 없으며 없어야 한다. 그러니 이 목적 밖의 영역은 다른 학문에 맡겨야 한다. '빈곤 퇴치'는 최초의 경제학자들이 제시한 인간 조건의 개선이었다. 그런데 수 세기에 걸쳐 수단이 목적이 되면서 이제는 누구도 경제 성장의 궁극적 목표가 무엇이냐고 묻지 않게 됐다. 특히 기본적 필요를 이미 충족하고도 남을 만큼 많은 것을 가진 부유한 국가에서도 경제 성장에 이의를 제기

더 나은 삶을 위한 경제학

하지 않는다.

그렇다면 경제학은 경제 성장에 무엇을 기여했을까? 경제학자들은 애덤 스미스 시대 이후 경제학이 부를 폭발적으로 증가시키고 빈곤과 폭력을 감소시켜 경제생활 향상에 크게 이바지했다고 주장한다. 아울러 권력 추구와 달리 부를 향한 분투는 제로섬 게임일 필요가 없음을 제시했고, 사회를 훨씬 더 자애롭게 해주는 공공 정책도 마련했다고 강조한다.

하지만 그것이 경제학만의 도움이었을까? 그에 앞서 이미 경제 성장에 이롭도록 시장 제도와 법률이 수립됐고, 이른바 '자본주의 정신(spirit of capitalism)'이 뿌리내렸으며, 혁신적인 기술이 활용됐다.[1] 당시 애덤 스미스는 이를 기반으로 자신의 '과학'을 정립했다. 과학적인 경제학은 인류의 삶을 개선하려는 노력에서 이와 같은 역동적인 요소가 어떻게 활용돼야 하는가에 대한 이해도를 높였고, 과거의 오래된 나쁜 습관으로 회귀하지 않도록 막았다. 이는 상업 사회에 지적이고 심리적인 정당성을 부여했다.

초기 경제학자들은 인류가 번영으로 가는 길이 무엇인지를 고민했다. 애덤 스미스, 데이비드 리카도, 토머스 맬서스와 같은 고전주의 경제학자들은 왜 어떤 국가는 부유해지고 어떤 국가는 빈곤을 벗어나지 못하는지 그 이유를 찾아내고자 노력했다. 그리고 법, 도덕, 제도를 원인으로 지목했다. 특히 애덤 스미스는 방대한 역사적 문헌을 참고했다. 지배 집단이 발명을 촉진하거나 지연하고, 기업가 정신을 권장하거나 억압하며, 무역을 장려하거나 규제할 수 있었다. 당시 막대한 부를 획득한 영국과 정체된 중국은 대척점이 된 사례였다. 그러나 '계몽주의(enlightenment)' 정신에 고취된 초기 경제학자들은 제도, 특히 부의 창출에 적합하지 않은 제도가 어떻게 해서 개인의 목적을 달성하는데 기여했는지 이해하지 못했다. 이 부분은 오늘날에도 여전히 경제학의 사각지대로 남아 있다.

'영국'의 경제학자 애덤 스미스와 데이비드 리카도는 각자의 저술에서 '자유무역'을 주요 정책 처방으로 제시했다. 결과적으로 자유무역은 부를 증가시켰다. 무역 규제는 부의 성장을 방해했다. '독일'의 경제학자 프리드리히 리스트(Friedrich List, 1789~1846)는 더 깊게 파고들었다. 그는 유럽 대륙이 어떻게 영국을 '따라잡았는지' 밝혀내고자 했다. 그가 내놓은 답은 '보호무역(protective trade)'이었다. 자유무역은 이미 산업화한 나라에는 좋은 정책이지만, 산업화하고 있는 국가는 자국의 '유치 산업(infant industry)'이 요절하지 않도록 보호해야 했다.[2] 그의 생각을 1940년대 개발 경제학이 채택했다.

자유무역과 보호무역의 지적 충돌은 경제 성장에 관한 사상에 지대한 영향을 미쳤다. 경제 성장에서 제도가 하는 역할 또는 해야 하는 역할에 대한 논의도 이어졌다. 애덤 스미스와 그의 뒤를 따르는 경제학자들은 국가를 경제적 독점으로 인식하고 생산자 집단을 무역 규제 음모의 주체로 여기곤 했다. 이 편견은 주류 경제학으로 이어져 경제학 이론에 충실히 반영됐다. 주류 경제학은 국가의 직접적인 경제 행위가

더 나은 삶을 위한 경제학

시장의 작동을 차단해 경제 성장을 방해한다고 봤다. 이에 반해 프리드리히 리스트를 따르는 개발 경제학은 국가 또한 기업이며 기업이 될 수 있다고 주장했다. 그리고 생산자 집단도 성장 동력이 될 수 있다고 이해했다. 경제 성장과 관련한 국가의 역할은 경제학에서 아직 해결되지 않은 문제다. 부의 성장에 국가는 무슨 역할을 했을까? 이 의문은 또 다른 의문으로 이어진다. 어떤 국가가 경제 성장에 이로울까? 민주 국가인가 독재국가인가? 아니면 국가는 부패하거나 무능할 수밖에 없을까?

18세기 고전주의 경제학자들은 물질적 부의 성장이 인구 통제, 자본재 축적(투자), 시장 확장(무역)에 달려 있다고 정확히 추측했다. 번영을 이루려면 사회가 출산율을 관리하고, 미래를 대비하기 위해 현재 생산량의 일부를 저장하고, 시장을 개방해 자유롭게 거래해야 한다고 생각했다. 이는 엄청난 통찰이었다. 경제학이 살아남을 수 있었던 이유도 이와 같은 통찰력 덕분이다. 하지만 그들은 사회가 이런 활동에 유익한 제도를 어떻게 발전시켜야 하는지는 이해하지 못했다. 오늘날에도 많은, 아마도 대다수 경제학자는 사유재산권을 천부적인 권리로 여기면서, 재산 분배가 사회에서 어떤 기능을 하는지 그리고 불충분한 재산 분배가 지금껏 지속되고 있는지는 궁금해하지 않는다. 그저 재산 분배의 효율적 측면에서만 어떤 사회가 다른 사회보다 부유한 이유를 설명할 뿐이다.

이번 장에서는 고전주의 경제학의 통찰에서부터 20세기 후반 경제학의 하위 분야로 등장한 개발 경제학까지 이른바 '경제 성장'을 향한 경제학의 발자취를 추적해본다. 그리고 여러 개발 경제학 이론이 결국 신고전주의 경제학의 대명사이자 미국식 국가 발전 모델인 '워싱턴 컨센서스(Washington Consensus)'로 흡수된 과정 또한 살펴본다.

:: 인구와 도덕적 효율성 ::

라이오넬 로빈스의 비유처럼 경제학자가 '비극 작가'라면, 토머스 맬서스는 최고의 비극 작가일 것이다. 맬서스가 등장하기 이전에 사람들은 미래가 더욱 번창한다고 믿었다. 그러나 그가 등장한 이후 미래는 암울해졌다. 19세기 첫 50년 동안 고전주의 경제학은 '음울한 과학'으로 불렸다. 토머스 맬서스는 1798년 출간된 《인구론(An Essay on the Principle of Population)》에서 마르키 드 콩도르세(Marquis de Condorcet, 1743~1794), 윌리엄 고드윈(William Godwin, 1756~1836), 토머스 페인(Thomas Paine, 1737~1809)과 같은 사상가들이 제시한 '유토피아주의(utopianism)'를 반박했다. 증가한 부, 과학 발전, 규범 완화에 신이 난 18세기 사상가들은 경제적 진보에 자연적 제한은 없다고 주장했다. 하지만 토머스 맬서스는 그 유명한 비율을 제시하면서 그들의 폭주에 제동을 걸었다. 그는 인간의 삶이 영원히 '인구'와 '기아' 사이에 놓여 있다고 역설하면서, 인구는 성욕에 의해 매년 기하급수적으

더 나은 삶을 위한 경제학

로 증가(1→2→4→8)하는 데 반해 식량 공급은 일정한 양 만큼만 증가 (1→2→3→4)한다고 설명했다.

모든 부부가 각각 4명의 자녀를 둔다면 인구는 매 세대 두 배씩 증가하고, 결국 인구 증가 속도가 식량 생산량 증가 속도를 앞지르게 될 것이다. 맬서스는 1800년 영국 인구 700만 명을 기준으로 25년마다 두 배씩 증가해 1825년에는 1,400만 명, 1850년에는 2,800만 명, 1875년에는 5,600만 명, 1900년에는 1억 1,200만 명, 2000년에는 18억 명에 육박하리라고 추정했다. 반면 1800년에 700만 명을 모두 먹일 만큼 충분한 식량이 공급됐다면 1825년에는 1,400만 명, 1850년에는 2,100만 명, 1875년에는 2,800만 명, 1900년에는 3,500만 명만 먹일 수 있는 식량이 공급될 것으로 내다봤다. 따라서 100년 뒤면 영국 인구의 2/3는 굶주릴 것이다. 확실히 비극적인 전망이었다. 경제학의 표준이 된 추론에 근거한 예측이었고, 경고 문구가 붙은 '경제 모델'이었다.

1803년 두 권으로 확장된《인구론》제2판에서 토머스 맬서스는 자신의 가설에 실증적 근거를 마련하고자 역사를 파고들었고, 14세기 수많은 사람의 목숨을 앗아간 페스트 유행 이후 인구가 빠르게 증가했다는 사실을 발견했다. 생산성 개선이 부의 증가가 아닌 인구의 증가로 이어진 것이었다. 임금 노동자는 자신들의 부에 기대어 더 많은 자녀를 낳았다. 인구는 식량 공급에 압박을 가했다. 임금이 하락하고 질병, 전염병, 기아로 아이와 노인이 사망하면 인구는 다시 감소했다. 이렇게 자연은 수단과 욕구의 장기적 균형 상태를 유지했다. 카를 마르크스 등은 이를 '임금 철칙(iron law of wages)'이라 부르게 된다. 낙관주의자들에게는 감당하기 어려운 추론이었다.

맬서스는 성욕의 파괴적인 힘을 억제할 결정적 수단을 제시했다. 다름 아닌 '도덕적 자제력'이었다. 그는 결혼 연령을 늦추고 혼전 순결을 유지해야 한다고 주장했다. 그런데 기혼자나 미혼자의 피임에는 반대했다. 지금의 관점에서 보면 이상하게 보일 수 있지만, 이와 같은 그의 태도는 신학적 측면과 경제적 측면이 뒤섞인 것이 있다. 신학적 관점에서 그가 생각하기에 인간의 성욕은 비단 생식뿐 아니라 혼인해서 가족을 부양하려는 도덕적 노력을 끌어내려는 신의 섭리였다. 그래서 피임(그리고 성욕 해소만을 위한 성행위)은 가족 부양 욕구를 무디게 만들어 노동 동기를 감소시킨다고 믿었다.

토머스 맬서스는 경제 성장의 필요조건으로 도덕적 효율성을 강조했다. 효율적인 도덕률을 선택한 사회는 번창하고, 악덕에 빠진 사회는 부진하거나 쇠락한다는 것이었다. 그런데 17세기 후반 맬서스가 말한 세 번째 인구 주기가 끝날 무렵 농업 생산성은 감소에서 증가로 돌아서고 있었다. 19세기에 이르러서도 생산성 증가가 계속 이어지자 사람들은 맬서스의 예측이 틀렸음을 깨닫고 그가 제시한 수치를 쓰레기통에 던져버렸다. 적어도 부유한 선진국에서는 그렇게 했다. 오늘날에도 유럽의 출산율은 한 국가가 현재의 인구 규모를 유지하는 데 필요한 대체 출산율에 미치지 못한다. 피임이라는 '악덕'이 맬서스의 덫으

더 나은 삶을 위한 경제학

로부터 유럽을 구한 셈이다.

그러나 맬서스의 망령은 경제학에 긴 그림자를 드리웠다. 1972년 도넬라 메도즈(Donella Meadows, 1941~2001) 등은 공저《성장의 한계 (Limits to Growth)》를 통해 맬서스의 이론을 또다시 인용했고, 세계 인구가 2000년 70억 명에 육박해 곡물, 석유, 가스, 알루미늄, 금과 같은 천연자원이 부족해지리라고 전망했다.[3] 지금 세계 인구는 80억 명에 이르며, 110억 명 또는 어느 추정에 따르면 150억 명에서 정점을 찍을 것으로 예상된다.

주류 경제학은 자원의 압박에 대해 고민하지 말라는 그릇된 주장을 하지만, 맬서스의 방법론은 다른 측면에서 경제학에 영구적 유산을 남겼다. 첫 번째 유산은 그의 이론에서 확인되는 '선험적(a priori)' 특성이다. 문자 그대로 '경험 이전의', '경험으로부터 독립된' 이론이었다. 맬서스의 방법론은 연역 추론의 전형이다. 경험적으로 검증하기도 전에 전제부터 세워졌다. 그리고 그 전제는 앨프리드 마셜에 의해 '세테리스 파리부스(ceteris paribus, 다른 모든 조건이 동일하다면)'라는 견고한 방어벽이 된다. 두 번째 유산은 '수학 공식'이다. 맬서스는 자신의 예측에 정확성을 부여하고자 수학 공식을 사용했다. 그러지 않았다면 그의 이론은 신뢰성을 확보하지 못했을 것이다. 세 번째 유산은 '자연의 사실'에서 직접 추론을 도출하는 방식이다. 네 번째 유산은 '실증'과 '규범'이다. 그의 방법론은 실증과 규범을 오갔다. 애덤 스미스처럼 그도 경제 성장을 지지했다. 토머스 맬서스는 경제 성장에 도덕적 효율성이 요구

된다고 여겼으며, 자신의 이론을 강화하기 위해 과학을 이용한 설교자
였다.

:: 남은 것을 남기는 데 쓰는 문제 ::

애덤 스미스에게 '자본재' 축적은 경제 성장의 첫 번째 동력이었다.
관건은 자본재를 축적하는 데 필요한 '투자'를 어떻게 확보할 것인가
였다. 데이비드 리카도는 지주, 기업가, 노동자 세 계급 사이에 생산물
분배를 관리하는 제도에서 시작해야 한다고 믿었다. 소비를 넘어서는
생산만이 자본재 축적의 유일한 원천일 때 경제 성장률은 그 잉여분이
누구에게 얼마만큼 돌아갔느냐에 따라 결정됐다.

지주는 '지대'로 받는 잉여 생산량에 의존해 살았다. 지대는 웅장한
저택을 짓고 호화로운 생활을 유지하는 등의 비생산적인 일에 쓰였다.
노동자는 임금을 소비해 살아가기에 기업가가 유일하게 자본재를 축
적할 수 있는 계급이었다. 다시 말해 기업가만이 이익을 사업 개선과
확장에 투자할 수 있었다. 따라서 경제 성장은 지주에게서 '지대' 일부
를 거둬들이고, '임금'을 노동력 보전에 필요한 최소 수준으로 제한하
며, '세금'을 낮게 유지하는 데 달려 있었다.[4] 데이비드 리카도는 "국가
의 부를 확보하고 인구 증가를 통제하고자 특정 계급의 이익을 배려하
는 정책을 허용하다니 참으로 유감스럽다"라고 썼다.

더 나은 삶을 위한 경제학

리카도는 균형 이론과 자신의 인식 사이에서 고뇌하던 영혼이었다. '균형 이론'은 경제가 이례적 이익을 사이에 두고 사람들이 경쟁하는 과정을 통해 성장한다고 설명한다. 하지만 그는 경제 성장이 지속해서 부를 축적하는 역동적인 과정이라고 인식했다. 그래서 그는 훗날 카를 마르크스가 열정적으로 활용하게 될 계급 분석 이론을 마련했다. 사실상 데이비드 리카도는 국가를 지주 계급과 동일시했다. 그리고 국가의 통제력은 자본가 계급에 넘어가야 한다고 주장했다. 카를 마르크스가 보기에 이런 현상은 실제로 일어났다. 새로운 산업 사회에서 국가는 자본의 독점권으로 노동자 계급을 착취하는 자본가 계급의 대리인이었다. 이전에는 지주 계급이 토지 소유권을 통해 다른 계급을 착취했다. 두 경우에 차이가 있다면 지주 계급이 독점한 지대는 낭비로 이어졌지만, 자본가의 노동자 착취는 자본 축적과 경제 성장의 원천이 됐다는 점이다. 새로운 착취 계급은 진보적인 계급이었다.

마르크스가 경제 행위를 분석하고자 활용한 방법론은 데이비드 리카도의 것과 같았다. 그러나, 여러분이 이미 눈치챘을지 모르지만, 데이비드 리카도의 뒤를 이은 신고전주의 경제학자들은 경제 구조를 제도적 관점에서 해석하고 분석하지 않았다. 그들의 경제 모델에서 유일한 경제 주체는 '개인'이다. 이는 계급 권력이 보이지 않게 됐음을 의미한다. 이렇게 경제 행위에 관한 방법론에서 구조적 분석이 배제되자 경제학에 '패러다임 전환'이 일어났다.

:: 무역과 자본 축적 ::

애덤 스미스에게 분업은 제2의 경제 성장 동력이었다. 노동 분업 옹호는 자유무역 옹호로 이어졌다. 분업의 필요성은 핀(pin) 공장 사례에서 잘 드러났다. 애덤 스미스는 핀 공장 노동자 각자가 핀 생산 과정 일부에 특화된 전문성을 확보함으로써 전체 생산량을 대폭 늘리는 방법을 설명했다. 그는 핀 공장 노동자 1명이 하루에 핀 5개를 생산하는 대신 5명이 100개를 만들 수 있으므로, 주어진 노동 시간에서 핀의 생산 단가가 절반으로 줄어든다고 주장했다. 나아가 업무를 전문화하고 노동력을 분산시키는 이 분업 원리를 지역과 국가로 확대해 적용할 수 있으며, 그러면 국가의 부가 증가한다고 역설했다.

애덤 스미스와 데이비드 리카도는 모두 자유무역을 옹호하기 위해 과학적 근거를 제시했는데, 여기에는 중요한 정치적 목표가 숨어 있었다. 바로 식량 가격을 좌우하는 지주의 영향력을 떨어뜨리는 것이었다. 식량을 자유롭게 수입하면 가격이 하락하는 동시에 생산 비용이 낮아지고, 이익과 투자가 늘어나 노동자 계급의 실질 임금이 높아진다. 이렇게 무역, 자본 축적, 경제 성장 사이의 관계가 과학적 경제학의 탄생과 함께 확립됐다. 이는 세계화의 지적 토대가 됐다.

그런데 자유무역 원리에는 두 가지 버전이 있었다. 애덤 스미스는 사람들이 각기 다른 곳에 사는 이유는 서로 사이좋게 거래하라는 신의 뜻이라고 생각했다. 무역은 자연적 우위에서 비롯된다. 예컨대 스코틀

더 나은 삶을 위한 경제학

랜드에서 직접 와인을 생산하는 것보다 지중해 지역에서 수입하면 더 좋은 와인을 얻을 수 있다. 자연적 우위를 바탕으로 거래하면 같은 물건을 두고 경쟁하는 것보다 덜 파괴적이다. 각 국가가 서로 다른 물건을 생산하므로 경쟁할 필요가 없다. 상호보완적인 무역은 국내에서 생산할 수 없거나 생산에 엄청난 비용이 드는 재화를 서로 수입하는 것이다. 그러면 임금 및 직업 경쟁 위협을 최소화할 수 있다.

그러나 한편으로 자연적 우위에만 기댄 무역은 분업을 제한한다. 다행히 이 한계는 데이비드 리카도 덕분에 극복됐다. 그는 무역이 복지를 향상하기에 자연적 우위에만 묶여서는 안 된다고 설명했다. 자연적 우위가 적더라도 잘할 수 있는 분야라면 분업으로 전문화해 무역 활동을 할 수 있다는 것이었다. 이른바 '비교우위론(theory of comparative advantage)'이다.

이 논리에 따르면 예를 들어 연구도 잘하고 타자기도 잘 다루는 교수가 있다고 할 때, 타자 업무는 비서에게 맡기고 연구하는 데 더 많은 시간을 할애하는 것이 옳다. 따라서 포르투갈은 와인 생산에 집중하고 직물은 영국이 맡아야 한다. 비록 포르투갈이 영국보다 와인과 직물을 저렴하게 만들 수 있지만, 직물보다 더 낮은 비용으로 와인을 생산할 수 있기 때문이다. 리카도는 이런 방식이 양측의 이익을 극대화할 수 있다고 주장했다.[5] 비교우위론은 고집 센 경제학자들의 마음을 움직였고 가장 영향력 있는 이론으로 발전했다. 심지어 폴 새뮤얼슨은 비교우위론을 "아름답다"라고까지 평가했다.

데이비드 리카도의 비교우위론은 토머스 맬서스의 인구론과 더불어 연역 추론의 전형적인 사례다. 연역 추론은 직관을 형식화해 결론을 도출한다. 어쨌든 논리에 입각한 방법론이다. 리카도는 포르투갈이 직물을 직접 생산하지 않고 영국으로부터 수입에 의존할 경우 장기적으로 발생할 수 있는 부정적 영향은 무시했다. 맬서스와 달리 리카도는 무역이 실제로 비교우위론에 따라 발전하는지를 경험적으로 증명하려는 시도도 경시했다. 오늘날까지 국가 간 교역 흐름이 비교우위의 법칙을 따랐다는 결정적 증거 또한 나온 바 없다.

게다가 비교우위론이 반드시 훌륭한 처방도 아니었다. 리카도의 비교우위론은 '정태 균형(static equilibrium)', 즉 다른 모든 조건이 같을 때 상호의존적 관계로 경제가 균형 상태를 유지한다는 원칙을 전제로 한 것이었다. 그래서 비교우위론은 각 국가에 현재 가장 잘할 수 있는 영역을 전문화하라고 요구했다. 그런데 자원 매장량 등 자연적 우위라면 일리가 있지만, 우위가 제조업에 있다면 이야기가 달라졌다. 국가 간 '경제 따라잡기'가 중요해지자 국가들은 무역에서 동적인 이익을 도모하고자 했다. 이는 경쟁 상황에서 앞서나갈 수 있는 고부가가치 산업을 발전시키는 결과를 낳았다. 프리드리히 리스트는 자유무역이 경제적으로 앞선 국가들의 무역 우위를 공고히 하는 도구가 된다고 주장했다. 주류 경제학자들은 유치 산업을 보호해야 한다는 그의 주장에는 고개를 끄덕이면서도 보호무역에는 동의하지 않았다. 보호무역이 가져다줄 일시적 이익보다, 국가가 무역에 개입해 발행할 부패 및 비효

더 나은 삶을 위한 경제학

율성의 문제가 더 크다고 여겼기 때문이다.

:: 어떻게든 빼고 싶은 국가의 역할 ::

고전주의 경제학과 신고전주의 경제학의 '경제 성장' 이야기에는 하나같이 '국가'가 경제 발전에서 해온 역할은 빠져 있다. 역사적 사실로 볼 때 국가가 상당한 자본을 축적해 성장을 이뤄냈다는 점에서 경제 성장은 시장 주도가 아니라 국가 주도였다. 19세기에 유럽 국가들이 그랬고, 20세기에는 일본, 한국, 중국 등이 모두 그랬다. 무역도 경제 성장을 위한 국가 정책의 도구였다. 많은 역사학자가 지적했듯이 대부분 국가는 자유무역이 아닌 관세의 보호 아래 산업화에 성공했다.[6]

그렇다면 왜 초기 경제학자들은 경제 활동의 자극제이자 조정자로 국가가 아닌 경쟁 시장을 선택했을까? 가장 중요한 이유는 당시 그들이 보기에 국가는 공익을 희생해 왕가의 이익을 추구하는 개인의 전유물이었기 때문이다. 그런 까닭으로 애덤 스미스의 반국가주의적 비판은 전근대적 통치 형태를 겨눴다. 사회의 경제 영역을 이끌어갈 지식과 자격을 갖추지 못한 '왕자들'에게 맡길 수 없었다. 그러므로 국가는 세입과 후원의 원천을 제한함으로써 경제에 최소한으로 개입하는 것이 마땅했다. 케인스 혁명으로 잠깐 흔들리긴 했지만, 경제학에서 이 같은 반국가주의적 기조는 오늘날까지 끈질기게 이어지고 있다.

초기 경제학자들부터가 틀렸다. 군주제는 이미 관료 국가의 일부가 되는 과정에 있었다. 프로이센의 프리드리히 2세(Friedrich II, 재위 1740~1786), 오스트리아의 요제프 2세(Joseph II, 재위 1765~1790) 등 애덤 스미스 시대의 군주들은 깨어 있었다. 전통적으로 혼인관계를 통해 권력을 유지해오던 귀족의 강한 반대에 맞서 낙후된 사회의 현대화를 진두지휘했던 이들은 다름 아닌 계몽 전제 군주였다. 그리고 19세기 말까지 유권자들에 대한 정부의 책임은 갈수록 커졌다.

통치자를 향한 부정적 시각은 시장을 향한 긍정적 관점으로 이어졌다. 이는 권력이 없을 때 사적 이익이 조화를 이룬다는 18세기 자유주의적 신념의 일부였다. 경쟁 시장 시스템은 최소한의 규제만으로 번영을 추구하는 자발적 협력을 가능케 했다.

국가가 최선을 다해 경제를 돌볼 수 있다는 시각은 오래가지 않았다. 주류 경제학자들은 19세기와 20세기에 정부가 경제적 목적을 위해 자본을 축적할 때도 국가적 선택 외에 다른 선택으로는 자본을 관리할 수 없기 때문에 공공 투자가 민간 투자보다 효율성이 떨어진다고 주장했다. 오늘날에도 신고전주의 경제학자들은 정부가 '어떻게 바보 같은 선택을 하는지' 활발히 논의한다. 그들이 보기에 정부는 그 어디로도 이어지지 않는 길을 내고, 그 누구도 살고 싶어 하지 않는 도시를 개발하며, 자본과 노동력이 없는 제철소를 세우고, 돈이 되지 않는 제품 생산 공장을 건설한다.

그들은 행정 관리나 권력 분배 측면은 고려하지 않은 채 정부의 정책

더 나은 삶을 위한 경제학

실패만 신랄하게 비판한다. 모든 정부가 부패하지는 않지만 본질적으로 무능하다고 가정한다. 그러나 앞서 언급했듯이 전근대 국가를 기준으로 경제 성장에서 국가의 역할을 평가할 수는 없다. 신고전주의 경제학적 비판은 완전 고용에 대한 국가의 노력 그리고 정부가 때로는 '현명한 선택'을 했다는 사실을 간과한다. 일본의 자동차 회사 도요타(Toyota)를 생각해보자. 도요타는 작은 섬유 회사로 출발했지만, 관세나 보조금 등 일본 정부의 정책 덕분에 글로벌 기업으로 성장했다. 비주류 경제학자이자 역사적 제도주의(historical institutionalism) 경제학자로 불리는 장하준(1963~)은 이렇게 설명한다.

— 만약 1960년대 초에 일본 정부가 자유무역 경제학자들의 조언을 따랐다면 렉서스(Lexus)는 없었을 것이다. 도요타는 기껏해야 몇몇 서양 자동차 회사의 하도급 파트너가 됐거나, 최악의 경우 사라졌을지도 모른다. 일본 경제도 마찬가지였을 것이다.[7]

정부의 간섭이 없었다면 미국의 실리콘밸리 등 혁신을 주도하는 지역이 현재의 모습을 갖추지 못했을 것이다. 어느 정도 정부의 간섭이 있었기에 벤처 투자가들이 기꺼이 위험을 감수했고, 창고에서 창업한 기업가들이 자신의 아이디어에 집중할 수 있었는지도 모른다. 민간 기업은 수익이 확실한 경우에만 게임에 뛰어든다. 정부가 기초 과학을 육성하고 신기술에 자금을 지원하지 않았더라면 인터넷에서부터 나노 기술에 이르는 기술적 진보는 불가능했을 것이다. 경제적 가치가 없다고 여기는 군사 지출도 경제 성장으로 이어지는 파생 효과를 가져올 수 있었다.[8]

경제 발전에서 국가의 역할에 대한 심각한 이견은 처음부터 경제학의 논쟁거리였다. 자유방임주의가 바람직하다고 믿는 사람들(경제학자 대부분)과 경제 발전에 국가의 적극적인 지원과 리더십이 필요하다고 믿는 사람들 사이에 논쟁이 멈췄던 때는 없었다.[9]

:: 빅 푸시 이론과 종속 이론 ::

개발 경제학은 서로 별개의 '성장'과 '발전'이라는 두 개념을 결합한다. 경제는 우선 '성장'해야 한다. 성장해야 '발전'할 수 있기 때문이다. 경제 성장은 특정 기간 동안 모든 시장 거래의 총 가치로 산출되는 GNP의 증가를 뜻한다. GNP는 순전히 정량적 지표다. GNP가 인구보다 빠르게 증가하면 '생활 수준'이 올라간다. 이때부터 '발전' 개념이 등장한다. 경제 발전은 경제 성장이 '웰빙' 또는 '인간적 풍요'에 기여하는 더 넓은 개념이다. 그런데 어차피 발전은 성장을 수반하고 성장은 발전과 연결되므로, 두 용어의 개념상 차이점을 인지한다면 '경제 성장'과 '경제 발전'을 혼용해 사용해도 큰 문제는 없을 것이다. 나도 이 책에서 그러고 있다.

제2차 대전 이후 경제 성장이 국가 정책의 의식적 목표가 되자 경제 성장 정책은 두 가지 이론적 단계를 거쳤다. 첫 번째는 1940년대와 1950년대의 이른바 '빅 푸시(big push) 이론'이다. 빅 푸시는 단기간에 가난한 국가를 부유한 국가로 바꾸기 위해 마련한 이론으로, 프리드리히 리스트에서 파생한 경제학의 구조적 분석에 근거했다. 하지만 빅 푸시 이론에 입각한 성장 정책이 실패했다는 평가를 받으면서 1970년대와 1980년대 신고전주의 경제학이 재부상했고, 그렇게 되돌아온 신고전주의 경제학은 '워싱턴 컨센서스'로 구현됐다.

경제 발전 이론의 분석 단위는 세계 자본주의 시스템의 '구조'다. 그래서 발전 이론은 구조적이다. 개발 경제학은 자본주의 시스템을 경쟁 기업들로 가득한 통합된 시장으로 보지 않고, 앞선 중심부와 뒤처진 주변부로 구성된 시스템이라고 여긴다. 경제 시스템의 이중적 구조는 경제학과 경제 정책에도 이중적인 시스템을 요구했다. 부유한 국가에 적합한 경제 정책은 가난한 국가에는 맞지 않기 때문이었다.

애덤 스미스처럼 개발 경제학자들도 자본재 축적을 성장 동력으로 봤다. 그렇지만 애덤 스미스와 달리 그들은 자본재 축적이 자연스럽게 이뤄지리라고는 믿지 않았다. 가난한 국가에는 '기업가(자본가)' 계급이 부족했다. 그랬기 때문에 국가가 '무제한으로 공급되는 노동력'을 활용하고 국외 또는 국내 자금을 동원해 제조업에 투자해야 했다.[10] 이때 핵심 가정은 제조업에서 '수확 체증(increasing returns to scale)'이 존재한다는 것이었다. 그들은 제조업이 커질수록 내수 시장이 커지고, 그 결과 스스로 굴러가는 성장의 '선순환'이 생기리라고 기대했다.

　그렇게 빅 푸시 이론의 옹호자들은 부유한 국가와 가난한 국가를 현재 상태에 고착시킨다는 명목으로 자유무역을 공격했다. 대표적으로 1956년 라울 프레비시(Raúl Prebisch, 1901~1986)는 무역으로 얻은 이득이 주변의 가난한 국가에 부정적인 영향을 미친다고 주장했다. 가난한 국가가 생산하는 1차 제품의 가격은 경쟁 시장에서 형성되는 반면, 선진국들의 제조품은 독점 시장에서 책정된다는 이유에서였다. 가난한 국기의 무역 조건, 즉 상품 대 상품의 교환 소선이 좋지 않기에 결국 이익은 가난한 국가에서 부유한 국가로 이전되는 셈이었다. 더욱이 제조업은 기술 변화로 얻는 혜택이 1차 생산자보다 많으므로 영구적인 비용 우위를 갖는다.[11]

　그래서 라울 프레비시를 비롯한 빅 푸시 이론 옹호자들은 개발도상국의 무역 조건을 개선하려면 '수입 대체(import substitution)' 정책을 도입해야 한다고 주장했다. 이 보호막 아래에서 개발도상국은 '수확 체감' 가능성이 큰 농업과 '위장 실업'이 만연한 생산성 낮은 서비스업 자원을 '규모의 경제'를 누리는 제조업으로 전환할 것이다. 그러면 유치 산업을 창출하고 수출 기업으로 성장시켜 머지않아 선진국을 따라잡을 것이다. 해리 존슨(Harry Johnson, 1923~1977)은 이를 두고 "위장 실업자 집단이 존재한다는 생각은 '경제 발전'이 마치 '비용이 들지 않는 생산 자원을 경제 활동에 동원하는 것'과 관련 있다는 사고방식으로 이어진다"고 썼다.[12] 어쨌든 1950년대와 1960년대에 라틴아메리카 대부분 국가와 인도가 이런 분석을 기반으로 경제 정책을 추진했다.

그러다가 1970년대에 이르러 '빅 푸시' 정책이 효과적인가에 대한 의구심이 커졌다. 개발도상국들의 데이터는 급속한 인구 증가, 소득 불평등 확대, 산업 고용 소폭 증가라는 결과를 보여줬다. '수입 대체'도 인플레이션과 국제 수지 문제를 야기했다. 유치 산업을 위한 해외 차입은 부채 증가로 이어졌고, 1970년대와 1980년대 부채 위기로 절정에 이르렀다. 강제적 경제 성장 정책이 내전 발발에서부터 독재 정권 수립에 이르기까지 유해한 부작용을 낳는다는 증거도 나왔다. 그 결과 관심은 '사회 역량'으로 쏠리기 시작했다. 정부는 자신들과 가족의 배를 불릴 수 있었지만, 국가 경제를 발전시키지는 못했다는 사실이 드러났다. 신화에서 신들의 비밀을 훔친 인간은 엄청난 벌을 받는다. 신화 속 인간처럼 정책 입안자들은 새로 발견한 지식을 남용했고, 이른 배당금을 지급해준 비법을 남발했다.[13]

빅 푸시 이론이 크나큰 실망만을 남기자 두 번째 단계로 '종속 이론(dependency theory)'이 등장했다. 이 이론에 따르면 저소득 국가들은 단지 운이 나빠서 가난을 벗어나지 못하는 것이 아니라 게임 자체가 불리하게 조작됐다. '부등가 교환(unequal exchange)'은 자본주의적 수익성의 필요조건이기 때문에 세계 자본주의 체제 안에서 국가 정책으로 바로잡을 수 있는 문제가 아니라는 것이다. 핵심부의 번영은 주변부의 빈곤에 달려 있다. 주변부는 핵심부의 이익을 유지하기 위해 값싼 원자재와 비숙련 노동력을 제공하도록 요구된다. 이 이론의 악당은

세계 자본을 지배해 가난한 국가로부터 지대를 착취하는 다국적 기업들이다.[14]

종속 이론 옹호자들은 주변부가 외부에서 자본주의를 수입하는 반면 핵심부는 자국의 내수 시장을 토대로 발전한다고 주장한다. 그렇기에 주변부의 자본주의 국가들은 독립적인 내부 역동성이 부족하다. 이런 조건에서 자본주의는 유익한 파급 효과를 낳지 않는다. 자원을 인위적인 수출 활동으로 전용하고, 국산품을 수입 사치품으로 대체하며, 전통적 경제 시스템에서 제3의 영역을 축소하고, 낭비적인 현대 생산 기법을 권장해 남아 있는 경제 활동마저 없애버리는 '영지 경제'로 이어질 뿐이다.

종속 이론은 비극 작가로서 경제학자의 면모를 여실히 보여준다. 자본주의 시스템 안에서 주변부에는 경제 발전의 길이 차단되므로 사회주의 혁명만이 가난을 극복할 수 있는 유일한 길이다. 그러나 사회주의 혁명은 핵심부에 남아 있는 단 하나의 수익원마저 약화해 그 중심으로부터 자본주의를 파괴할 것이다.

:: 워싱턴 컨센서스 ::

수입 대체 정책이 실패했다고 여겨지자 신고전주의 경제학이 다시 부상했다. 통화 확보에 도움이 되지 않는 값비싼 제철소나 자동차 산업이 아니라, 가난한 국가가 가진 저렴한 노동력을 십분 활용한 노동 집약적 산업이 필요하다는 주장이 대두됐다. 농촌의 예비 노동력은 수출 근간의 저비용 제조업으로 전환될 수 있었다. 한국, 일본, 대만 등 동아시아의 '호랑이들'은 이런 정책을 통해 세계 시장에 진입함으로써 눈부신 경제 성장을 이뤄냈다. 이들 국가의 성공이 새로운 접근방식을 뒷받침하는 증거가 됐다.

1980년대 라틴아메리카의 부채 위기와 저물가로 인해 수출 주도 성장에 필요한 '구조 조정' 논의가 활발해지기 시작했다. 이 같은 변화와 함께 세계의 정책적 이데올로기가 로널드 레이건(Ronald Reagan, 1911~2004)과 마거릿 대처(Margaret Thatcher, 1925~2013)의 신자유주의로 이동했다. 1990년대 경제 정책으로 워싱턴 컨센서스가 등장했고 개발도상국은 떠오르는 '신흥 시장'이 됐다.

국제통화기금(IMF)과 세계은행(IBRD)에 소속된 경제학자들은 대출을 빌미로 가난한 국가가 자국 금융 시장을 자유화하고, 무역 장벽을 낮추고, 공기업을 민영화하고, 국가 지출을 줄이고, 글로벌 시장을 고려해 생산 결정을 내리도록 유도했다. 제3세계 정부들은 너무나 무능하고 부패해서 경제적으로 선진국을 따라잡는 계획을 그들 스스로에게 맡길 수 없다는 것이었다.[15] 그리고 제8장에서 자세히 살펴겠지만, '신제도주의 경제학(new institutional economics)'에 따라 사적 이익률과 사회적 이익률을 동등하게 만들고자 사유재산권을 강제해야 한다는 주장에도 갈수록 힘이 실렸다.

비교우위를 적극적으로 활용하는 것이 동아시아와 동남아시아의 당면 과제가 됐다. 새로운 성장 동력은 시장 통합이었다. 개발도상국은 물리적 자본을 축적하는 대신, 이익을 극대화할 수 있는 상품을 수출하고 비용이 적게 드는 상품을 수입하는 데 집중했다. 나아가 무역 이익을 활용해 '인적 자원'을 증강했다. 세계화를 통한 성장은 오늘날 당연한 경제 성장 전략으로 간주된다.

이처럼 경제학은 '경제 성장'과 관련해 여러 이론을 갖고 있다.[16] '자유무역 이론'은 수많은 자동차가 도로 위를 달리고 있다고 말한다. 그중 몇몇은 저 멀리 앞서가고 몇몇은 저 뒤에서 달지만, 자유 시장을 받아들인다면 뒤처진 자동차가 앞서 달리는 자동차를 따라잡을 수 있다고 주장한다. '빅 푸시 이론'은 서행 차선을 달리는 자동차들은 국가의 수입 대체 정책을 통해 추월 차선으로 이동할 수 있다고 이야기한다. '종속 이론'은 자본주의가 주변부 국가들을 서행 차선에서 영원히 빠져나오지 못하게 만든다고 비판한다. 서행 차선을 탈출하는 유일한 방법은 착취자들에 맞선 사회주의 혁명뿐이라고 주장한다.

라틴아메리카의 많은 국가가 여전히 종속 이론을 따르고 있다. 종속 이론은 신고전주의 경제학과 대조적으로 세계 경제를 이진법 시스템이라 여기고 카를 마르크스의 계급론에서 '자본가'와 '노동자' 계급을 '핵심부'와 '주변부'로 대체했다. 이런 점에서 종속 이론은 현대 경제학의 이론적 불온분자다. 종속 이론과 신고전주의 경제학은 경제생활을 대조적인 방식으로 모델화해 현실을 다른 시각에서 바라본다.

더 나은 삶을 위한 경제학

하지만 현실의 중요한 부분을 간과하고 있다는 점에서 개발 경제학이나 신고전주의 경제학 모두 비난을 피할 수 없다. 개발 경제학은 세계 경제에서 권력의 분배를 경계했지만, 빅 푸시 정책으로 약속한 결과를 내놓는 유능한 국가가 없다는 사실에 대해서는 무지했다. 반면 세계화를 지지하는 신고전주의 경제학자들은 시장의 '보이지 않는 손'만 신뢰할 뿐 성공적인 시장화에 기업가의 역할이 필요하다는 사실에 전혀 관심을 쏟지 않았다. 그 결과 두 가지 접근법 모두 경제 성장의 필요조건인 '상대적으로 부패하지 않은 국가'와 '상업적 중산층'을 도외시했다. 동아시아의 대부분 국가는 이와 같은 필요조건을 충족했지만, 라틴아메리카나 아프리카 국가는 그러지 못했다. 그래서 완전히 다른 결과가 나왔던 것이다.

:: 누가누가 옳은가 ::

경제 성장을 바라보는 개발 경제학과 신고전주의 경제학 사이의 극명한 시각 차이는 2002년 런던정경대학교 교수 로버트 웨이드(Robert Wade, 1944~)와 〈파이낸셜타임스(Financial Times)〉 수석 논설위원 마틴 울프(Martin Wolf, 1946)의 대담에서 뚜렷이 드러난다.[17] 두 사람은 2008년 글로벌 금융 위기가 발생하기 전, 워싱턴 컨센서스가 한창 주목받던 시기에 만나 토론했다.

양측은 사실에 대한 논쟁으로 시작했다. 로버트 웨이드는 세계화로 수천만 명의 사람들이 가난에서 벗어났다는 사실을 부정했다. 세계은행이 발표한 자료에 따르면 하루 소득 1달러 미만의 절대 빈곤을 겪는 사람들의 수는 1987년에서 1998년까지 약 12억 명 수준을 유지했다. 인구 증가를 감안하면 절대 빈곤에 빠진 세계 인구 비중은 28%에서 24%로 떨어졌다. 그렇지만 절대 수치는 오히려 증가했을 수도 있다. 각 나라의 평균 소득을 비교해 동일한 단위(중국=우간다)로 취급하면 불평등은 더욱 심해졌다는 결과가 나온다. 반면 인구 기준으로 가중치를 두면 불평등은 감소했다. 그러나 후자의 결과는 전적으로 중국과 인도의 빠른 성장 때문이었다. 전세계 가구의 소득 분포에 관한 데이터가 부족해 정확히 분석할 수는 없지만, 1982년부터 하락한 임금 분배율을 통해 불평등이 심화했음을 추측할 수는 있다. 따라서 로버트 웨이드의 논리대로라면 세계화는 빈곤과 불평등을 감소시키지 못한 셈이다.

이에 마틴 울프는 세계은행 자료를 다른 시각으로 분석하면서, 1980년 이후 절대 빈곤 상태에 있는 사람들이 2억 명 감소했다고 응수했다. 이는 세계화가 빈곤을 줄이는 데 걸림돌이 됐다는 주장을 반박하는 분석이었다. 게다가 1970년 정점을 찍은 이후 전세계적으로 불평등이 크게 완화됐다. 지난 20년 동안 절대 빈곤뿐 아니라 가구 간 불평등도 감소했다. 그리고 중국과 인도가 빠르게 성장한 이유도 여기에 있다는 것이었다.

두 사람의 논쟁은 성장의 원인으로 이어졌다. 로버트 웨이드는 경제 성장의 주된 원인은 기술 역량의 확산이라고 주장했다. 마틴 울프는 세계화가 성장의 주된 요소이며, 그 밖에 많은 인과관계가 존재한다고 지적했다. 그는 1950년대 이후 한국과 대만이 자유무역으로 성장 정책을 바꾸면서 당시 비슷한 처지였던 다른 나라들보다 빠르게 성장했다고 강조했다. 그러자 로버트 웨이드는 경제 성장이 곧 세계화의 결과라는 증거는 될 수 없다고 받아쳤다. 단적인 예로 중국과 인도는 어느 정도 성장하고 난 다음에 자유무역과 외국 자본을 받아들였다는 사실을 제시했다.

로버트 웨이드는 모든 국가가 빠른 경제 성장을 이루려면 무역 자유화를 해야 한다는 처방에 반대했다. 역사적으로 볼 때 국가들은 '부유해지기 위해' 자유화하지 않았다는 것이다. 반대로 '더 부유해지면' 자유화했다. 그는 워싱턴 컨센서스가 가난한 국가들에 조급하게 무역 자유화를 강요해 그들 스스로 기술 역량을 확보하는 데 걸림돌이 됐다고 역설했다. 세계무역기구(WTO)의 규정은 가난한 국가들이 노동집약적 산업에 보조금을 지원하거나 외국인 투자를 제한하는 등 부유한 국가들이 이전에 자국의 기술 역량을 함양하고자 했던 일을 하지 못하게 만들었다.

마틴 울프는 기술 혁신이 적용되는 전후 맥락을 분리해서 생각하면 안 된다고 반박했다. 경제 성장에는 몇 가지 전제조건이 있다. 나라가 안정돼야 하고, 개인과 재산이 보호돼야 한다. 국민 대다수가 읽고 쓸

줄 알아야 하고, 기본적인 덧셈 뺄셈을 이해할 수 있어야 한다. 불필요한 관료주의와 부정부패로 기업의 성장을 억제해서는 안 되며, 시장의 힘이 널리 수용돼야 한다. 거시적 안정성을 확보하고 예금을 효과적으로 활용할 수 있는 금융 시스템을 마련해야 한다. 성공한 국가들에서는 이와 같은 요소가 서로 강화하는 방식으로 작동했다. 그런데 아프리카는 이런 전제조건을 충족하지 못했다. 그는 자본 시장 자유화가 이 상황을 모두 바로잡지는 못할지라도, 앞서 언급한 전제조건이 경제 성장에 꼭 필요하다고 못 박았다. 무역 장벽을 쌓아 유치 산업을 육성하는 것이 '가끔은' 경제 성장을 가속화할 수 있다는 사실을 인정하면서도, 가난한 국가에서 무역 제한 정책을 고집하면 '끔찍한' 결과로 이어진다고 거듭 주장했다.

마지막으로 두 사람은 세계은행이 제시한 자료의 신뢰성에 대해 언급했다. 마틴 울프는 이렇게 말했다.

— 물론 소득과 분배에 관한 세계은행 자료가 미심쩍은 것은 사실입니다. 무엇보다 개발도상국을 대상으로 도출한 자료는 몹시 의심스럽습니다. 하지만 당신(로버트 웨이드)의 생각과는 달리 어쨌든 세계은행이 일관성 있게 수치를 수집해온 것은 사실입니다.

반면 로버트 웨이드는 세계은행이 경제 성장 방법론에 관한 주관적인 견해를 갖고 있으며, 핵심 주주들의 강압에 휘둘리기 쉽다고 꼬집

더 나은 삶을 위한 경제학

었다. 그는 세계은행이 각국의 국내 총생산(Gross Domestic Product, 이하 GDP) 데이터를 부정확하게 작성하라는 압박을 받았으리라고 의심했다. 특히 중국이 걸렸다. 그는 실제로 중국 경제는 세계은행 자료가 보여주는 것만큼 눈부실 정도로 성장하지 않았다고 여겼다.

— 경제 성장은 나라마다 고르지 못합니다. 불가능하고 불가피한 사실입니다. 일부 국가와 국민이 더 잘해낸 것뿐입니다. 나머지는 그렇지 못합니다. 그 결과 불평등이 더 심해지고 있습니다. 불평등이 유감스럽다면 성장을 바라보는 시각 자체를 유감스럽게 여겨야 합니다. 똑같이 가난한 게 모두에게 더 좋다고 주장하는 것과 다를 바 없습니다. 도덕적 관점에서도 옹호할 수 없고 경제적 관점에서도 지지할 수 없는 생각입니다.

이 논쟁은 경제학이 자연과학이 아닌 이유를 여실히 보여준다. 경제학은 완벽을 추구하는 학문이 아니다. 상관관계 대 인과관계(만약 두 가지 이상의 사건이 동시에 일어난다면, 둘 중 하나가 다른 사건의 원인인가), 자료의 신뢰성(공식 통계는 얼마나 믿을 만한가), 경제 모델의 이데올로기적 색채(세계 경제를 가장 잘 설명하는 시스템은 일원 체계인가 이원 체계인가), 보편적 진실 대 상황에 따른 진실(다른 경제 구조가 동일한 성장 법칙을 따를 수 있는가), 권력의 역할(시장 거래는 자발적인가 유도되는가), 정책적 처방(자유무역인가 보호무역인가) 등 수없이 많은 질문에 답하고자 끊임없이 고민하는 학문이다. 아울러 인류의 '더 나은 세상'을 만들기 위해 부유한 선진국들이 가난한 나라들에 필요한 올바른 경제 성장(발전) 모델을 제시하는 것이 경제학의 임무다.

이제 다음 두 장에 걸쳐 경제학은 자연과학이어야 한다는 주장이 마주하는 핵심 문제를 다룰 것이다. 우리가 지금껏 한 이야기는 단순히 이야기일 뿐일까, 아니면 과학적 탐구의 대상이 될 수 있을까?

더 나은 삶을 위한 경제학

경제는 균형을 이룰 수 있는가

제4장

자연과학에서처럼 균형은 경제학의 핵심 개념이다.

_에드워드 라지어(Edward Lazear, 1948~)

:: 균형과 중력 ::

'균형(equilibrium)'은 경제학에서 질서의 원칙이다. 균형은 시장 거래의 자발적인 결과로 간주된다. 이 관점에 따르면 질서를 유지하는 대안 시스템, 즉 권력에 기초한 대체 시스템을 최소화할 수 있다. 시장은 사회적 협력을 보장하는 데 필요한 대부분 작업을 수행한다. 국가의 역할은 '법과 질서'라는 정치적 의무 몇 가지로 제한할 수 있다. 따라서 '시장 균형'은 권력 행사로 사회의 질서를 유지해야 한다는 정치적 주장에 경제학이 전통적으로 내놓는 대답이다.

엄밀히 말하면 균형은 '개념적으로' 안정된 시스템을 뜻한다. 균형 상태에서는 그 누구도 변화를 추구하지 않는다. 변화를 통해 얻을 수 있는 이득이 없기 때문이다. 경제학은 이 균형 개념을 물리학과 공유한다. 자연에는 균형을 유지하려는 힘이 존재한다. 균형이 깨지면, 깨진 균형을 회복하려는 반대 힘이 작동한다. 진자를 아무리 세게 밀어도 왔다 갔다 하다가 '중력(gravity)' 때문에 결국 멈춘다.

조지프 슘페터(Joseph Schumpeter, 1883~1950)는 균형을 경제학의 '대헌장(Magna Carta)'으로 묘사했다.[1] 그러나 여기에서 심각한 문제가 발생한다. 경제학은 개념적으로 안정된 균형 상태를 어떻게 경제의 불안정한 역동성과 조화시킬 수 있을까? 그 대답은 '충격(shock)'이라는 개념이다. 안정적인 기대치에 기반을 둔 예측 가능한 활동이라야 정상적인 경제생활이라고 할 수 있다. 하지만 경제생활의 평온한 상태는 끊임없이 가해지는 '충격'으로 흐트러진다. 자연적인 충격일 수도 있고, 기술적이거나 금전적인 충격일 수도 있다. 괴테(Johann Wolfgang von Goethe, 1775~1785)의 그 유명한 희곡 《파우스트(Faust)》에서 신은 인간에게 악마 메피스토펠레스(Mephistopheles)를 보내 잠에서 깨어나게 하신다.[2]

— 인간의 활동이란 너무 쉽게 해이해져서

　무조건 금세 휴식만 취하려 든다.

　이에 내 기꺼이 동반자를 붙여주니

　　　　　더 나은 삶을 위한 경제학

그들을 자극하고 일깨우면서 악마의 역할을 다하라.

물리학의 발전 과정에서 갈릴레오(Galileo Galilei, 1564~1642)는 달이 지구 주위를 돌며 그리는 곡선을 통해 균형 작용을 엿봤다. 케플러(Johannes Kepler, 1571~1630)는 그 궤도를 정확하게 계산했고, 뉴턴(Isaac Newton, 1643~1727)은 물체가 서로 끌어당긴다는 중력 개념으로 궤도를 설명했다. 중력을 맨눈으로 직접 본 사람은 아무도 없었다. 중력은 케플러의 관측과 그 이후 관측된 수많은 현상을 설명하고자 세운 '가설'이었다. 고대인들은 별이 하늘에서 떨어지지 않는 이유가 천사들이 붙잡고 있기 때문이라고 믿었기에 중력 가설은 엄청난 과학적 진보였다. 오늘날 중력은 이미 증명이 끝난 '사실'이다. 질량을 가진 모든 물체는 서로 끌어당긴다.

앞서 설명했듯이 주류 경제학자들은 물리학을 선망하며 경제학을 물리학처럼 만들고 싶어 한다. 경제학에 앞서 역학이 먼저 등장했는데, 초기 경제학자들은 역학 법칙의 정밀성과 정확성에 경탄했다. 이후 경제학자들은 경제학도 물리학 법칙 같은 것을 보여줘야 한다고 생각했다. 경제적 균형은 수요와 공급의 반작용으로 성립한다. 수요와 공급 그래프는 수요량과 공급량에 따른 가격 변화를 보여준다. 공급량이 줄어들면 가격은 올라가고 수요량은 줄어든다. 반대로 공급량이 늘어나면 가격은 내려가고 수요량은 늘어난다. 토마토 농가가 병충해를 당해 토마토가 부족해지면, 공급량이 줄어 가격이 올라가고 소비자들

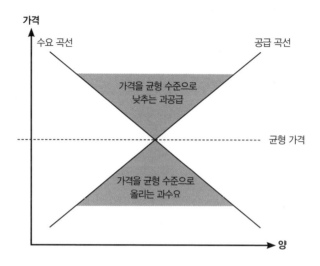

은 토마토를 덜 구입(수요)할 것이다. 반면 농가에서 토마토를 너무 많이 재배하면, 공급량이 늘어나 가격이 하락해서 일부 농가는 다른 작물을 재배할 것이다. 어떤 경우든 간에 토마토 시장은 이런 식으로 균형을 찾게 된다. 결국 공급자와 수요자가 모두 만족할 수 있는 수준에서 토마토 가격이 형성될 것이다.

폴 새뮤얼슨은 이를 "초반에는 시행착오가 있겠지만, 가격이 오르내리면서 마침내 균형 상태에 도달한다"고 요약했다. 그러므로 경쟁적인 수요와 공급 계획은 가격 균형을 어지럽히는 요인이 있을 때 할 수 있는 최선의 대응이다.

레옹 발라(Léon Walras, 1834~1910)는 지역 시장의 균형 개념을 시장 시스템 전체의 '일반 균형(general equilibrium)' 개념으로 확장한 경제학자다. 그는 전체 경제가 완전 경쟁 시장 시스템으로 구성된다면, 모든 시장에서 수요와 공급은 일련의 연립방정식으로 설명할 수 있는 자발적 균형을 이룬다고 추론했다.

레옹 발라의 일반 균형 이론에서 각각의 시장 시스템은 일시적인 시행착오를 겪은 뒤 균형 상태에 이르러서 수요와 공급이 같아지는 '시장 청산 가격(market-clearing price)'을 형성한다. 거래 시점에서 모든 가격은 시장의 수요와 공급 조건에 맞춰 완벽하게 조정된다. 일반 균형 이론에 따르면 모든 시장은 매매 계약이 자발적으로 체결되는 경매 시장이다. 경매 시장에서 가격은 구매자와 판매자 모두가 안다. 가격이 불확실하다면 단일 시장이나 전체 시장 경제에서 균형의 존재를 입증할 수 없다.[3]

그런데 레옹 발라의 일반 균형 이론에서는 역설적이게도 시장 시스템의 필요성이 사라진다. 소비자 선호도와 생산자 비용에 대해 컴퓨터가 생성하는 데이터를 충분히 보유한 중앙의 설계자가 손쉽게 균형 수준을 찾아서 가격을 설정하고 거래를 유도할 수 있다. 일찍이 프리드리히 하이에크(Friedrich Hayek, 1899~1992)는 이런 유감스러운 결과가 나올 수 있음을 눈치챘다. 그래서 1930년대 이른바 '사회주의 계산 논쟁(socialist calculation debate)'에서 "정보는 분산된 시장 시스템을 통해 확산된다"고 주장했다. 충분한 데이터를 가진 중앙의 설계자라도 시장 시스템 여기저기에 분산된 모든 정보를 분석할 수는 없다는 것이었다.

레옹 발라가 자신의 일반 균형 방정식을 풀고자 모든 거래 주체가 가졌다고 가정한 바로 그 정보를 발견한 것은 시장 거래였다.[4] 그러므로 하이에크의 주장은 빅데이터 확보와 실시간 연산이 가능한 지금에는 설득력이 떨어진다.

일반 균형의 가능성을 증명하는 일은 얼핏 흥미로운 수학적 계산처럼 보이지만, 경제학자 대부분은 일반 균형 같은 무엇인가가 정말로 실생활에 존재한다고 믿는 것 같다. 로저 백하우스(Roger Backhouse, 1951~)기 '발리의 형식주의(Walrasian formalism)'라고 부른 것이 그 방법론적 정통성의 기반이다.[5]

:: 인간이라는 사과 ::

자연계의 균형을 유지하는 '중력'에 상응하는 힘이 경제학에서는 무엇일까? 과잉 공급된 재화의 가격을 떨어뜨리거나 수요가 지나친 재화의 가격을 끌어올리는 '에너지'는 무엇일까? 경제학자들은 개인의 '사리사욕(self-interest)'에서 답을 찾았다. 경제학에서 균형은 목적을 갖고 사적 이익을 추구하는 개인들의 '흥정' 과정에서 달성된다.

이 이야기는 애덤 스미스로부터 시작된다. 물론 이야기가 돌고 돌면서 그 정의는 다듬어졌지만, 여전히 사리사욕이 핵심이다. 오늘날 경제학에서 사리사욕은 '기대 효용을 극대화'하는 행위와 동일시된다. 일부 복잡한 수학적 계산은 합리적 행동의 필요조건이 레옹 발라의 일반 균형 조건과 같다는 사실을 확인했다.

효용 극대화, 즉 '최소한의 자원을 들여 최대한의 성과를 내는 것'은 너무나도 당연한 경제 활동의 원칙이다. 구매자는 비싸게 사려고 하고 판매자는 싸게 팔려고 하는 시장은 상상할 수 없다. 그런데 전근대에는 이런 시장이 존재했던 것으로 보인다. 전근대 시장에서 재화의 가격은 교환이 성사되리라는 예상이 아닌 관습에 의해 정해졌다. 완전한 자급자족이 불가능한 시절이었기에, 당시 시장은 사람들이 모여서 '비슷한 가치'가 있다고 여기는 재화를 '교환하는' 장소였다. 그곳에서 사람들은 자신이 소비자이자 생산자인 동시에 구매자이자 판매자임을 본능적으로 알았다. 그래서 자기가 적게 사면 다른 사람도 적게 사리라는 점을 이해했다.

그러므로 공급 곡선과 수요 곡선이 교차하는 지점에서 가격이 형성된다는 개념은 이들 자본주의 이전 사람들에게 없었다. 적정한 가격을 나타내는 한 가지 곡선만 있었고, 그 곡선에서 벗어나면 도덕적으로 문제가 있는 것이었다. 당시에는 이 '자연 가격(natural price)'이 균형과 질서의 원칙이었고 관습적으로 늘 고정돼 있었다.

오늘날 흥정을 통해 달성되는 균형은 실제로 경매나 농수산물 시장 또는 아랍 국가들의 시장에서 이뤄지는 흥정과 유사하다. 하지만 시장 가격 형성에 관한 일반적 원칙으로서, 특히 노동, 제품, 금융, 정보, 혁신 시장처럼 현대 경제의 작동과 안정에 큰 영향을 미치는 시장에서,

흥정으로 균형이 달성된다는 생각은 잘못이다. 균형을 이루는 데 필요한 고정 조건이 부족하기 때문이다. 이런 시장에서는 한 번 발동이 걸리면 급속히 가격이 오르거나 떨어지는 '모멘텀(momentum)'과 유행에 편승하려는 '밴드웨건(bandwagon)' 현상이 나타난다. 장기간의 호황과 불황이 번갈아 발생하는 이유다. 사리사욕만으로는 설명할 수 없다. 인간이라는 사과에도 땅으로 떨어지는 경향이 있을지 모르지만, 법칙이라고 부르기에는 너무 미약하다.

:: 인간이 일으키는 마찰 ::

균형 이론을 설명하는 데 중력으로서의 사리사욕이 부진하게 작동하자 경제학자들은 또다시 역학에서 '마찰(friction)'이라는 개념을 빌렸다. 경제학에서 마찰은 시장 시스템을 구성하는 요소들이 함께 삐걱댈 때 저항하는 임무를 수행한다. 마찰은 편차를 허용함으로써 균형 이론을 향한 공격을 방어해낸다. 물리학에서도 중력의 영향을 계산할 때 물체가 진공 상태에서 떨어진다는 가정 아래 공기 저항과 같은 마찰 요인을 고려한다. 물체의 크기와 모양에 따라 그 물체에 가해지는 마찰도 달라진다. 그래서 중력의 법칙은 언제나 유효하다.

그러나 인간의 경제생활에는 이런 조건들이 존재하지 않는다. 레옹 발라가 설명한 일반 균형은 시간 제약이 없는 세계에서 달성된다. 그

더 나은 삶을 위한 경제학

의 계산에서는 0시가 정오든 자정이든 의미 없다. 그런데 시간이 계산식에 추가되는 순간 각각의 균형 과정을 다른 속도로 움직인다. 그러면 일반 균형은 성립하지 않게 되며 그 이유를 설명하고자 다른 요인을 임시방편적으로 차용할 수밖에 없다(제10장에서 균형 이론을 옹호하기 위해 주류 경제학이 사용하는 다른 방법론을 살필 것이다).

경매나 농수산물 시장처럼 작동하는 대부분 시장이 부딪히는 근본적인 걸림돌은 '미래'에 대한 불확실성이다. 시장에서 거래되는 재화의 가격은 '현물 가격'이다. 현물 가격이란 현장에서 구매 즉시 인도되는 재화의 가격을 말한다. 그렇지만 레옹 발라의 일반 균형이 달성되려면 미래에 예상할 수 있는 가격으로 재화나 서비스를 인도한다는 계약이 필요하다. 실제 시장에서 많은 거래가 '잘못된' 또는 '불균형' 가격으로 이뤄진다. 이는 일반 균형이 무수히 많은 자발적 거래의 결과로 입증될 수 없다는 뜻이다. 사회에서의 마찰은 경제학에서 이해하려는 행동 주체인 인간이 마찰을 일으키므로 물리학에서의 마찰보다 훨씬 더 심하다.

'임금 경직성'은 지속적인 실업을 설명할 수 있는 마찰 요인이다. 세계화를 열렬히 지지하는 사람들에게는 '국가'가 더 완벽한 시장 통합을 더디게 만드는 마찰 요인이다. '인간'도 마찬가지다. 주류 경제학자들에게 완벽한 효율성을 갖고 있지 못한 인간은 시장 균형을 방해하는 마찰 요인이다. 자신들의 방정식을 엉망으로 만드는 실망스러운 존재다.

모든 경제 법칙에는 '세테리스 파리부스'라는 막강한 전제가 존재한다. '다른 모든 조건이 동일하다면' 그 경제 법칙은 유지된다. 자연과학에서 세테리스 파리부스는 부당한 전제가 아니다. 자연 현상은 정직하기에 다른 조건이 변하지 않음을 가정하는 것은 합리적이다. 하지만 경제학에서는 그렇지 않다. 물론 소소한 결정이 반복되는 상황에서는 수요량과 공급량을 합리적으로 추산할 수 있다.[6] 그러나 특이하고 반복되지 않는 결정들로 가득한 세계에서 합리적 선택과 일반 균형 등에 관한 경제학의 표준 모델은 무너진다. 경제 법칙이 적용되는 영역은 자연과학의 법칙이 적용되는 영역에 비할 바 없이 매우 협소하다. 과학이 되고자 하는 경제학의 욕심이 지나친 것이다.

:: 균형 상태에 관한 의문들 ::

이쯤에서 우리는 주류 경제학자들에게 던질 몇 가지 좋은 질문을 생각해야 한다. 예를 들어 첫 번째로는 이런 것을 물어볼 수 있다.

"균형 상태를 시장 시스템의 필수 속성, 기준, 정량 예측을 위한 논리적 필요조건으로 보는가, 아니면 보기에는 아름다우나 실질적 관련성은 없는 수학적 이상으로 보는가?"

대부분 주류 경제학자는 균형을 '실증'과 '규범'의 혼합체로 볼 것이다. 그들은 시장이 자발적으로 균형 상태에 이른다고 확신한다. 다만 노동조합이 통제하는 임금, 과도한 복지혜택, 일관성 없는 정부 정책

등 '인위적인' 메커니즘이 자발적 균형을 방해한다고 여긴다. 그래서 그 걸림돌을 최소화해야 한다고 생각한다. 한편으로 주류 경제학자들 가운데 일부는 최소화가 아니라 아예 없어야 한다고 주장한다. 그들은 균형의 논리적이고 미적인 아름다움에 완전히 승복해 자발적 균형 자체를 사랑한다.

두 번째로는 이 질문을 던질 수 있다.

"외부 자극(충격)으로 진자의 균형이 무너지면 얼마나 오랫동안 흔들리는가?"

다시 말해 "시장의 불균형 상태는 얼마나 지속되는가?"라는 물음이다. 당연하게도 균형 상태는 '일정 시간'이 지나면 회복될 것이다. 그렇다면 균형이 회복되는 데 얼마나 걸릴까? 주류 경제학자들은 '적당히 긴 시간'이 흐르면 회복된다고 말한다. 금융 시장에서는 거의 '즉각적으로' 회복된다고 가정한다. 트레이더들은 '긴 시간'은 '점심을 먹는 시간'이라고 이야기한다. 그들의 말은 "장기적으로 우리는 모두 죽는다"라고 했던 케인스의 말과 대비된다.

세 번째 질문은 이것이다.

"진자의 운동 개념으로 가격과 생산량의 실제 움직임을 설명할 수 있는가?"

즉, 경제의 '정상적인' 상태는 균형일까 불균형일까? 조앤 로빈슨(Joan Robinson, 1903~1983)은 균형과 역사 사이의 모순, 경제의 순환 속에서 앞으로 나아가기만 하는 시간의 속성이 가진 모순을 강조했다.

시간은 되돌릴 수 없다. 혁신은 새로움 위에 세워질 뿐 지나간 무엇을 기반으로 하지 않는다. 확실히 신고전주의 균형 모델과 고전주의 성장 이론을 조화시키는 일은 어려운 것 같다. 신고전주의 균형 모델은 수확 체증이 '정상적인' 상태이지만 때때로 정상에서 벗어난다고 가정한다. 반면 고전주의 성장 이론은 경제가 지속해서 자본과 기술을 축적한다고 본다.

그렇다면 오늘날에는 균형 이론이 어떤 상황에 있을까? 던컨 폴리(Duncan Foley, 1966~)는 균형 개념이 "엄청난 과학적 가치를 갖는다"고 말한다.[7] 하지만 나는 균형이 경제학에 악의적인 영향을 미친다고 주장하고 싶다. 이 균형 개념이 경제학자들에게 '시장은 스스로 균형을 이루므로 정책적 개입은 불필요하다'는 생각을 계속해서 심어주기 때문이다.

공식적으로 균형은 재화가 완벽히 할당돼 시장 청산 가격이 모든 면에서 우세하고 변화 유인이 없는 상태를 말한다. 이는 경제가 '생산 가능 곡선(production possiblity frontier)', 즉 허용된 자원과 기술로 최대 생산이 가능한 상태에 있어서 모든 거래 주체가 만족하는 '최적의' 균형이다. 그러나 이 균형의 틀 안에서도 경제학자들은 설명하려는 대상이 무엇이냐에 따라 균형을 두 가지 개념으로 사용한다. '정태 균형'은 다른 모든 조건이 동일한 단일 시점에 공급량과 수요량 그리고 가격이 형성되는 것을 의미한다. '동태 균형(dynamic equilibrium)'은 조건이 변화하는 과정을 설명할 때 조정 프로세스를 설명할 때 '시간'을 변

더 나은 삶을 위한 경제학

수로 과거 및 미래 가치를 고려한다. 정적인 상태는 경제가 단순히 재생산되는 균형이다. 인구와 자본이 거의 같은 비율로 증가하고 선호도가 일정하게 유지되는 균형 잡힌 성장 상태로 해석된다.[8] 한편으로 '부분 균형(partial equilibrium)'은 모든 시장이 아닌 특정 시장에서 공급량이 수요량에 맞춰 조정되는 과정을 일컫는 개념이다.

조지프 슘페터는 정태 균형과 동태 균형을 대조해서 설명했다. 정태 균형은 선호와 기술 등 모두가 알고 있으며 변함없는 주어지는 외부 조건들로 구성된 경제다. 이는 현대의 시장 경제와 유사하지 않다. 동태 균형에서는 외부 조건이 변화할 뿐 아니라 그 변화들이 자본주의 경제의 기반이 된다. 기업가들은 '창조적 파괴(creative destruction)' 과정에서 시도했던 경제 모델을 대체하는 혁신을 도모한다. 달리 말해 그들은 이윤을 위해 오래된 관례를 파괴한다.[9] 카를 마르크스와 마찬가지로 조지프 슘페터도 기술 진보는 내부에서 나온다고 생각했다. 이윤 극대화를 추구하는 경쟁 자본주의가 기술 진보를 이끈다고 여긴 것이다.

'주기 이론(cyclical theory)'은 균형 이론의 장기 유형이다. 자본주의 경제는 계속해서 밀려오는 혁신의 물결을 경험하며, 모든 혁신은 결국 부서지는 파도처럼 사라진다. 마르크스는 이런 맥락에서 균형 이론가였다. 그는 실업 상태에 있는 '노동 예비군'의 규모에 따라 이익률이 오르내린다고 주장했다.[10]

케인스는 경제가 언제나 최적의 균형 상태를 유지하거나 균형 상태로 나아간다는 주장에 반대했다. 그에게 균형은 최적일 필요가 없었다. 최적이 아니더라도 균형은 균형이다. 그는 주류 균형 이론의 주장처럼 경제가 상대적인 가격 조정을 통해 저절로 수정되지 않는다고 지적했다. 오히려 경제 전반에 걸친 생산과 고용 움직임이 존재하므로, 경제를 '열등한' 균형 상태로 밀어붙여 조정되는 것은 가격이 아니라 양이다. 열등한 균형 상태란 벌어들인 모든 수입은 소비되지만, 일부 생산 요소는 수입 없이 남아 있는 상태를 말한다. 불확실성이 이 같은 균형을 이루는 핵심 요소이며, 투자 진망 하락은 금리 하락보나 유동성 위기를 초래한다. 케인스의 균형 개념이 단기적 현상 이상인지 아닌지의 논쟁은 여전히 계속되고 있다.

케인스 학파의 니콜라스 칼도어(Nicholas Kaldor, 1908~1986), 군나르 뮈르달(Gunnar Myrdal, 1899~1987), 조지 섀클(George Shackle, 1903~1992), 조반니 도시(Giovanni Dosi, 1953~) 등과 오스트리아 학파의 루드비히 라흐만(Ludwig Lachmann, 1906~1990) 등 많은 경제학자가 균형의 구속에서 벗어나고자 부단히 노력했다. 혁신은 동태 분석이 활발한 분야다. 아직 발생하지 않았기 때문에 그 누구도 혁신의 영향을 알 수 없다. 새로운 지식은 앞선 지식의 기반 위에 세워진다. 경제가 균형에서 더 멀리 벗어나고 있음을 보여주는 실증적 증거도 계속 누적된다. 혁신은 처음 시작한 쪽이 유리하다는 분석론을 경제 성장을 설명하는 이론으로 발전시킨다.

요컨대 주류 경제학은 인간 행동에 관한 비현실적 가정과 정적인 조건을 가정하지 않고서는, 단일이든 전체든 간에 시장 시스템에서 수요와 공급의 균형이 존재한다는 것을 증명할 수 없다. 중력의 법칙과 같은 시장의 법칙은 없다. 1972년 노벨경제학상 수상자 케네스 애로(Kenneth Arrow, 1921~2017)와 1983년 수상자 제라르 드브뢰(Gerard Debreu, 1921~2004)는 엄격한 수학적 계산을 통해 시장 경제가 자원을 온전히 할당할 수 있는 조건을 밝혀낸 바 있다. 완벽한 정보가 제공되고, 마찰 요인과 공공재가 존재하지 않으며, 사람들의 선호도가 일관되고, 모든 현물 및 미래 인도 가격을 충족하는 계약이 가능한 완전 경쟁 시장이 존재한다면, 시장 경제는 자원을 완벽하게 할당한다.[11]

이는 엄청난 지적 업적이었다. 이런 조건을 모두 충족하면 일반 균형은 이론이 아닌 사실이다. 그러나 이 조건을 현실에 적용하기란 불가능하다. 위 두 경제학자도 일반 균형의 실질적 유용성이 없음을 경고했다. 하지만 너무 에둘러서 경고한 나머지 주류 경제학자들은 두 사람의 경고에 귀를 기울이지 않았다. 수학적·논리적 증명을 통해 기쁨은 느낄 수 있겠지만, 그것이 정신적 환상에 불과하다고 직설적으로 말했어야 했다.

그런데도 균형 이론 모델이 경제학에서 계속 자리를 지킬 수 있었던 이유는 어떻게 설명할 수 있을까? 가장 큰 이유는 다름 아닌 경제학자들의 물리학 선망이다. 그런데 역설적이게도 경제학은 물리학의 확실성을 인간 행동에 대한 비현실적인 가정을 전제하지 않고서는 달성할 수 없다. 강한 이데올로기적 동기도 이유다. 시장이 늘 자연스럽게 균형 상태를 이루면 정부가 시장에 개입하지 않아도 된다. 주류 경제학자들에게 정부는 시장 시스템을 방해하는 마찰 요인일 뿐이다.

하지만 이보다 더 심오한 무엇인가가 존재한다. 경제학자들에게만 특별한 것은 아니다. 그것은 바로 외면의 혼란 아래에 논리와 수학으로 포착할 수 있는 근본적 질서가 있다는 확신이다. 이는 플라톤(Platon, 기원전 428~348)에 대한 믿음이자 데카르트에 대한 신뢰다. 결국 균형은 경제학자들에게 시장의 특성을 설명하는 정신적 구조물이나. 시장에는 사발적으로 균형을 달성하는 특성이 있다.

물론 시장이 마냥 무질서하지만은 않다는 것은 분명한 사실이다. 심지어 시장은 요동치더라도 분명한 패턴과 규칙성을 보여준다. 그렇다면 이와 같은 (약한) 질서는 어디에서 왔을까? 애덤 스미스에게 세상은 신의 섭리로 정돈된 우주였다. 그러나 우리는 그 질서가 신에게서 비롯됐다고 믿지 않는다. 그 대신 이성을 이용해 사고한다. 그러자 개인의 합리성은 불확실성이 존재하는 상황에서 균형 상태를 보장하기에 충분치 않다는 사실을 발견한다. 하지만 시장의 질서를 설명할 수 있는 다른 요인이 있을 것이다. 효용 극대화를 추구하는 경제 주체의 합리적 행위가 아닌 상호보완적인 사회 관습이나 정책적으로 조정된 행위가 바로 그 요인이다. 중력과 같은 힘은 시장 내부가 아니라 외부에서 작용하는 것이다. 그것이 (약한) 질서를 만든다.

균형과 불균형을 탐구하다 보면, 경제적 균형은 사회의 자폭을 막고자 진화한 경제 활동이 가져온 더 넓은 균형의 일부라는 생각이 든다.

더 나은 삶을 위한 경제학

경제적 균형이 실제로 존재한다면 말이다. 그것은 균형을 깨뜨리는 힘의 반작용으로 모습을 드러낸다. 이런 맥락에서 균형에 이르려는 경향은 경제의 자연스러운 특성으로 볼 수도 있다. 그렇지만 특정 경제 상황을 구체적으로 예측하는 데 필요한 정밀성을 갖기에는 그 경향이 너무나도 복잡하다.

잘못된 모델이 만든 잘못된 법칙

제5장

> 이해할 수 없는 현상을 마주하면, 인간의 마음은 이론으로 가장한 후에 평온을 회복할지 모르는 가장 그럴듯하거나 편리한 가설을 세운다. 삐걱거리고 불협화음을 내는 외면의 혼돈에 질서가 생기고 마음의 심란함이 가라앉는다.
>
> _애덤 스미스[1]

:: 사회과학의 여왕 ::

폴 새뮤얼슨은 정량적으로 무엇인가를 예측해내는 능력이 경제학을 "사회과학의 여왕(the queen of the social science)"으로 만들었다고 말했다.[2] 경제학 이론들은 그 예측을 가능케 하는 동력이다. 경제학자들이 정량적으로 예측한 결과물은 경제 정책 수립의 토대가 된다. 경제학은 언제나 신뢰할 수 있는 예측을 할 수 있도록 인간의 경제생활을 '모델화'하려고 노력했다. 보통은 경제 행위의 단일 동기를 분리해낸 뒤 그 행동에 영향을 미칠 가능성이 있는 다른 동기를 제외함으로써

더 나은 삶을 위한 경제학

결과를 추론해 경제생활을 모델화한다.

이 방식은 다른 사회과학에서 사용하는 모델화 기법과 같다. 예를 들어 정치학은 인간의 권력을 향한 욕구를 최우선시한다. 경제학은 앨프리드 마셜이 '측정 가능한 동기'라고 부른 것들을 탐구하므로 사회과학의 여왕이 될 수 있었다. 측정 가능한 동기란 '돈'이라는 하나의 기준으로 강도를 측정하고 비교할 수 있는 동기다. 이질적인 것들의 정확한 관계를 밝혀내는 방법을 찾아낸 사회과학은 경제학 말고는 없다. 라이어널 로빈스의 말처럼 법칙이 되려면 과학적으로 일반화된 논제를 명확히 제시할 수 있어야 한다.[3] '금액'으로 표현된 예측치는 숫자를 통해 정확한 예측 여부를 검증할 수 있다. 따라서 경제의 일반화는 기타 사회과학의 일반화에 대한 개선이라고 평가된다. 경제의 일반화는 이론으로 조정할 수 있지만, 다른 사회과학자들이 만들어낸 일반화는 견해 차이에 불과하다.

그렇다면 경제학자들은 이른바 '경제 법칙'을 어떻게 정립할까? 모든 자연과학·사회과학과 마찬가지로 경제학에서 지식을 구축하는 논리 체계는 두 가지다. 다름 아닌 '귀납'과 '연역'이다. 경험적 이론으로서의 경제학은 개별 사실에서 일반적 결론을 끌어내는 '귀납―검증―논박'에 의지한다. 반면 논리적 이론으로서의 경제학은 일반적 사실이나 원리, 즉 '진실'이라고 알려진 공리를 근거로 개별적 사실을 연역해나간다.

실제로 경제학은 이 두 가지 방식을 모두 사용하며 논리적 추론이 핵심이다. 하지만 경제학의 전제들이 갑자기 생겨나지는 않는다. 경제학은 실제 결과를 두고 결론의 타당성을 검증한다. 경제학을 수사학의 한 분야, 즉 진실을 발견하는 과학이라기보다 사람들을 설득해 진실이라고 믿게 만든다고 보는 제3의 시각도 있다. 물론 이 관점에 동의하는 경제학자들은 거의 없다.

:: 경제학이 모델을 만드는 방법 ::

경제학자들은 '경제 모델'을 설계해 '경제 법칙'을 정립한다. '모델화'는 실제 사건을 표현하기 위해 단순화한 이론적 구조를 만드는 일이다. 경제학에서 그 구조는 투입 변수, 논리 과정, 산출 변수로 구성되며 다분히 수학적이다.

경제학자들은 모델 설계와 지도 제작이 같은 맥락이라고 말한다. 두 경우 모두 핵심 정보만 남긴 채 잡다한 정보는 제거한다. 실제 지형을 1 대 1 지도로 만드는 것이 불가능하듯이, 경제 현실을 그대로 모델화할 수는 없다. 경제적 현실은 너무나도 복잡해서 직접적인 탐구 대상이 될 수 없다. 그러므로 캐리커처 수준으로 단순화한 경제 모델이 필요하다. 경제학을 바라보는 제3의 시각에서는 이를 그저 수사적 계책에 지나지 않는다고 비판한다. 하지만 어쨌든 경제학에서 '열린 세계'는 경제적 현실의 단순화보다는 수학적 편의를 위해 '닫힌 세계'로 모델화된다.

문제는 지도에 무엇을 포함하고 무엇을 삭제할 것인가다. 제작자가 무엇을 원하는지에 따라서 지도에 들어가는 요소가 결정된다. 가능한 한 빠르게 한 곳에서 다른 곳으로 장소를 이동하는 게 목표라면 지도에 해안선, 고속도로, 고속철도, 공항 등을 표시할 것이다. 한가롭게 주변을 노닐며 구경하는 게 목표라면 아름다운 풍광이 있는 지점들을 표시할 것이다. 사회적 지형을 나타내고 싶다면 인구 밀집도를 표시할 테고, 기업이나 기관 등도 포함할 것이다. 지도 제작자처럼 경제 모델 설계자도 경제적 현실의 어떤 요소를 모델에서 강조할지 선택할 수 있다. 이런 이유로 경제 모델에는 설계자의 이데올로기가 반영될 소지가 많다. 신고전주의 경제학자들은 기존 경제 모델에서는 난잡한 마르크스주의 요소들에 묻혀 볼 수 없었던 '개인'을 재발견했다고 주장했다.

경제 모델 또한 가설에서 시작된다. 경제 모델을 수립한 이후에는 해당 가설을 실험으로 테스트하거나, 실험할 수 없다면 다른 방법으로 검증해야 한다. 이는 경제학뿐 아니라 자연과학에서도 마찬가지다. 물리학의 경우 특정 현상이 주기적으로 반복되는 '자연' 실험실을 갖고 있다. 그런데 사회에는 그와 같은 고정된 기능이 없다. 표준 경제 모델은 전형적으로 닫힌 시스템의 이론적 표본이다. 그러나 열린 시스템을 닫힌 시스템인 것처럼 모델화하면 존재와 인식 사이에 균열이 생긴다. 다시 말해 실제 사회의 모습과 경제 모델로 표현된 모습에 사이에 큰 괴리가 발생한다. 이렇게 생긴 균열을 메우기란 불가능하다.[4]

경제학자들은 많은 기법을 활용해 열린 시스템을 닫힌 시스템으로 전환한다. 첫 번째 기법은 두말할 것 없이 '세테리스 파리부스'다. 경제 모델에서 수많은 변수를 '고정해' 특정 변화의 결과를 도출한다. 세테리스 파리부스는 단일 목적지로 이어지는 단일 출발점을 제공한다. '다른 모든 조건이 동일'하다고 전제하므로 길을 헤맬 까닭이 없다. 데이비드 리카도의 《낮은 곡물 가격이 자본의 이윤에 미치는 영향에 관한 소론(Essay on the Influence of a Low Price of Corn on the Profits of Stock)》에 이 기법을 노골석으로 사용하는 대복이 나온다.

"우리는 농업에서 개선이 이뤄지지 않는다는 가정 아래 자본과 인구가 적절한 비율에 따라 증가한다고 본다."

두 번째 기법은 '충격'이라는 이름으로 모든 잠재적 방해 요인을 경제 모델에서 완전히 제거한다. 충격은 외부에서 무작위로 발생하는 사건을 지칭한다. 주류 경제학자들은 이 충격을 활용한 경제 모델 설계를 좋아한다. 충격은 예측한 결과가 특정 변수 때문에 도출되지 못할 가능성, 즉 수학에서 말하는 '비선형성(non-linearity)'을 허용하면서 경제 모델의 예측력을 보존한다.

세 번째 기법은, 이미 눈치챘겠지만 '마찰'이다. 이는 경제 모델의 구성 요소들이 변수로 인해 조정되는 과정에서 지연이 발생하는 것을 허용한다. 달리 말하면 예측이 이뤄지는 시점을 조정한다. 늦어지면 마찰 때문이다.

기계를 도입하면 단기적으로 잉여 노동력이 발생할 수 있지만, 장기

더 나은 삶을 위한 경제학

적으로 볼 때 고용을 보전한다는 명분을 얻을 수 있다. 경제학자들은 높은 수준의 예측 가능 경제 모델을 원한다. 이를 고려하면 이 세 가지 기법은 완벽하게 합법적인 계책이다. 경제 모델은 사실상 비판으로부터 면역된다. 그렇지만 그들의 예측은 너무 자주 현실을 희생시켜 달성된다. 수학적 경제 모델이 더 많이 설계되면서 제외되는 현실 영역도 점점 커진다. 경제 모델을 통해 분석하려는 대상이 가급적 다루기 쉬운 경제 모델 설계에 요구되는 필요조건들로 결정된다.

경제 모델을 설계하는 방법에 관해서는 세 가지 견해가 있다. 첫 번째 견해는 '현실적 가정'에서 출발해야 한다고 말한다. 그렇지 않으면 경제 모델은 단지 환상에 불과할 것이다. 두 번째 견해는 밀턴 프리드먼(Milton Friedman, 1912~2006)이 쓴 《실증 경제학의 방법론(The Methodology of Positive Economics)》에 등장한다. 이 책에서 그는 경제 모델의 가정이 현실적인지가 아니라 '올바른 예측을 도출'하는지가 더 중요한 문제라고 주장한다. 모델이 결과적으로 정확한 예측에 성공하고 난 뒤에 그것이 우연인지 아니면 인과법칙에 따른 결과인지 검증하면 된다는 이야기다. 세 번째 견해는 '명백한 공리'에서 추론한 결과를 강조한다. 제3장에서 살핀 토머스 맬서스의 인구론이 대표적 사례다.

그러면 이제 다음 의문이 고개를 든다. 경제 모델은 기술적인가 규범적인가? 다시 말해 경제 모델의 목적은 경제 주체가 어떻게 행동하는지를 설명하는 것인가, 아니면 모델의 설계자가 옳다고 여기는 행동을 하도록 만드는 것인가? 사실 경제 모델의 규범적 목적은 거의 주목받

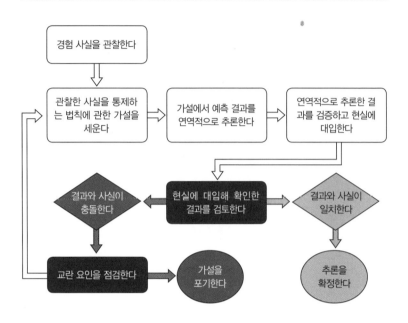

지 못했다. 인정되지 않았다. 경제는 가치 판단이 아닌 과학적 대상이라고 여겼기 때문이다.

윌리엄 스탠리 제번스(William Stanley Jevons, 1835~1882)는 경제학의 임무를 간명하게 정리했다. 사실에서 시작해 사실에서 끝낸다. 그의 개념에 따르면 경제 모델은 세 단계로 구축된다. 귀납적 가설을 세우고 결과를 추론한 다음 현실과 비교해 그 결과를 검증한다.[5]

과정은 이렇다. 관찰을 통해 무엇인가가 사실일 수 있는 '추측'이나 '가설'을 제시한다. 그런 뒤 그 가설에 변수를 적용해 인과관계를 밝혀 이론을 세우고 연역 추론으로 결과가 논리적으로 타당한지 점검한다. 마지막으로 현실과 비교해 결과를 검증한다. 이 과정을 반복한 끝에 제번스는 연역적 추론이 일련의 전제를 연결해 일련의 결론을 도출하는 것 이상의 일은 할 수 없다는 사실을 깨달았다. 가정이 비현실적이면 결론(경제 모델의 예측) 역시 현실 경제에서 유지되지 않는다. 따라서 그가 보기에 가정은 늘 현실적이어야 했다.

현대 거시경제학에서 물가 상승과 실업의 상관관계를 나타내는 표준 모델은 윌리엄 필립스(William Phillips, 1914~1975)가 정립한 '필립스 곡선(Phillips curve)'이다. 1958년 윌리엄 필립스는 1861년부터 1957년까지 인플레이션과 실업의 실증적 관계를 연구한 결과를 발표했다.[6] 이는 정부가 인플레이션을 조금 높여 실업률을 소폭 낮추거나 그 반대도 가능함을 시사했다.

당연한 말이지만 원래의 필립스 곡선(1958년)에는 1960년대 후반 인플레이션과 실업률 사이의 트레이드-오프 관계가 적용되지 않았다. 그래서 이 '사실 변화'를 설명하고자 "합리적 경제 주체는 경험을 통해 배운다"라는 가설이 제시됐다. 그 결과 인플레이션을 예측하고 그에 따라 임금 상승률도 조정할 수 있음을 알게 됐다. 이에 필립스 곡선은 '기대 조정(expectations augmented)' 필립스 곡선으로 수정됐다. 이 모델에 따르면 인플레이션을 유도해 실업률을 낮추려는 정부의 시도는 장기적으로 인플레이션을 가속화할 뿐이다. 아울러 기대 조정 필립스 곡선은 원래 필립스 곡선의 한계를 설명해줄지도 모를 제도적 사실(노동조합의 존재, 실업률의 역사적 추이 등)의 변화는 고려하지 않았다. "인간은 효용을 극대화하기 위해 행동한다"는 가정 하나면 충분했다. 이를 유심히 들여다보면 경제 모델 구축에 내재한 몇 가지 난제가 드러난다.

① '경험적 사실'은 일반적으로 관찰한 사실에 기반을 두는가, 아니면 관찰한 규칙성이나 그에 대한 해석 또는 선험적으로 아는 사실에 근거하는가? 다시 말해 경험적 사실은 "인간 행동은 합리적으로 계산된다"는 가정에 의해 이미 오염됐는가?

② 무엇이 모델에 포함할 변수, 제외할 변수, 가능한 인과 변수를 결정하는가? 모델 설계자는 어떤 변수가 자신의 모델과 연관성이 있을지를 어떻게 판단하는가?

③ 모델에서 얻은 결과의 타당성을 무엇으로 증명하는가? 흑과 백처럼 명확한 결과가 나오는 경우는 좀처럼 없는데, 그렇다면 모호한 결과는 어떻게 받아들여야 하는가? '교란 요인'이 얼마나 누적돼야 모델로 수립한 이론이 법칙보다 예외에 가까워서 폐기 결정을 내릴 수 있는가? 결과와 사실이 일치하더라도 그것이 만약 우연의 일치라면 어떻게 해야 하는가?

:: 말의 마음을 읽는다는 것 ::

실제로 경제학자들은 사실에 우선적으로 접근해서 시작하지 않는다. 사실이 너무 많기 때문이다. 그렇다고 주의 깊은 관찰에서 시작하지도 않는다. 패턴과 변수를 통계적 수치로 정리해 가설부터 수립하고 그 가설을 증명하려고 시도한다. 물론 가설이 난데없이 하늘에서 툭 떨어지지는 않는다. 경제학자들도 자주 '경험적으로 반론의 여지가 없는 사실들'을 강조한다. 다만 체계적으로 관찰한 내용을 근거로 가설을 수립하지는 않는다. 그 대신 인간의 사고방식에 관한 '직접적'이고 '직관적'인 지식에 기반을 둔다. 1991년 노벨경제학상을 받은 로널드 코스(Ronald Coase, 1910~2013)는 엘리 데번스(Ely Devons, 1913~1967)의 '말(horse)' 비유를 떠올리며 이렇게 이야기했다.

"만약 경제학자들이 말을 연구한다면 그들은 말을 직접 관찰하러 가지 않을 것입니다. 자신들의 서재에 앉아서 '내가 말이라면 어떨까?' 하고 생각할 것입니다. 그리고 얼마 지나지 않아 말의 효용을 극대화하는 방법을 발견합니다."[7]

이 농담은 경제학의 방법론과 관련한 깊은 통찰을 제공한다. 경제학자들은 자신의 관점에서 연구 대상의 내면을 들여다보고 어떻게 생각하는지를 살펴 이론을 만들어낸다. 그러고는 앞으로 어떤 행동을 할지 예리하게 예측한다. 2005년 노벨경제학상 수상자 토머스 셸링(Thomas Schelling, 1921~2016)은 "간접 경험을 통한 문제 해결이 대부분 미시경제학의 밑바탕"이라고 썼다.[8]

그러므로 경제학자들의 모델은 '말의 마음'에 무슨 일이 일어나고 있는지에 대한 직관에서 출발한다고 할 수 있다.[9] 그들은 단지 현실에 이미 '존재하는' 경제 모델을 '공식화'할 뿐이라고 주장하지만, 이런 방식으로는 인간 행동을 제대로 이해할 수 없다. 경제학자들이 인간의 마음속에 자신들이 찾고자 하는 요소를 이미 집어넣고 시작할 가능성도 있다.

그렇기에 인간 행동에 대한 경제학자들의 가설과 인간의 실제 행동 사이의 관계를 면밀히 따져봐야 한다. 경제학자들은 인간의 실제 경제 행위를 복제하거나 단순화하고자 경제 모델을 만드는 걸까, 아니면 자기충족적 예언을 이루고자 경제 모델과 일치하는 인간 행동을 만드는 걸까? 경제 모델은 기술적일까, 규범적일까? 경제 모델은 인간이 실제로 행동하는 방식과 행동해야 하는 방식 사이를 불안하게 왔다 갔다 하면서 예측을 내놓는다. 폴 크루그먼은 모델화 과정을 다음과 같이 설명했다.

— 경제학자는 시스템을 자신이 처리할 수 있는 수준으로 낮추기 위해 단순화한다. 이때 기존 모델화 기법을 부분적으로 사용하지만, 대체로 무엇이 중요한지를 경제학자 스스로 추측해 실제 시스템을 단순화한다. 경제 모델이 탁월한 경우, 최종 도출 결과는 훨씬 더 복잡한 실제 시스템이 어떻게 작동하는지에 관한 더 개선된 통찰을 제공한다.[10]

문제는 예측 결과를 일반화하는 이론이 성립한다면, 사실에 충실하지 않더라도 실제 시스템을 단순화해야 하느냐는 것이다. 비록 영웅

더 나은 삶을 위한 경제학

적이나 사실이 아닌 가설은 유용해야 할 책임이 있는 학문에서 전제할 수 없다는 주장이 제기될 수 있다. 아무리 이의를 제기할 수 없는 기본 전제(공리)를 근거로 추론이 이뤄졌어도, 사람들이 (비합리적으로) 그 전제를 사실로 받아들이지 않는다면 그 결론은 타당성을 갖기 어렵다.[11] 즉, 논쟁의 여지를 계속 남기게 되는 것이다. 그렇지만 거시경제 모델은 사실에 충실하지 않은 단순화를 극복하려고 애썼다. 니콜라스 칼도어는 다음과 같은 글을 남겼다.

— 내가 보기에 이론가는 사실을 '양식화(stylization)'한 관점에서 자유롭게 출발할 수 있어야 한다. 개별적인 세부 사실보다 포괄적인 전체 경향에 집중해야 한다. 즉, 개별 사실 및 그 사실에 따라 요약된 경향이 아닌, 전체를 '설명할 수 있는' 사실을 관찰해 양식화해서 가설을 수립해야 한다.[12]

좋은 가설은 양식화한 사실을 설명할 수 있게 해준다. 니콜라스 칼도어는 인간 본성에 대한 '내적 이해' 대신 '주의 깊은 관찰'을 통해 거시경제 모델을 수립하고자 했다. 그러나 양식화한 사실에만 과도하게 의지하면, 개별 사실이 변경될 때 모델 설계자가 길을 잃을 수 있다.

모든 경제 모델은 결론을 완벽하게 수학적으로 입증할 수 있어야 하는 등의 논리적 엄격성을 요구받는다. 1995년 노벨경제학상을 받은 로버트 루카스(Robert Lucas, 1937~)는 "다양한 복잡성에 대해 논리적으로 일관된 수학적 추측을 얻는 것"이 경제학에서 가장 중요하다고 말한 바 있다. 하지만 경제학은 논리만으로는 살 수 없다. 경제학이 유용한 학문이 되려면 모든 논증은 진실한 믿음에 근거해야 한다. 논리는 논리일 뿐 현실 세계에 대해 그 무엇도 말해주지 않는다. 우리는 선험적 판단의 함정을 알아야 한다. "모든 백조가 하얗고, X가 백조라면, X는 하얗다"라는 명제는 논리적으로 타당하겠지만, 실제 세상에 흰색 백조만 존재하는 것은 아니다. "대부분 백조는 하얗다"가 전제라면 백조의 실제 깃털 색깔에 관한 더 많은 지식과 연구가 필요할 것이다. 그리고 우리가 다음에 만나볼 백조의 색깔을 단정적으로 예측할 수 없게 될 것이다.[13]

검증의 철학에서 가장 중요한 이름을 말하라면 칼 포퍼(Karl Popper, 1902~1994)일 것이다. 그는 과학과 비과학의 구분은 이론이 사실임을 검증할 수 있는지가 아니라 거짓임을 입증할 수 있는지에 달렸다고 믿었다. 즉, 어떤 이론이 과학적 자격을 얻으려면 완벽한 경험적 검증이 아닌, 그 이론에 모순되는 관찰을 추측할 수 있고 경험에 의해 반증될 수 있도록 제시해야 한다는 것이다. 포퍼의 요지는 사실 검증이 허위 입증보다 덜 강력하다는 게 아니라 불가능하다는 뜻이다. 과학 법칙은 보편타당한 진실이어야 하지만, 유한한 존재인 인간은 결코 보편 명제가 사실임을 입증할 수 없다.

그러나 허위 입증 또한 거의 불가능하다. 심지어 자연과학에서는 엄격한 논리에 따라 수립된 이론에 결정적인 반증을 내놓을 수 없다. 왜냐하면 여러 가설 가운데 거짓임을 입증할 가설을 콕 짚어내기가 어렵

더 나은 삶을 위한 경제학

기 때문이다.[14] 더욱이 실험 결과를 예컨대 갈릴레오 망원경의 조작 가능성에 대한 체사레 크레모니니(Cesare Cremonini, 1550~1631)의 의심처럼 아예 신뢰하려고 들지 않거나, 관찰과 사실의 차이가 이해할 수 있느냐 없느냐의 차이라고 인식되기도 한다.[15] 여전히 많은 과학자가 칼 포퍼의 이름을 중요하게 여기지만 그의 이론은 오래전에 거부됐다. 그리고 일찍이 러커토시 임레가 지적했듯이 과학자들은 문제가 발생하는 즉시 자신의 이론을 포기하지 않으며, 이론의 불확정 사례를 설명하는 '보조 가설'을 함께 구성한다.

칼 포퍼는 검증 원칙이 자연과학과 사회과학에 똑같이 적용된다고 여겼으나, 사실 그는 자연과학과 사회과학을 구분하지 못했다. 더욱이 경제학에서의 허위 입증은 자연과학에서보다 훨씬 더 심각한 문제에 직면한다. 경제학에서 누구도 이의를 제기하지 않는 '다른 모든 조건이 동일'하다는 전제가 뜻밖의 사건이 일으키는 교란으로부터 경제 이론을 보호해주기 때문이다. 이 예상치 못한 사건들만 제외하면 경제학은 언제나 탄탄한 예측을 할 수 있다. 물론 경제학에서 가설을 검증할 때도 모든 사회과학이 맞닥뜨리는 일반적인 문제가 발생한다. 첫 번째는 소규모 실험은 가능하지만 전체 경제 시스템을 대상으로 실험을 진행할 수 없다는 것이다. 두 번째는 이런 실험의 대체물로 나온 '계량경제학(econometrics)'이 가진 약점이다.

경제학자들은 가설을 검증하고자 의학과 같은 응용 자연과학에서 일상적으로 사용하는 실험 방법을 쓸 수 없다. 콜레스테롤을 감소시키는 신약을 개발했다고 해보자. 이제 효능을 검증할 차례다. 실험용 쥐를 두 그룹으로 나눈 뒤 다른 조건은 모두 동일한 환경을 만들어 한 그룹에만 신약을 투여한다. 두 그룹의 실험 결과가 같다면 새로운 가설을 요구하는 반증 사례가 나왔다고 볼 수 있다. 반대로 결과가 다르다면 신약이 콜레스테롤을 낮춘다는 가설을 입증한 셈이다. 그렇지만 다른 모든 조건 또는 여러 조건에서 신약이 콜레스테롤을 감소시킨다는 사실은 확인할 수 없다. 신약 투여를 제외하고 다른 모든 조건을 인위적으로 같게 설정했기 때문이다. 결국 이 세상에 반박 불가한 법칙은 존재할 수 없다. 개선할 수 있는 유용한 이론만 세울 수 있을 뿐이다.

그런데 무작위 대조 실험을 활용하면 실험 결과의 신뢰 수준을 향상시킬 수 있다. 동일한 조건을 만들지 않은 상태에서 개체를 무작위로 선택해 같은 방식으로 실험을 진행한다. 무작위로 나눈 두 그룹 가운데 한 그룹에만 신약을 투여한 다음 결과를 비교한다. 그렇게 해서 앞의 실험과 마찬가지로 신약 투여 효과가 나타난다면, 동일한 조건에서보다는 믿을 만한 결과라고 볼 수 있을 것이다. 이 실험방식은 1990년대 후반 멕시코에서 '프로그레사(PROGRESA)' 정책을 검증할 때 사용됐다. 프로그레사는 가정에서 자녀를 학교에 보내는 등 일정 조건을 충족하면 현금을 지급하는, 극심한 소득 불평등을 완화하고자 도입한 정책이었다.

공공 정책 검증의 무작위 평가 방법은 공중보건 경제학과 같은 분야에서 효과적으로 작동한다. 특정 질병은 모두가 걸릴 수 있고 치료가

가능하다고 가정할 수 있다. 개발도상국에서 폐렴 및 뇌수막염 치료제를 개발할 때도 임상 실험 시 이 방식을 적용했다.[16] 하지만 기본 구조가 논리적으로 불변한다는 가정을 세우기가 불가능한 '열린' 시스템에서 정책 효과를 검증하는 데는 쓸모가 없다. 각 나라마다 지리, 기후, 사회, 문화의 고유한 특성이 있으므로 실험적 통제가 매우 어렵다. 설사 가능하더라도 전체 인구를 대상으로 할 수 없기에 표본 규모가 너무 작아서 이론 입증에 필요한 탄탄한 결론이 도출되지 않는다.

:: 계량경제학과 통계의 연막 ::

경제학에서 가장 눈에 띄는 검증 방법은 계량경제학이다. 가이 로스(Guy Routh, 1916~1993)는 계량경제학을 "결백이 인정될 때까지 통계학적 고문을 받는 모의 경험론"이라고 설명했다.[17] 계량경제학은 일종의 통계학이지만, 통계는 논증의 근거가 아닌 결론의 타당성을 진단하기 위해 사용된다. 통계 형태로 세상에 관한 사실을 보여주는 게 아니라, 경제 모델이 가정한 관계의 통계적 중요성을 검증한다. 모델 설계자가 설정한 경제 모델의 세부 조건에 따라서 종속 변수에 독립 변수가 미치는 영향을 정량적으로 추산하고자 '회귀 분석(regression analysis)'을 실행한다. 일반적으로 회귀 분석은 독립 변수와 종속 변수 사이에 선형(직선) 관계가 있다고 가정한다.

계량경제학에서는 보통 두 가지 문제가 제기된다. 첫째, 검증을 가능케 하고자 가정한 많은 가설에서 검증해야 하는 가설을 분리하는 것이 불가능하다. 여기에는 완전히 종속적이라고 가정한 변수가 독립 변수에 영향을 미치거나, 종속 변수와 독립 변수의 관계가 모델에서 생략될 가능성도 포함한다. 이는 상관관계(두 사건의 연관성)가 인과관계에 대해 아무것도 설명해주지 못할 수 있다는 사실을 보여준다. 순환성의 함정에서 벗어나지 못하는 계량경제학의 유명한 '증거'가 있는데, 알베르토 일레지나(Alberto Alesina, 1957~2020)의 "불황기에 정부 지출을 줄이면 경제가 회복된다"는 주장이다.[18]

둘째, 통계의 시계열(time series)로는 경제학자가 추구하는 법칙을 확립할 수 없다. 시계열이 너무 짧으면 데이터가 부족하고, 너무 길면 조건이 변한다. 한 시점에서는 진실이었던 사건이 다른 시점에서는 거짓이 될 수 있다. 비주류 경제학에서 이 부분을 늘 지적한다. 모든 경제 법칙은 시간과 장소에 의존할 수밖에 없다.

관찰 표본이 너무 적을 수도 있다. 조지 보르하스(George Borjas, 1950~) 등이 진행한 연구에 따르면 이민자 수가 많아질수록 현지 노동자의 임금 수준이 낮아졌다. 보르하스의 유명한 연구 결과는 1980년 쿠바 마리엘에서 미국 마이애미로 집단 이주한 쿠바인을 지칭하는 '마리엘리토스(Marielitos)'가 현지 노동자 계층의 임금에 미친 영향력을 여실히 보여준다. 그런데 어떤 경제학자들은 보르하스의 연구에 표본 추출 문제가 있다고 지적했다. 해당 연구가 진행될 무렵 미국 인구

더 나은 삶을 위한 경제학

조사국은 소득 수준이 낮아지는 경향을 보인 흑인 남성들을 표본에 포함했다. 하지만 보르하스의 연구에서 사용한 표본 크기는 애초에 너무 작아서 이 변화가 제대로 반영되지 못했다. 조지 보르하스는 자신을 비판하는 경제학자들을 악의적이라고 비난했다.[19] 계량경제학은 문제를 명확히 하지 못하고 모두를 한자리에서 빙빙 돌게 만들었다. 이후에도 이처럼 스프레드시트 실수나 인지적 편향 때문에 계량경제학이 불신을 얻은 사례가 많이 나왔다.

이와 같은 문제는 계량경제학 검증 방법이 가진 근본적인 약점을 보여준다. 검증 성공에 필요한 조건들이 오직 통제된 실험 환경에서만 갖춰진다는 점이다. 계량경제학자 대부분이 이를 인정하면서도, 대수롭지 않다는 듯이 연구와 실험을 계속한다. 그들은 계량경제학 방법론으로 연구를 진행하고 그 결과를 논문으로 작성해 학술지에서 발표하는 행위 자체가 잘못된 방법론에 권위를 부여한다는 사실을 이해하지 못한다. 관행이라고 해서 언제나 옳은 것은 아니다. 그러나 배우려는 사람들에게 그 관행은 위엄 있고 대단한 것으로 보인다. 경고문은 깨알같이 작은 글씨로 쓰인, 아무도 읽지 않는 보험 약관 같은 것이 된다.

:: 플라토닉 모델과 경제학자들의 희망 ::

2008년 글로벌 금융 위기 이후 '복잡한' 시스템을 모델화하는 최고의 방법에 관심이 급증했다. 이 관심은 '효율적 시장 가설(efficient market hypothesis)' 같은 '단순한' 모델이 금융 위기를 예측하거나 이해하는 데 완전히 실패했다는 깨달음에서 비롯됐다. '복잡성(complexity)'은 상호의존적 시스템 구성요소 사이의 구조적 연결과 상호작용의 밀집도를 의미한다.[20] 다시 말해 변수들 사이에는 무수한 연결과 잠재적인 피드백 고리가 존재하므로, 아주 작은 변화조차도 거대한 연쇄 효과를 낳을 수 있다. 이는 경제 시스템을 직관적으로 이해하기 어렵게 만들뿐더러 기존의 단순한 연결싱을 분석하던 전통적 모델화 방법으로는 이해할 수 없다. 복잡성을 이해하려면 '행위자 기반 모델화(agent−based modelling)', '네트워크 분석(network analysis)', '시스템 다이내믹스(system dynamics)'가 필요하다.

'행위자 기반 모델화'는 나머지 모두를 대변하는 단일 행동 주체가 전체 경제를 대표한다고 가정하는 '대표 행위자' 가설을 이용할 때 흔히 발생하던 오류를 피할 수 있다. 행위자 기반 모델화는 다양한 특성과 적응 행동을 보여주는 다수 행동 주체의 상호작용을 시뮬레이션한다. 모델 설계자는 행위자들의 관계를 설정하고 그들의 세계를 구성하는 조건을 정의한다. 그러면 경제 모델 속 가상의 행동 주체들은 충격과 변수를 통해 상호작용하게 된다. 이렇게 도출된 시뮬레이션 결과가 모델의 예측 결과를 구성한다. 이 결과는 현실 경제에서 무슨 일이 일어날지를 예측하는 데 도움이 되는 지표로 쓰일 수 있다.

'네트워크 분석'은 경제 주체 사이의 관계를 '노드(node)'와 '링크(link)'

로 모델화해서 계량적으로 분석하는 방법이다. 경제 주체(개인, 기업, 소비자, 조직, 산업, 국가 등)를 노드로, 이들의 시장 상호작용을 링크로 나타낸 경제 네트워크를 분석한다. 네트워크 분석은 글로벌 공급 사슬에서 급부상한 경제 주체의 역할을 집중적으로 살핀다.

'시스템 다이내믹스'는 선구적인 컴퓨터공학자 제이 포레스터(Jay Forrester, 1918~2016)의 세계 생태계 모델 제작 시도에서 파생한 방법이다. 네트워크 분석과 유사한 접근방식을 취하지만 경제 주체의 관계보다 변수의 연결성에 주목한다. 경제학에서 시스템 다이내믹스의 변수는 주로 GNP나 자본금과 같은 경제 변수지만 산림 지역이나 석유 매장량 등 환경 변수도 다룬다.

이처럼 방법론은 분명히 개선됐지만, 주류 경제학자들은 여전히 예측 결과를 도출하기 위해 경제 시스템이 수많은 동일 요소로 구성된다는 전제를 버리지 않은 채 경제 주체의 행동과 관계에 관한 모델을 설계한다. 경제 모델은 관찰과 직관을 배제할 수는 없더라도 반드시 실제 현실 세계를 단순화하거나 이상화한 모습이어야 한다. 하지만 그들의 개선된 경제 모델 또한 논리적 일관성만 견고해졌을 뿐 결과는 대체로 기존의 전제를 따르고 있다. 물론 모델화는 '새로운 지식'을 창출하기 위한 방법이 아니다. 모델을 조정하는 '기술'이 결과를 도출하는 것도 아니다. 상호작용하는 경제 주체와 변수가 초래한 혼돈이 초기의 같은 조건과는 완전히 다른 결과를 내놓을 수도 있다. 그러므로 경제 모델이 할 수 있는 최선은 가능한 예측 결과의 범위에 대해 가이드 역할을 하고 경제 시스템의 역동성을 조명하는 일이다.

경제 모델화를 일컬어 "쓰레기를 넣으면 쓰레기가 나온다"라고 말하는 이들도 있다. 확실히 사실이기는 하지만 보편적으로 적용되지는 않는다. 경제 모델을 설계하려는 목표가 가장 중요하다. 실제로 나타날 현실을 정확히 예측해내는 게 목표라면, 경제 모델은 특별한 상황을 제외하고 매우 실망스러운 결과를 도출할 가능성이 크다. 반면 어떤 가설의 결과를 시뮬레이션하거나, 사고 체계를 명확히 하거나, 특정 정책 또는 사건의 효과를 분석하는 게 목표라면, 경제 모델은 인제나 유용하다.

경제학자들에게 경제 모델은 일종의 '이상향'이다. 일반적으로 경제 모델은 '모형 비행기'와 같은 축소화·단순화가 아니라, 선과 아름다움의 이상향처럼 사물의 완벽한 형태가 담기기를 바라는 불완전한 복제품이다. '플라토닉 모델(Platonic model)'은 이상적인 상태에 도달하면 현실이 어떨지에 대한 그림이다. 그래서 플라토닉 모델은 이상적인 기준으로 간주된다. 경제학자들에게 이상적인 기준은 마찰이 전혀 없는 기계처럼 '완벽한 효율성'이 달성된 상태를 뜻한다. 플라토닉 모델에는 '실시간으로' 방대한 데이터 수집과 처리가 가능한 '컴퓨터 기술'이라는 든든한 조력자가 있다. 이 조력자는 인간을 계산기로 바라보는 경제학자의 비전이 머지않아 실현되리라고 약속한다.

신고전주의 경제학자들과 기술 이상주의자들의 저술을 읽으면 그들의 천명이 무엇인지 알 수 있다. 그들은 구부러진 인류라는 나무를 곧

게 만들고자 서로 협력한다. 경제학자들은 효율성을 높이기 위한 이론을 내놓는다. 그 이론이 효율성 증가에 효과가 있다는 연구 결과도 있다. 필립 로스코(Philip Roscoe)는《차가운 계산기(I Spend Therefore I Am)》라는 놀라운 책에서 경제학을 전공한 사람들이 다른 학문을 전공한 이들보다 훨씬 더 계산적이라는 연구 결과를 소개한다. 경제학에서 널리 사용되는 경제 모델을 계속해서 접하다 보니 실제로도 그렇게 행동한다는 것이다. 로스코에 따르면 호모 이코노미쿠스는 인간의 본성이 아니라 학습과 제도에 의해 인위적으로 만들어졌다.

애초부터 계산적인 성향 때문에 경제학에 끌렸는지, 아니면 경제학을 공부하면서 더 계산적으로 변했는지는 알 수 없지만, 어쨌든 주류 경제학을 대표하는 '합리적 기대 이론(rational expectation theory)'은 이런 플라토닉 모델의 대표적 사례다. 이 모델은 경제 주체가 완벽하게 합리적이며 주어진 정보를 완벽하게 처리한다고 가정한다. 이 가정 속에는 인간이 '그렇게 행동할 것'이라는 그들의 '희망'이 숨겨져 있다.

:: 수사학이 된 경제학 ::

디어드리 매클로스키(Deirdre McCloskey, 1942~)는 경제학을 수사학으로 바라보는 대표적인 학자다. 자신 또한 주류 경제학을 공부했지만, 경제학자들은 경제 이론이 사실임을 증명할 수 없다고 주장한다.

해당 이론이 거짓임을 증명할 가능성이 없기 때문이다. 매클로스키에 따르면 참된 주장이나 거짓된 주장은 없으며, 오직 설득력 있거나 설득력 없는 주장만 존재할 뿐이다. 수학은 신고전주의 경제학의 가장 두드러진 은유다. 경제학자들은 단지 상관관계만을 제시하면서 통계학적으로 정교하지 않은 사람들에게 자신이 어떤 결과의 원인을 발견했다고 믿도록 설득한다. 그렇지만 매클로스키는 신고전주의 경제학의 수사적 특성이 자유 시장을 옹호하기에 사회적으로 유용하다고 믿는다.[21]

경제학이 순수한 의미의 수사학이라는 말은 설득의 언어 밖에 현실이 존재한다는 사실을 부정하는 것이다. 수사학은 어떻게 작동하는가? 보통은 "우리가 이미 알고 있듯이"라는 식으로 사람들 마음속에 이미 있는 상식임을 강조하면서 시작한다. 이 '상식'의 수사는 가설일 뿐인 견해를 일반적이고 평범하게 만든다. 모든 경제 논증은 '경험적 사실'이 연역 추론의 '전제'가 되면서 시작된다. 이 과정의 수사적 특성은 '우리가 이미 알고 있는 것'을 '참'으로 위장한다.

경제학이 가치 있는 '정량적 예측'의 결과를 도출하기 위해서는 전제가 참이어야 한다. 그러려면 수사적 기법을 써야 한다. '경험적 사실'은 결론을 참으로 이끄는 데 필요한 보편적 전제를 제공할 수 없다. 그렇다고 해서 결론을 완전히 거짓으로 만들지는 않는다. 논증을 불완전하게 만들 뿐이다. 이때 수사학은 논리 흐름이 올바른 방향으로 향하게 만드는 '경험적 지침'이자 '이야기의 예술'이다. 이런 맥락에서 모든 사회과학은 수사적이다. 이는 전제를 보편적 사실로 만드는 필요조건이 그냥 유지되는 게 아니라 오직 특별한 조건 아래에서만 유지된다는 것을 의미한다. 전제는 부분적으로만 사실이다.

경제학은 수사적이라는 관점은 "모든 담론은 논증이 아닌 설득"이라는 '포스트모더니즘(post-modernism)'의 영향을 많이 받았다. 자크 데리다(Jacques Derrida, 1930~2004)의 말처럼 텍스트 말고는 아무것도 없다. 언어의 영역 밖의 현실은 존재하지 않는다. 포스트모더니즘의 비평은 사람들의 관심을 주장의 진실성보다 그 주장이 진실이라고 설득하는 수단으로 이동시켜 텍스트를 '해체'한다. 이 관점에서 경제 모델화는 설득 작업이다. 진실을 발견하는 게 목적이 아니라 텍스트(모델)의 진실성을 사람들이 믿도록 설득하는 것이 목적이다. 모든 현실은 '사회적으로 구성'된다.

필립 미로우스키(Philip Mirowski, 1951~)는 자연과학도 설득적 언어 위에 세워진 학문이라고 말하면서 이 주장을 발전시켰다. 그에 따르면 우리의 생각과 현실 사이에는 근본적으로 틈이 존재한다. 그 틈은 은유와 직유로만 메울 수 있다. 논증은 설득적 언어의 일부다.[22]

이런 접근방식에는 세 가지 중요한 함의가 있다. 첫째, 이야기나 서사는 사람들이 복잡한 상황을 이해하려는 방법이다. 사람들 대부분은 사회 현상이 신비롭거나 불확실하다고 가정한다. 따라서 사람들이 사회 현상을 이해하는 방식을 비합리적으로 여겨서는 안 된다. 오히려 주어진 상황에서 합리적인 것으로 간주해야 한다. 둘째, 이야기에 대한 믿음은 이야기꾼에 대한 신뢰에 달려 있다. 이는 의심할 여지 없이 사실이다. 우리는 자신의 예측이 쓸모없다는 사실을 알기에, 더 잘 알고 있다고 믿는 다른 사람들의 이야기에 귀를 기울인다. 셋째, 이야기는 폴 새뮤얼슨이 상상한 예측의 동력은 아니지만, 형식적 모델화에서 벗어난 문제를 조명한다. 그렇다면 모델화가 스토리텔링을 훨씬 능가하는지 아니면 스토리텔링의 일부인지에 대한 의문이 생긴다.

디어드리 매클로스키는 주류 경제학의 방법론적 비평가 중에서도 독특한 인물이다. 그는 주류 경제학의 전반적인 구성이 성공적이라고 바라본다. 경제학은 과학처럼 차려입은 수사학이지만 그 영향은 긍정적이다. 간단히 말해 경제학은 '올바른 이야기'를 들려준다. 매클로스키는 경제학을 수사학으로 여기면서도, 그것에 비판적인 다른 학자들과는 달리 자유 시장 시스템이 진보와 번영을 보장한다고 믿는다. 그 덕분에 과학적 가식은 독자적인 생명권을 얻는다. 과학적 가식은 방법론적 실수가 아니다. 세상과 연결하는 경제학의 합리적 방식이 과학과 일치한다고 보이게 만들고자 경제학자들이 선택한 소통 전략이다.

그러나 경제학이 순수한 수사학이라는 주장은 그 자체가 수사적이다. 경제학은 설득력 있는 주장과 설득력 없는 주장을 구분하지 못하기 때문이다. 경제학자들이 이야기를 들려준다고 할 때 그 이야기는 무엇에 관한 이야기일까? 민간에 전래해온 설화일까? 그들의 이야기는 대체 어디에서 왔을까? 이야기에는 사실의 나열도 있지만 지어낸 것도 있다. 하지만 불완전한 이야기와 지어낸 이야기는 엄연히 다르다. 문제는 경제학자들의 이야기가 불완전하다는 데 있다. 그들의 이야기는 경험과 증거에 근거한다. 그런데 그 경험과 증거가 부족하면 불완전한 이야기가 될 뿐이다. 그런 이야기에는 설득력이 없다. 그들은 경제학만이 사회과학의 '텍스트'가 아니라는 점을 알아야 한다. 인간의 행동에 관한 수많은 '사실'이 존재한다. 경제학도 그런 사실들을 다루는 학문 중 하나일 뿐이다.

:: 경제학은 자연과학이 아니다 ::

다시 한번 강조하지만, 경제학은 자연과학과 다르다. 경제학은 법칙을 만들기 위해 실험적 방법들을 활용하지 않는다. 아니, 실험적 방법을 활용할 수 없다. 자연과학 이론은 가정에 부합하는 결론을 도출할 때 사실을 요구하지 않는다. 하지만 경제학은 사실을 제시해야 한다. 주류 경제학 이론이 실패한 원인은 경제 모델의 내부 불일치 때문이 아니다. 관찰한 사실을 설명해내지 못해서다. 특별한 경우를 제외하면 경제학은 알렉산더 로젠버그(Alexander Rosenberg, 1946~)가 지적한 '포괄적' 예측, 즉 '질적' 예측을 넘어서지 못했다. 경제학은 늘 구체적인 사건이 아닌 폭넓은 경향에 대한 예측을 제시했다.[23]

거시경제 모델은 특히 실패했다. 케인스의 거시적 예측 모델은 1970년대에 붕괴했다. 소비 함수나 실업과 인플레이션의 관계 등 안정적이라고 추정했던 변수들의 관계가 무너졌기 때문이다. '정형화된 사실들'의 경향이 한꺼번에 달라지면서 거시경제 모델은 효력을 상실했다. 니콜라스 칼도어의 노동 소득 분배율의 '법칙'은 세계화와 부딪혔다. 페트뤼스 베르도른(Petrus Verdoorn, 1911~1982)의 제조업에 대한 수확체증의 '법칙'은 선진국의 생산 활동에서 제조업이 중요한 역할을 상실하면서 의미가 없어졌다. 경제 성장기 이후 불평등 감소를 예측한 사이먼 쿠즈네츠(Simon Kuznets, 1901~1985)의 이른바 '쿠즈네츠 곡선(Kuznets curve)'은 국가가 소득 분배에 무관심해지면서 붕괴했다. 이같은 추세 변화에서 적어도 부분적으로는 그 추세의 발견으로 야기된 행동 변화와 정책 목적으로 이를 활용하려는 시도가 나타났다.

그러자 거시경제 변수들의 움직임을 직접적으로 보여주는 모델 제작을 포기하고 개별 경제 주체들의 효용 극대화 동기를 모델화하는 데 집중하고 싶은 유혹이 일어났다. 실제로 이것이 케인스 거시적 예측 모델의 실패에 대한 주류 경제학의 대응이었다. 그들은 미시적 예측 모델이 거시적 예측 모델보다 결과를 더 잘 예측해내리라고 주장했다. 하지만 어디까지나 인간 행동을 얼마나 제대로 이해하는지에 달려 있었다. 신고전주의 경제학의 금융 모델은 2008년의 붕괴는커녕 그 가능성조차 예측하지 못했다. 이런 예측 실패는 주류 경제학의 인간 심리 이해에 깊은 결함이 있다는 사실을 방증한다. 신고전주의 금융 모델은 인간 행동에 대한 '사실들'을 오인했을 뿐만 아니라, 수사적 관점에서 모델의 가정에 일치하는 행동을 유도하기 위해서 자신들 경제 이론의 설득력을 지나치게 신뢰했다.

언제 어디에서나 유효한 경제학의 '법칙'은 존재하지 않는다. 경제 이론은 기껏해야 다른 조건들이 그대로 유지되는 동안에만 믿을 만한 예측 결과를 제공할 수 있다. 그마저도 특정 시장이나 보건 경제학 같은 특정 영역에서만 단기적으로 들어맞는다. 거시경제적 예측은 짧은 기간 동안 신뢰할 수 있지만 매개 변수가 변하게 되면 신뢰성을 잃는다.

여기에는 중요한 시사점이 있다. 수학이 현대 경제학에서 과도하게 큰 역할을 맡고 있다는 점이다. 다른 사회과학에서 수학의 역할은 논리를 형식화하고 다른 변수들의 관계를 구체화하는 일이다. 그런데 경제학의 형식화는 관심 변수를 수학적 양으로 쉽게 표현할 수 있다는 전제에 전적으로 의존한다. 우정이나 권력욕과 같은 행동적 사실은 수학적 양으로 표현할 수 없다. 엄격한 논리적 관계는 경제 이론가들의 엄격한 논리적 추론 역량만을 보여줄 뿐이다.

1987년 노벨경제학상을 받은 로버트 솔로(Robert Solow, 1924~)는 "있지도 않은 완전성과 정확성을 가진 척하지 않고도 충분히 경제를 분석할 수 있다"고 말했다. 그에 따르면 분석 경제학은 "불완전한 지식을 구조화하고, 비전문가가 놓칠 수 있는 연관성을 찾아내며, 몇몇 기본 원칙을 이용해 인과관계를 전달하고, 경제 정책 및 다른 사건들의 결과에 대해 대략적인 정량적 판단을 내리는 것"이다. 이는 "과학적이든 아니든 간에 시도할 만한 가치가 있는 일"인 것이다.[24]

경제학은 과학이 아니므로 현실을 이해하는 방법들의 간격을 채우기 위해 심리학, 사회학, 정치학, 윤리학, 역사학 등 다른 학문 분야가 필요하다. 우리는 경제학자들에게 "세상에는 당신의 상상보다 훨씬 더 많은 것들이 있다"고 말하기를 두려워해서는 안 된다. 우리는 인류가 '더 나은 세상'에서 살아갈 수 있도록 경제학을 바로잡아야 한다. 그만큼 경제학은 중요한 학문이기 때문이다.

더 나은 삶을 위한 경제학

제6장

갈 길 먼
심리학과의 협력

합리적인 사람은 체계적으로 그리고
단호하게 자신의 목표를 달성하기 위해서 최선을 다하는 자다.

_그레고리 맨큐(Gregory Mankiw, 1958~)[1]

:: 호모 이코노미쿠스의 탄생 ::

처음 경제학을 접할 때 많은 사람이 경제학의 심리학적 조악함에 당혹스러워한다. 강의는 '인간은 모두가 합리적'이라는 가정하에 이뤄진다. 하지만 곧 그 가정이 이상하다고 느낀다. 상식적으로 어떻게 인간이 모두 합리적이란 말인가? 사리사욕이 인간의 경제 행동 동인이라는 주장도 받아들이기 어렵다. '경제학이 계몽주의였었나?' 하는 생각도 든다. 이렇게 이상한 부분이 많지만, 가정을 전제하지 않으면 더이상 앞으로 나아갈 수 없기에 강의는 계속 진행된다.

이번 장에서는 인간 행동에 대한 주류 경제학의 해석을 살펴보고, 그것이 사실에서 얼마나 벗어났는지 밝히려고 한다. 그리고 그들이 자신의 논리를 떨쳐버리는 것이 왜 그토록 어려운 일인지 함께 고민해보고자 한다.

'인간의 마음'을 탐구하는 심리학은 경제학에서 시장 참여자들의 행동방식을 설명하는 데 이용된다. 실험하고 조사하면 사람들이 그런 행동을 하는 이유가 드러날 것 같은데, 힘들게 그 까닭을 숙고하고 정리하고자 애쓴다. 왜일까? 가장 큰 이유는 인간 행동의 원인이 너무 복잡하기 때문이다. 사람들은 필연적으로 서로 반박하고 심지어 자기모순에 빠지기도 한다. 이 딜레마에 대한 일반적인 해결책은 실증적 증거를 배제하는 것이다. 다시 말해 '경험적 사실'을 근거로 인간 행동에 대한 가정을 세운 뒤 논리적 결론을 추론해 논박할 수 없는 결과를 제시하는 것이다. '효용 극대화'와 같은 심리적 경제 이론은 분석을 통해 새로운 상황에서 예측을 가능케 한다. 연구 대상의 비수치적 특성을 고려해야 하는 다른 사회과학은 이렇게 할 수 없다.[2]

이는 인간 로봇 또는 인간 계산기인 '호모 이코노미쿠스'라는 결실을 맺었다.[3] 인간 로봇은 슈퍼히어로의 인지 능력을 갖는다. 무제한 정보와 불굴의 자기이해로 즉각적이고 정확한 결정을 이끌어내는 인간 로봇은 절대로 틀리지 않는다.[4] 다른 인간 로봇과의 관계는 순전히 원하는 것을 얻기 위한 수단이다. 호모 이코노미쿠스는 다른 인간 존재와 상호작용하지만, 사회적 유대에 구속되지 않는다. 호모 이코노미쿠스

더 나은 삶을 위한 경제학

의 인격은 역사나 문화로부터 경제학의 자율성을 보장하기 위해 고안됐다.

인간 존재를 부당하게 묘사한 것 같다면 경제학자들의 말을 들어볼 필요가 있다. 로버트 루카스는 다음과 같이 말했다.

"나의 목표는 실제 세계와 닮은 총체적 특징으로 행동하고 상호작용하는 로봇으로 구성된 기계적이고 인위적인 세계를 만드는 것입니다."[5]

문제는 실제 세계의 '총체적 특징'으로 행동한다는 게 무엇인가다. 우리는 다시 한번 질문해야 한다. '총체적 특징'은 인간의 행동방식을 지칭하는가? 인간은 이렇게 행동해야 한다는 처방인가? 아니면 인간이 그렇게 행동할 때 경제 모델이 작동된다는 선언인가? 1982년 노벨 경제학상을 받은 조지 스티글러(George Stigler, 1911~1991)는 《설교자로서의 경제학자(The Economist as Preacher)》에서 호모 이코노미쿠스에 대한 규범적 견해를 제시했다. "논란의 여지가 없는 목표의 완전한 성취라는 의미에서 효율성은 규범 경제학을 규정하는 주된 요인"이었다. 왜냐하면 "인간의 불완전한 성과를 정의하는 완벽한 기준"을 세웠기 때문이다.[6]

다른 사회과학자들처럼 경제학자들에게도 인간은 항상 '진행 중'인 연구 대상이라는 사실을 기억해야 한다. 그들은 자신의 임무가 무엇인가를 설명하는 게 아니라 개선하는 것이라고 여겨왔다. 마음을 다루는 심리학자들이 감정에 좌우되지 않듯이, 경제학자들의 임무는 인간의 합리성을 미신의 속박에서 해방하는 것이었다. 합리적 계산기 호모 이코노미쿠스는 역사의 동굴에서 벗어나야 한다. 그래서 경제학은 인간의 본성을 의도적으로 조작하는 것처럼 보인다. 그렇지만 경제학자들이 인간에 대해 들려주는 이야기는 인간이 인간 자신에 대해 들려주는 이야기의 일부이므로, 사람들은 어느 정도 그들이 말하는 방식대로 행동하기 시작했다. 경제학자들은 이를 '진보(progress)'라고 불렀다.

:: 호모 이코노미쿠스의 비합리적 행동 ::

호모 이코노미쿠스는 어떻게 행동할까? 토머스 사전트는 인간 행동을 "제약을 받는 시점 사이의 확률 최적화 문제"로 정의한다.[7] 제약은 자원 중 하나다. 최적화는 시간이 지남에 따라 이뤄지며 무작위 충격에 노출된다. 이는 경제 모델이 "개인의 마음속에 있는 모델을 형식화한 것"이라는 '합리적 기대 학파(rational expectation school)'의 핵심 주장으로 이어진다. 누구에게나 미래를 예측하려는 동기가 있다. 미래에 대한 믿음(다른 사람들이 미래에 하리라고 예상되는 행동을 포함)은 현재 사람들의 행동에 영향을 미친다. 모든 경제 주체는 이렇게 미래지향적으로 행동한다. 그러므로 경제 주체가 보유한 정보 세트만 구체화하면 예측한 '문제'는 해결된다.

'합리적 기대'를 이해하려면 주류 경제학자들이 불확실성 문제를 해

더 나은 삶을 위한 경제학

결했다고 믿는다는 사실을 염두에 둬야 한다. 미래에 대한 기대는 연이어 발생하는 사건에 대한 확률 분포다. 불확실성은 확률로 축소되기에 '특별한 경우의 확실성'으로 분류된다. 2001년 노벨경제학상 수상자 조지 애커로프(George Akerlof, 1940~)와 조지프 스티글리츠(Joseph Stiglitz, 1943~) 같은 경제학자들은 '비대칭적 정보(asymmetric information)'의 존재를 지적했다. 비대칭적 정보란 거래 당사자 가운데 한쪽이 다른 쪽보다 더 많은 정보를 가진 상황을 말한다. 주로 보험업계에 만연해 있으며, 중고 자동차 시장에서도 많이 나타난다.[8]

하지만 이런 정보 불평등이 고유한 특성이 아닌 이상 컴퓨터가 생성하는 빅데이터로 극복될 것이다. 모두가 자유롭게 빅데이터를 활용할 수 있다면 누구나 거의 완벽한 예측 능력을 얻을 수 있다. 필요한 모든 정보를 확보한 사람들은 신과 곧장 연결되는 정보 고속도로를 타는 셈이다.

게리 베커는 범죄 행위도 합리적 선택이 될 수 있는 근거를 발견했다. 어느 날 그는 약속 시각에 쫓기고 있었다. 이제 주차만 하면 되는데 시간이 너무 부족했다. 그 순간 그는 멀리 떨어진 주차장에 합법적으로 주차하는 경우와 가까운 자리에 불법으로 주차할 때의 비용과 편익을 따져봤다. 주차 단속에 걸릴 가능성과 물게 될 벌금을 계산한 그는 결국 불법 주차를 선택했다. 그것이 합리적이었다. 베커는 다른 범죄자들도 자신과 같은 합리적 선택을 내릴 수 있다고 추정했다. 물론 이 같은 전제는 범죄가 정신 질환과 사회적 억압의 결과라는 통념에

어긋났다.[9]

범죄자의 마음을 간파하는 통찰은 게리 베커의 주차 문제 이전에 이미 제러미 벤담(Jeremy Bentham, 1748~1832)과 공리주의에 깊이 뿌리 내리고 있었다. 공리주의는 범죄 비용을 높이고 치안을 강화하면 범죄율이 하락한다고 주장했다.[10] 그러나 앞서 '말' 비유에서처럼 말을 직접 관찰하지 않고 '내가 말이라면 어떨까?' 하는 가정으로 '말의 마음'을 간파하는 통찰은 통계적으로 증명할 수 없다. 실제로 조사를 해보면 범죄율은 전체 인구 중 젊은 남성이 차지하는 비율에 따라 다르게 나타난다는 사실을 알게 된다. 공리주의자들의 생각은 여기에 미치지 못했다.

호모 이코노미쿠스의 행동에 관한 세 가지 사례가 더 있다. 첫 번째는 게리 베커의 또 다른 사례로 그의 '결혼 이론(theory of marriage)'에 등장한다. 베커는 사람들이 국가가 다른 국가와 무역하는 이유와 같은 이유로 결혼한다고 주장했다. 즉, 인간은 '비교우위' 때문에 결혼한다. 배우자의 선택은 경쟁 시장에서 이뤄지며, 두 사람 모두 혼인으로 이익을 얻으리라고 판단했을 때만 결혼이 성사된다. 베커의 결혼 이론은 남성과 여성의 상호보완적 특성에 대한 경제 모델을 수립한 꽤 정교한 이론이지만, 결혼을 그저 비용 절감 메커니즘으로 치부해버린다. 이 이론에서 혼인관계를 맺은 두 사람은 미래에 서로의 결합으로부터 얻으리라고 예상되는 이익을 모두 알고 있다고 가정한다. 이는 결혼시장이 항상 균형 상태에 있다는 관점이며, 우리가 앞서 제4장에서 비판한 '균형 이론'과 궤를 같이한다. 호모 이코노미쿠스의 가르침에 따르면 우리는 얻을 수 없어 보이는 무언가는 결코 갈구할 수 없다.

두 번째 사례는 욘 스테인손(Jón Steinsson, 1976~)과 에미 나카무라(Emi Nakamura, 1980~)의 공동 연구에 나온다. 두 사람에 따르면, 예컨대 누군가에게 돈을 주고 양말을 개키게 하는 것은 양말 주인과 양말을 대신 개킨 양쪽 모두의 이익을 극대화하는 방법이 될 수 있다. 무일푼 대학원생 시절 두 사람은 빌린 돈으로 사람을 고용해 집안일을 처리했다. 그들은 논문 작성에 여분의 시간을 쓰는 것이 청소하는 데 쓰는 것보다 생애 예상 소득에 더 유리하다고 계산했다.[11]

세 번째 사례는 이른바 '사랑 경제학(lovenomics)'의 창시자 벳시 스티븐슨(Betsey Stevenson, 1971~)과 저스틴 울퍼스(Justin Wolfers, 1972~)가 수행한 자녀를 갖기 전 비용·편익 분석에서 찾을 수 있다. 저스틴 울퍼스는 이렇게 설명했다.

— 비교우위의 원칙은 거래 상대방이 자신과 완전히 다른 기술과 역량을 가질 때 해당 거래에서 얻는 이익이 가장 크다는 사실을 알려줍니다. 나는 매사에 서툴고 책을 좋아하는 하버드 출신의 노동 경제학자이고, 벳시는 매사에 덤벙거리고 책을 좋아하는 하버드 출신의 노동 경제학자입니다. 서로의 기술이 유사할 때 거래에서 얻는 이득은 그리 크지 않죠. 단, 아기를 키울 때는 예외예요. 벳시에게는 그녀가 인풋에 강하다는 걸 보여주는 자질이 있습니다. 이 말은 내가 육아와 관련해서 아웃풋만 처리하면 된다는 뜻이죠.

그러자 벳시 스티븐슨이 요지를 분명히 짚어줬다.

"그러니까 아빠들이 기저귀를 꽤 잘 갈 수 있다는 사실이 밝혀진 거죠."[12]

'합리적 기대'라는 틀 속에서 이 같은 주장은 단순히 우스갯소리는 아니다. 신고전주의 경제학자들이 일반적으로 말하듯이, 우리가 생애 소득의 극대화를 추구한다고 가정하면 생애 소득을 높이는 데 전혀 도움이 되지 않는 일에 시간을 쓰는 것은 비합리적인 행동이다. 말하자면 기저귀를 가는 데 쓴 시간은 일테면 새로운 소프트웨어를 개발하는 데서 훔친 시간이다. 기저귀를 가는 행위가 소프트웨어 개발에 도움이 되지 않았다면 말이다.

집안일을 외부에 맡긴 스테인손과 나카무라에 대해 생각해보자. 그들의 행동은 정말 합리적이었을까? 두 사람은 집안일을 하는 대신에 논문을 완성함으로써 발생할 생애 결과를 돈의 가치로 계산했다. 하지만 그들은 자신들이 선택한 결과가 무엇인지는 명확히 알지 못했다. 어쨌든 더 이익이 된다고 어렴풋이 추측했을 뿐이다. 이들 두 사람의 경제학자가 단지 집안일에 대한 반감을 합리화한 것은 아닌지 의심해볼 수 있다.

양말을 개키는 일보다 더 그럴듯한 사례를 살펴보자. 영화관에 가는 것이 삶의 큰 즐거움인 어떤 경제학자가 있다고 해보자. 그런데 어느 날 경제학자로서 생각해보니, 영화를 보는 시간이 자신의 생애 소득을 극대화하는 데 필요한 가용 시간을 감소시키고 있었다. 그래서 영화관에 가는 시간을 대폭 줄였다. 달리 말해 그는 미래의 불확실한 이익을 위해 현재의 이익을 포기했다. 하지만 생애 소득을 극대화하고자 줄여야 할 영화 관람 시간을 계산할 근거가 없기에 그 결정은 비합리적이다. 그가 미래 재화에 붙인 가격은 양식화된 것이며, 사실이 달라지면 쉽게 변경된다. 행동의 결과를 계산하지 못하면 결과주의자가 된다 한들 아무런 소용이 없다.

경제학자라면 확실성이라는 조건에서 합리적 행동의 결과를 알아내는 데 시간을 소비하기보다, 불확실성이라는 조건에서 합리적 행동이 무엇인지를 이해하는 데 더 많은 시간을 투자해야 한다. 그렇게 하면 지금 비합리적이라고 치부한 행동들의 합리성과 도덕적 가치가 드러날 것이다. 우연히 주어진 정보가 불완전한 상황과 특정 조건에서 완전한 정보를 얻을 수 없는 불확실한 상황을 구분해야 한다.

그러나 호모 이코노미쿠스에 대한 반대 견해는 인식론이 아니라 윤리에 가깝다. 만약, 사실상 불가능하지만, 모든 결과에 확률을 매길 수 있다면 인간이 효용을 극대화하는 선택을 한다는 주장에 반대할 수 있을까? 그렇더라도 반대할 수 있다. 왜냐하면 가치를 등가 교환하는 것은 불가능하기 때문이다. 윤리적 선택에서 벗어날 방도는 없다. 우리는 타협과 조정의 필요성을 잘 알고 있지만, 자신의 삶으로 노래를 만들고 부르기를 바란다.

그러므로 인간으로서 우리는 호모 이코노미쿠스의 가르침을 가려서 따라야 한다. 호모 이코노미쿠스에게는 영혼이 없다. 우리는 인간미 없는 이 존재를 행동의 일반적 모델로 여겨서는 안 된다. 살면서 하고 싶은 일, 잘하는 일, 좋다고 생각하는 일을 하자. 어떻게 행동하는 게 합리적인지를 계산하는 데 시간을 낭비하지 말자. 우리는 계산기가 아니다. 비용을 따지지 않고 행동하는 경우가 훨씬 더 많을 수밖에 없다. 그게 인간이다.

:: 행동 경제학: 빠른 사고와 느린 사고 ::

행동 경제학은 인간 로봇인 호모 이코노미쿠스를 더 현실적인 존재로 대체하려는 시도에서 등장했다. 행동 경제학은 지금까지 경제학자들이 이해할 수 없었던 심리학과 신경과학의 통찰을 활용한다. 그렇다고 행동 경제학이 호모 이코노미쿠스처럼 행동하는 게 웰빙을 확보하는 최고의 방법이라는 생각에 이의를 제기하지는 않는다. 다만 그 행동이 실제로 어느 수준까지 일어나는지에 대한 이견은 있다.[13]

신고전주의 경제학자들은 합리성에서 일탈한 행동은 체계적이지 않다고 여긴다. 인간은 추정의 오류를 저지를 수 있지만, 과소평가하는 만큼 과대평가하기에 합리성은 사고 체계의 전반적인 궤적을 변경하지 않고 상쇄된다. 행동 경제학은 합리성에서 이탈한 체계적이고 예측 가능한 인간 행동을 발견했다고 주장한다. 일테면 개인은 '지속적으로' 이익과 비용을 과대평가하거나 과소평가한다. 이런 상황에서 인간은

더 나은 삶을 위한 경제학

마치 제한된 정보를 가진 로봇처럼 행동한다.

행동 경제학은 대니얼 카너먼(Daniel Kahneman, 1934~)이 에이머스 트버스키(Amos Tversky, 1937~1996)와 진행한 연구로 2002년 노벨경제학상을 받았을 때 이른바 '학문'이 됐다. 하지만 행동에 관한 표준 가정이 비현실적이었기에 주류 경제학의 하위 분야로 발전한다.

카너먼과 트버스키는 인간이 '직관'과 '계산'이라는 두 가지 시스템에 따라 선택한다고 주장했다. 두 사람은 이를 각각 '빠른 사고'와 '느린 사고'라고 불렀다. 느린 사고 시스템은 논리적이지만, 빠른 사고 시스템은 직관적이고 때로는 비합리적이다. 두 사람은 인간의 비합리적 선택을 보여주는 인상적인 사례들을 찾아냈다. 예컨대 투자자들은 제로 비용(zero-cost) 인덱스 펀드보다, 실적은 낮지만 활발히 운용되는 고비용(high-cost) 펀드에 투자하는 경향이 있다. 행동 경제학은 사람들이 저지르는 '시스템적' 오류를 일곱 가지로 식별했다.

첫 번째는 '생존 편향(survivorship bias)'이다. 사람들에게는 성공 사례만 보는 경향이 있다. 페이스북(Facebook) 창업자 마크 저커버그(Mark Zuckerberg, 1984~)의 아침 일과를 모방하면 성공에 도움이 된다는 신문 기사를 떠올려보자. 우리도 마크 저커버그처럼 회색 티셔츠를 입고 아침 식사를 제대로 하면 억만장자가 될 수 있다고 넌지시 이야기한다. 그러나 마크 저커버그와 똑같은 아침 일과를 보내지만 억만장자가 아닌 수많은 사람의 사례는 무시한다.

두 번째는 '손실 회피(loss aversion)'다. 사람들은 무엇인가 얻는 것을 좋아하지만, 잃는 것을 더 싫어한다. 10달러 지폐를 잃어버려서 느끼는 쓰라림이 10달러를 주워서 느끼는 달콤함보다 더 크다. 이미 가진 것을 잃기 싫어하는 성향을 타고났기 때문이다. 구내 서점에서 공짜로 머그잔을 받은 사람은 6달러를 준대도 그 머그잔을 포기하지 않는다. 설령 그 하찮은 머그잔이 하늘에서 툭 하고 떨어졌더라도 말이다.

세 번째는 '가용 정보의 우선순위 지정(prioritising available information)'이다. 사람들은 결정을 내릴 때 눈에 띄는 정보를 더 높게 평가한다. 충격적이고 감각적인 정보는 우리의 뇌리에 깊이 남아 의사결정에 과도한 영향을 미친다. 칠흑 같은 어둠 속에서 집으로 향할 때, 무사히 집에 도착한 사람들의 이야기보다 끔찍한 사고를 당한 사람들의 이야기가 훨씬 더 생생하게 다가온다.

네 번째는 '기준점 효과(anchoring effect)'다. 사람들은 전후 사정을 무시한 채 무엇인가를 평가하지 않는다. 그래서 '맥락'이 결정에 영향을 줄 수 있다. 어떤 상점이 입구 옆에 가장 비싼 상품을 진열했다면, 상점에서 파는 다른 상품은 상대적으로 저렴하게 느껴진다. 어떤 50% 할인 상품은 정상가의 반값인 다른 상품보다 더 매력적으로 다가온다. 사람들은 먼길을 가로질러 50달러 전자제품을 10달러 싸게 파는 상점으로 향한다. 하지만 500달러 제품을 10달러 싸게 사겠다고 먼길을 운전하지는 않는다. 똑같은 10달러인데 왜 그럴까? 자신의 컬렉션에서 와인을 마실 수 있는 사람은 시장에서 100달러에 거래되는 빈티지 와인을 구매하지 않는다. 오히려 개인적으로 소장하는 와인을 시장에 쉽

더 나은 삶을 위한 경제학

게 되팔 수 있다. 선택지를 어떻게 표현하는가에 따라 결정이 달라진다. 이는 광고에서 도드라진다. 무엇인가 25달러 가치를 가졌다면 사고 그렇지 않으면 안 산다고 해보자. 그런데 선택지를 그럴싸하게 표현한 광고는 25달러 제품을 마치 50달러 가치가 있는 상품으로 느끼게 만든다. 우리는 그 틀에 갇힌다. 결정이 마케팅으로 조작될 수 있다는 사실은 자신만의 가정에 깊이 파묻힌 사람들에게는 특히 놀라울 것이다.

다섯 번째는 '확증 편향(confirmation bias)'이다. 자신의 신념에 부합하는 정보만 받아들이고 그렇지 않은 정보는 무시하려는 경향이다. 마음을 바꾸는 것은 늘 성가신 일이다. 자기 생각을 뒷받침하는 증거가 나올 때까지 기다리는 편이 훨씬 낫다. 인간은 습관이나 변덕에서 나온 결정을 합리화하는 놀라운 능력을 가졌다. 확증 편향의 반대는 '자동화 편향(automation bias)'이다. 상식적으로 틀렸는데도 컴퓨터 알고리듬과 같은 자동화된 정보를 옳다고 여긴다. 예전에 일본에서 내비게이션에 표시된 길만 믿고 운전하다 바다에 추락한 사고가 발생한 적 있다. 오작동을 일으킨 자동 항법 장치에만 의지하다가 항공기 사고가 일어난 적도 있다.

여섯 번째는 '매몰 비용의 오류(sunk cost fallacy)'다. '기준점 효과'와 '손실 회피'가 결합된 경향이다. 미래에 발생할 효용이 없는데도 그동안 투자한 비용이 중단하지 못한다. 사람들은 실패했다는 사실을 인정할 때 느끼게 될 심리적 고통을 감당할 자신이 없어서 실패한 투자에 계속 돈을 집어넣는다. 또는 스스로 부질없다는 사실을 인정할 수 없어서 오래전에 포기했어야 하는 일을 계속 추진한다.

일곱 번째는 '사후 과잉 확신 편향(hindsight bias)'이다. 어떤 사건의 결과를 알고 난 뒤 마치 이미 그렇게 될 것을 알고 있었다는 듯 생각하는 경향이다. 이 편향은 사회와 경제를 실제보다 훨씬 더 예측 가능하고 덜 불규칙적으로 보이게 만든다. 2008년 글로벌 금융 위기를 예측한 경제학자는 아무도 없었다. 그러나 금융 위기가 닥치고 나자 그제야 서둘러 왜, 언제, 어떻게 '발생할 수밖에 없었는지' 설명했다. 브렉시트와 트럼프의 미국 대통령 당선도 마찬가지였다. 일상적인 사례를 들어보면 이런 식이다. 행복해 보이던 커플이 갑자기 헤어졌다. 그러면 너도나도 "뭔가 둘 사이에 문제가 있다고 생각했었어"라고 말한다.

이 일곱 가지 시스템적 오류는 인간이 언제나 '합리적 기대'를 품는다는 현대 경제학의 핵심을 뒤엎는다. 사람들은 알면서도 비합리적 선택을 자주 한다. 일찍이 광고 회사들은 경제학에서 이를 눈치채기 전부터 인간의 이런 성향을 이용해왔다.

:: 피싱과 넛지 ::

2001년 노벨경제학상 수상자 조지 애커로프와 2013년 수상자 로버트 쉴러(Robert Shiller, 1946~)는 공저 《피싱의 경제학(Phishing for

Phools)》에서 다양한 사례와 함께 시장 경제에 만연한 오해와 기만을 보여준다. '피싱(phishing)'은 'private data'와 'fishing'을 조합한 용어로 누군가를 속여 개인 정보나 돈을 빼가는 사기 수법을 말한다. 저자들은 금융 사기를 넘어 시장 경제 전반에서 일어나는 속임수 행위를 통틀어 피싱이라고 부른다. '피싱 피해자'는 두 부류로 나뉜다. 지나치게 감정적이어서 합리적 선택을 하지 못한 사람과, 잘못된 정보로 피해를 당한 사람이다.

두 저자는 현대 경제학이 복지를 극대화하는 균형이 아닌 피싱 균형을 인지하도록 방향을 바꿔야 한다고 주장한다. 시장의 방어기제는 소비자가 자신들이 무엇을 구매하는지 알고 있다는 전제 위에서 작동한다. 만약 자기가 무엇을 사는지 모르고 산다거나 필요 없는 것을 산다면 시장의 방어기제는 작동하지 않을 것이다. 요점을 분명히 하고자 로버트 실러는 칠면조 맛, 참치 맛, 양고기 맛, 오리고기 맛 등 고양이 사료를 직접 먹어본 뒤 맛이 그다지 다르지 않다는 사실을 발견했다. 그런데 조지 프리스트(George Priest, 1947~)는 이 책의 서평에서 "이 연구를 재현하고 싶은 사람은 거의 없을 것이며, 실러가 고양이가 아니라는 사실 때문에 그 경험적 타당성이 떨어진다"고 썼다.[14]

행동 경제학자들은 앞자리가 텅 비었는데도 강당 뒤에 모여 있는 청중의 행동처럼, 합리적이라고 볼 수 없는 인간 행동의 특이성에 특히 관심을 둔다. 어떤 비평가들은 행동 경제학자들이 포착해낸 특이성은 서로 상쇄되고, 행동 경제학이 불필요한 퍼즐로 문제를 복잡하기 만들기 전에 이미 경제학에서 예상했던 행동만 남는다고 비판한다. 하지만 행동 경제학에 대한 진짜 반론은 빈번히 또는 드물게 나타나는 인간 행동의 특이성에 관한 것이 아니다. 신고전주의 경제학의 합리적 선택 모델과 일치하지 않는 모든 행동을 비합리적이라고 부르는 게 옳은지에 대한 반론이다. 대부분 인간 행동은 불확실성에 뿌리를 두고 있다. 영원히 매몰되리라는 확실한 증거가 없으므로 매몰 비용에 매달린다. 가끔 기적도 일어나기에 인간은 기적을 바라기도 한다.

행동 경제학의 또 다른 발견은 불완전한 정보, 복잡성, 불확실성, 제한된 계산 능력 때문에 경제 주체들이 어쩔 수 없이 '순수한' 최적화 행동 대신 경험적 지침이나 '휴리스틱(heuristic)'을 이용한다는 것이다. 휴리스틱이란 문제를 해결하거나 의사결정을 내릴 때 명확한 정보가 없어서 어림짐작하는 것을 뜻한다. 휴리스틱을 광범위하게 이용하다 보면 체계적인 행동 편향이 생긴다. 사람들의 이 편향을 활용하면 '옆구리를 슬쩍 찔러서' 합리적 행동을 유도할 수 있다. 그 유명한 '넛지(nudge)'이며 2017년 노벨경제학을 받은 리처드 탈러(Richard Thaler, 1945~)가 캐스 선스타인(Cass Sunstein, 1954~)과 함께 쓴 책의 제목이기도 하다.

두 저자는 설탕에 세금을 부과해 건강한 식생활을 유지하도록 하거나, 임금의 일부를 저축하면 임금을 인상해준다는 조건으로 저축을 늘리도록 유도할 수 있다고 주장한다.[15] 이 넛지 전략이 얼마나 성공적일지에 대해서는 이견이 분분하다. 미래를 위해 저축하는 행동은 사람들

더 나은 삶을 위한 경제학

이 돈의 가치가 미래에도 유지되리라는 믿음을 반영한다. 그리고 정부가 은퇴 자금에 세금을 면제해주거나 유예해주겠다는 약속을 지키리라는 믿음이 있어서 저축하는 것이다. 그렇지만 더 소비하고 덜 저축하는 것이 효율적일지도 모른다.

넛지 전략에 대한 더 깊은 반론은 합리적 개별 행동을 유도하고자 인센티브를 마련하면 도덕적 행동을 저해할 수 있다는 것이다. 모든 조직은 직원들에게 계약서에는 구체적으로 명시할 수 없는 도덕적 헌신을 기대한다. 효율적 노력을 권장하기 위해 보너스와 같은 금전적 인센티브를 도입한 기업이 자유롭게 소통하는 분위기를 조성한 기업보다 저조한 재무 실적을 기록한 사례가 많다. 이런 경우 넛지 전략은 문제를 해결하기는커녕 심화시킬 수 있다.[16]

행동 경제학자들이 인간의 불합리한 행동에 대한 나름의 주장을 펴고자 설계한 실험 환경을 인위적이라고 지적할 수도 있다. 실험자는 피실험자를 이례적인 환경에 놓은 다음 '합리성'이라는 신고전주의 경제학의 기준에 따라 문제를 낸 뒤 그 답을 평가해 이제껏 예상치 못한 '불합리성'을 발견한다. 그들은 피실험자들에게 "동전을 던져 절반의 확률로 1,000달러를 받겠는가, 아니면 그냥 450달러를 받겠는가?"와 같은 가상의 선택을 요구한다. 450달러를 선택하는 것은 기대 수익 극대화라는 관점에서 '비합리적'이다. 그런데 실험 대상자 대부분은 동전을 던지는 대신 450달러를 선택한다. 절반의 확률도 한 푼도 못 받을 수 있기 때문이다. 라르스 팔손 실(Lars Pålsson Syll, 1957~)이 언급했듯이 대부분 경제 주체들의 중요한 활동에는 주사위를 던지거나 룰렛을 돌리는 행위가 포함되지 않는다.[17] 이 같은 실험은 경제학자들이 인간 행동을 모델화하는 불완전한 방법 대신 인간의 비합리적 행동 방식에 이목을 집중시키는 효과를 낸다. 그렇게 해서 행동 경제학자들은 피실험자들이 비합리적으로 선택한다는 결론을 내리고 인간 행동의 비합리성 사례를 추가한다.

행동 경제학은 고정된 선호도, 복잡한 계약, 충분한 정보에 기반을 둔 인간의 합리적 행동에 대한 신고전주의적 모델이 틀릴 수 있다는 가능성을 제시했다. 이는 매우 중요한 업적이다. 그러나 대다수 사람이 대부분 시간 동안 행동하는 방식은 비합리적이지 않으며, 오히려 자신들이 처한 상황에서 합리적인 행동으로 간주해야 한다. 행동 경제학의 잘못은 그런 행동마저 비합리적이라고 부른다는 것이다.

인간의 일반적 행동방식을 설명하는 호모 이코노미쿠스 모델의 부당성은 행동과학과 인지과학 및 많은 사회과학에 의해 거듭 증명됐다. 우리는 어떤 행동을 함으로써 발생하는 비용을 늘 계산해가면서 그 행동을 할지 말지 결정하지 않는다. 그렇게 해서도 안 된다. 만약 닫힌 시스템에서 연역 추론을 위해 인간 행동을 단 하나의 공리로 압축한다면 '합리성'이라는 신고전주의 원칙은 아마도 최고의 공리가 될 것이다. 문제는 합리성이 아니라 그 공리의 보편성에 있다.

대니얼 카너먼과 에이머스 트버스키가 자신들의 기준으로 수립한 합리성의 신고전주의적 모델은 한계가 잘 정의된 작고 닫힌 세계에서는 제대로 작동할지 모른다. 동전 던지기 실험은 이런 세상을 복제한 것이다. 하지만 수많은 다른 결과를 인정하는 열린 시스템에서는 합리성을 검증할 실험으로서 아무런 의미가 없다.

아직 행동 경제학은 호모 이코노미쿠스를 대체할 결정적 대안을 제시하지 못하고 있다. 사실상 행동 경제학은 핵심을 놓치고 있다. 그래도 행동 경제학은 인간의 사고와 심리를 꿰뚫는 데 어느 정도 진전을 이뤄냈으며, 경제학자들이 통계적 잡음으로 여겼던 약간의 체계적 특이성을 찾아냈다. 그렇지만 행동 경제학은 존재한다고 상정한 신경 네트워크를 사회 네트워크로 연결하는 데는 실패했다. 인간의 속마음을 들여다보고 그 속에서 일어나는 예상치 못한 것들을 찾아냈으나, 내 마음속에서 일어나는 일과 다른 사람들의 마음속에서 일어나는 일을 연결하지 못했다. 방법론적 개인주의는 그대로 유지된다.

다음 장에서는 호모 이코노미쿠스의 외로움을 떨쳐버리고 사람들이 사회적으로 어떻게 관계를 맺는지, 사회가 어떻게 인간의 가치를 형성하는지, 인간은 사회적 차원에서의 경제 협력을 어떻게 이끌어내는지 살펴볼 것이다.

제7장 사회학의 방법론이 필요한 까닭

> 행동하는 것은 나 자신이 아닌, 나를 관통하는 사회 시스템들의 자동화된 논리다. 논리야말로 진짜 주체다. 자율적인 주체들은 바로 이 논리의 작은 틈에서 등장한다.
>
> _앙드레 고르츠(André Gorz, 1923~2007)[1]

:: 사회학의 방법론적 총체주의 ::

인간 계산기 호모 이코노미쿠스는 허구다. 인간은 집단 속에서 태어나 자라고 보호받는다. 집단은 인간이 불행과 고독에 대비하고자 갖고 태어나는 일종의 내재한 보험이다. 그리고 개인의 자유를 일부 포기한 대가다. 보험료는 부족 사회에서 가장 높았고 현재 우리가 사는 열린 사회에서 가장 낮다. 집단은 항상 구성원에게 어느 정도의 비용을 요구한다.

그런데 개인이 추구하는 목표의 달성 확률을 정확히 계산할 수 있다

더 나은 삶을 위한 경제학

면 집단은 필요치 않다. 그러면 인간은 신고전주의 경제학자들이 묘사한 바로 그 모습일 것이다. 하지만 인간에게는 필요한 정보 기반이 없기 때문에, 호모 이코노미쿠스는 이론화를 위해 허용 가능한 존재가 아니라 특별한 상황을 제외하고는 성립할 수 없는 개념이다. 그것은 존재하지 않는 계산 가능한 미래를 상정한다.

물론 경제학자들은 인간이 상호작용한다는 사실을 알고 있다. 게임 이론은 합리적 개인이 다른 이들의 선택에 따라 어떤 선택을 내리는지 살핀다. 그러나 인간의 선택은 언제나 자율적이다. 사회학자들은 상호작용과 상호의존을 명확히 구분한다. 상호의존은 신체 일부처럼 서로에게 의존하는 것을 말한다. 사회에서 개인은 독자적으로 기능할 수 없다. 부분의 관계를 정확히 명시하지 않으면 대부분 결과를 예측할 수 없다. 더욱이 부분의 상호관계를 정확히 명시하는 일은 훨씬 더 어려운 작업이다.

행동 능력이 설명 변수로 도입되자 누가 행동 능력을 갖는지가 중요해졌다. 경제학에서는 일반적으로 행동 능력이 오직 개인에게만 있다고 본다. 국가나 축구팀 같은 이른바 '집단 행동 주체'는 그저 집단을 구성하는 개인 행동 주체의 '합'일뿐이다. 그렇기에 집단을 개인 목표 달성의 수단으로 보고 경제와 개인의 상호작용부터 분석하는 게 합리적이다. 나아가 사회의 산출을 개인 투입의 합으로 보는 것도 합리적이다. 따라서 실업을 분석하려면 실업자가 노동보다 여가를 선호한다고 가정해야 한다.

앞서 이미 이와 같은 사회 분석법을 '방법론적 개인주의'라고 불렀다. 일찍이 애덤 스미스는 거래하고 교환하는 인간 성향이 어떻게 시장을 형성했는지 설명한 바 있다. 예컨대 방법론적 개인주의는 '사리사욕'과 같은 인간 행동의 동인을 공리로 해서 전체 경제의 결과를 추론해낸다. 사회학자들도 경제를 이해하려고 노력하지만, 그 출발점은 개인이 아닌 집단이다. 이 점에서 사회학의 관점은 '방법론적 총체주의(methodological holism)'라고 부를 수 있다. 방법론적 총체주의는 부분의 행동은 오직 전체와의 관계를 통해서만 이해할 수 있다고 말한다. 여기서 '전체'는 개인의 행동을 '보여주는' 관계와 제도의 복잡성을 의미한다. 단순히 전체가 부분의 합은 아니다. 전체는 '시스템'이다. 시스템은 독립적인 요소가 아니라 그 시스템을 돕거나 묶는 또 다른 시스템의 부분이다. 전체도 엄연히 행동 주체다. 경제 행위자다.

개인을 유일한 행동 주체로 보면 경제 행위를 이해하기 쉽다는 장점이 있다. 개인은 경제 행동을 할 수 있는 독립적 능력을 가진 사회 시스템의 최소 단위다. 나아가 인간은 도덕적 선택 의지를 갖는 유일한 행동 주체다. 방법론적 개인주의는 자주 '선택 의지(행동하는 능력)'과 '도덕적 선택 의지(옳고 그름을 구분하는 능력)'을 혼동한다. 개인을 집단의 꼭두각시로 취급하면 개인의 도덕적 위엄은 사라진다. 예술과 과학을 비롯한 대부분 활동에서 위대한 성취는 집단 사고에 대한 개인의 도전에 빚을 지고 있다.

하지만 방법론적 개인주의 관점은 이해를 돕는 만큼이나 오도한다.

더 나은 삶을 위한 경제학

선택 의지가 행동 능력이라면, 많은 상황에서 집단이 개인에게 부족한 행동 능력을 발휘한다는 사실을 고려할 때 '집단적 선택 의지'라고 말하는 것이 터무니없는 일은 아니다. 군대, 기업, 노동조합 등은 단순히 개인으로 구성된 집단이 아니다. 중요한 의미에서 집단에는 독립적 선택 의지, 즉 무엇인가 일어나게 만드는 행동 능력이 있다.

그런데 사회학적 관점은 이중적이다. 첫째, 집단 행동에 관한 논의는 완벽하게 정당하다는 것이다. 둘째, 개인 행동은 집단 내 개인의 사회적 위치에 따라 결정된다는 것이다. 둘 중 어느 쪽이든 타당하다면, 사회적 결과가 자발적 개인 선택의 합이라고 가정하는 정책은 심각한 오해를 불러일으킬 수 있다. 첫 번째 관점은 개인의 목적을 달성하는 수단이 아닌 집단 개념을 무시한다. 두 번째 관점은 집단 내에서의 권력 구조를 무시한다.

신고전주의 경제학자들은 "거시경제학이 적절하게 미시적으로 정립돼야 한다"고 주장한다. 다시 말해 행동 패턴은 개인 선택 의지의 합에 불과하므로 그것만으로 경제를 설명할 수 있어야 한다는 것이다. 예를 들어 GNP는 경제의 모든 개인 거래에 대한 가중 평균치다. 그렇다면 개인의 선택 의지는 개인의 경제적·사회적 위치에 의해 형성되므로 "미시경제학도 적절하게 거시적으로 정립돼야 한다"고 충분히 말할 수 있다. 실제로 데이비드 리카도와 카를 마르크스는 계층(계급) 이익론을 통해 그렇게 주장했다.

사회에서 개인의 위치가 그 사람의 선택에 영향을 미친다는 것은 신고전주의 경제학을 공부하지 않더라도 자명한 사실이다. 도널드 트럼프의 한 친구는 익명으로 진행된 CNN과의 인터뷰에서 이렇게 말한 바 있다.

"나는 그가 직위의 무게를 이해한다면 난관을 극복해내리라고 생각했죠. 하지만 생각이 바뀌었습니다."

'직위의 무게'라고 할 때 미국 대통령이라는 직위를 일반 기업의 직위로 받아들이는 사람은 없을 것이다. 개인의 성과는 직위 윤리에 영향을 미치고, 직위의 윤리는 개인 행동에 영향을 미치는 법이다.

어떤 경제학이든 방법론적 개인주의를 일반적인 규칙으로 거부해야 하는 사회학이라고 할 수 있다. 마르크스주의와 케인스주의 그리고 일부 제도 경제학은 개인을 전체와 분리할 수 없고 영향을 주고받는 존재로 본다는 점에서 모두 사회학적이다. 반면 신고전주의 경제학에서 인과관계는 개인이 원인이고 제도가 결과가 되는 한 방향으로만 진행된다. 개인은 더 효율적으로 행동하기 위한 도구로 제도를 만든다. 기업은 거래 비용을 줄이고자 설립된 도구이며, 국가는 보호 비용을 절약하기 위한 장치다. 종교 기관은 신과의 거래 비용을 줄이는 수단이다. 이런 관점에서 사회는 그저 개인 거래의 합이다. 모든 개인을 동일한 행동 주체로 취급함으로써 논리를 더욱 단순화시킬 수 있다. 그러면 제도를 단 한 사람의 행동 주체, 즉 '대표 행동 주체'의 행동으로 축소할 수 있다.

사회학은 방법론적 개인주의의 함정에서 벗어나는 두 가지 경로를

더 나은 삶을 위한 경제학

제시한다. 하나는 개인과 별개로 경제생활의 구조를 이해하는 방식이며, 하나는 개인 행동을 형성하는 집단의 가치 시스템 또는 문화에 집중하는 방식이다. 사회학은 인간을 '문화적 동물'로 바라본다. 경제학에서 경제 행동의 핵심 개념이 '합리적 계산'이라면, 사회학에서는 '규범'이다. 물론 고립된 개인인 로빈슨 크루소도 규범적 행동을 보인다. 이 경우 규범은 개인의 합리적 계산과 동일시된다. 하지만 사회학에서 규범은 '행동 수칙'을 뜻한다. 즉, 규범은 '사회관계'를 전제로 하는 개념이다.

조직은 구성원의 동기 유발 구조를 형성하는 규칙과 행동 수칙을 갖기 때문에 사회학적 관점에서 규범 개념은 인간 행동을 설명할 때 필요하다. 예를 들어 영국에서 광업을 사실상 사라지게 만든 1984~1985년의 광산 파업이 광부 개인의 합리적 사리사욕 추구 때문이라고 설명할 수 있을까? 어쩌면 '규칙-공리주의(rule-utilitarianism)'의 관점에서 광부 개인의 행동을 설명할 수 있을지 모르지만, 확실히 '충성'이나 '연대'라는 개념을 넘어설 필요는 없다. 집단 행동 주체는 효용을 극대화하려는 개인을 미시경제 모델의 유일한 독립 변수로 보는 신고전주의 경제학이 잘못됐음을 보여준다. 존 하비는 이렇게 썼다.

"우리는 무리 지어 살고, 먹고, 번식하고, 성장하고, 죽는다. 어떤 종이든 억지로 동종의 다른 동물과 함께 살기를 선택한 동물은 없다. 집단으로 행동하는 것이 생존 메커니즘으로 진화했기 때문에 타고난 본능으로 굳어졌다."

이로부터 인간 연구의 기본 대상은 개인이 아닌 집단, 특히 문화여야한다는 주장이 나왔다. 문화는 집단의 가치 시스템이다. '상식'이나 '통념' 또는 '규칙'에 따른 행동을 말할 때 우리는 가치 시스템인 문화에 대해 말하고 있는 것이다. 문화는 올바른 행동에 공식적·비공식적 인센티브를 제공하고 옳지 않은 행동을 제재한다. 대체로 문화에 순응하는 것이 인간의 본능이다. 때때로 불쑥 반항하는 마음이 들지만, 그 또한 인간을 인간답게 만드는 과정의 일부다.[2]

그러면 왜 분석 단위로 개인을 고수하는 것일까? 도구적 이유와 윤리적 이유가 있다. 우선 도구적인 측면에서 방법론적 개인주의는 총체주의나 유기체론(organicism)보다 모델화에 더 효율적인 토대를 마련해준다. 합리적 사리사욕이라는 단일 동기를 가진 개인을 가정하는 게 사회관계의 복잡성을 분석해 결론을 내리는 것보다 훨씬 더 쉽다. 그리고 방법론적 개인주의를 고집하는 윤리적 이유도 있는데, 대부분 경제학자들은 칼 포퍼처럼 사회의 총체적 모델을 암묵적으로 '전체주의(totalitarianism)'라고 여긴다. 개인의 선택 의지에는 과학적 가정만큼이나 윤리적 위엄이 있다는 것이다.

그러나 방법론적 총체주의의 관점은 개인 수준에서 이해될 수 없는 시스템 차원의 행동이 존재하며, 그 시스템 자체의 역학이 예상치 못하는 방식으로 변경될 수 있다는 것이다. 경제학은 '닫힌' 시스템을 연구하므로 개인의 행동이 특정 결과로 이어진다. 반면 '열린' 시스템을 연구하는 사회학에서 개인은 복잡한 방식으로 상호의존한다. 최대한 광범위한 틀에서 그들의 선택은 예측 가능하다.

나는 의도적으로 방법론적 개인주의와 방법론적 총체주의를 비변증법적 관계로 각각 제시했는데, 경제학자들이 마주해야 할 방법론적 선택의 본질에 집중하기 위해서였다. 내 주장의 요지는 경제학과 사회학이 서로를 보완해야 한다는 것이다. 경제학의 합리성 가정은 목적과 수단 사이의 저항을 최소화하는 방법을 제시하며, 사회학은 그 방해 요소인 편향과 오류의 마찰을 설명해주는 관점을 제공할 수 있다.[3] 그렇지만 대체로 두 학문은 서로의 방법론적 강점을 인식하는 데 거의 진전이 없었다. 경제학과 사회학 모두 '자기지시적(self-referential)'일 뿐이다. 서로를 비추는 창문을 갖고는 있지만, 깨끗이 닦지 않아 계속 뿌옇다.

:: 사회와 개인 ::

역사적으로 경제학과 사회학은 계몽주의와 그 결과에 대조적으로 반응했다. 전근대 세계에서 경제 행위는 공동체생활의 한 양상으로 이해됐다. 경제생활에서 개인은 관습적인 규범에 따라 가족, 마을, 길드 등의 집단에 단단히 붙어 있었다. 사회 질서는 '계층적'이었다. 모두가 자신의 '위치'를 알았다. 통치자의 임무는 시장 접근 제한, 가격 및 소비 통제를 포함해 각자 자신의 계급에 적합한 '자양분(nourishment)'을 생성하는 것이었다. 사람들은 자신의 계급에 걸맞은 일을 해야 했다. '일시적 부'는 '지속적 부'의 발판이긴 했지만, 행복을 희생해가면서까지 부를 추구하는 것은 '비합리적' 행동이었다.[4] 전근대 사회는 정적이진 않았지만 그 움직임은 대체로 순환적이었다. 최상위 계층은 서로의 피를 부르며 한 왕조가 다른 왕조를 대체했다. 하지만 수많은 농노, 소작농, 농민은 오직 자연 재앙에 의해서만 끊기는 리듬 속에서 살았다.

계몽주의와 함께 중세 우주론이 무너졌다. 사람들의 생각을 '환하게 밝히려는' 이 운동은 어둠으로 개인의 삶을 가리는 사회적 속박에서 개인을 해방하는 것이 목표였다. 임마누엘 칸트(Immanuel Kant, 1724~1804)는 "계몽이란 인간 스스로 초래한 미성숙으로부터의 탈출이다"라는 유명한 말을 남겼다.[5] 이 생각의 격변은 인간을 권력과 의존의 전근대적 관계에서 해방했다. 프랑스 혁명가들은 정치적 해방을 위해 투쟁했고, 경제학자들은 경제적 해방을 위해 싸웠다. 이는 정치적 자유주의자들과 경제적 자유주의자들 모두가 두 팔 벌려 환영한 18세기의 이중 혁명이었다. 진보는 강요가 아닌 선택 친화적 세계를 이끌었다.

사회학은 이런 사건들을 훨씬 더 색다르고 엄숙하게 이해한다. 사회학의 출발점은 "역사가 남긴 제도 질서의 절대적 현실"이었다.[6] 혁명가들과 경제학자들이 '사회의 속박으로부터 해방된 개인'을 열렬히 환영할 때, 사회학 창시자들은 '공동체의 보호적 유대로부터 떨어져 나간 개인'을 보며 고통스러워했다. 물리적 질서는 도덕적 질서에서 분

더 나은 삶을 위한 경제학

리됐다. 일반적으로 사회학자들은 사회 붕괴를 사회적 원자화의 과정으로 인식했다. 그들의 시각에서 이제 사람들은 사회 전체에서 자신의 기능적 위치를 잃었으며, 타인에 대한 의무감을 상실했다.

이처럼 두 학문은 사회 문제를 반대 관점에서 바라봤다. 경제학자들은 희소한 물질적 재화를 가장 효율적으로 생산하고 분배하는 것이 핵심이라고 여겼다. 반면 사회학자들은 공동체가 해체된 삶에서 지속 가능한 도덕적 질서를 어떻게 만들지 고민했다. 경제학자들이 자유와 풍요가 넘치는 세상을 만들고자 개인의 합리성에 주목할 때, 사회학자들은 대중이 얼빠지고 방향을 잃은 존재라는 미명 아래 자행된 독재 권력을 탐구했다.

그렇다고 해서 사회학자들이 한결같이 비관적이지는 않았다. 사회 제도가 진보나 재생을 가져올 매개체가 될 수 있기 때문이다. 보수주의자들은 계층적 질서의 몰락을 개탄했다. 카를 마르크스 같은 급진주의자들은 산업화의 이익을 받아들였다. 토머스 칼라일(Thomas Carlyle, 1795~1881)은 산업 사회의 비정한 인간관계를 '금전관계(cash nexus)'라고 표현했다. 사회적 자유주의자들은 자유 공동체의 역할을 강조했다. 따라서 사회학은 '개선' 또는 '규범적' 요소를 갖고 있다. 그렇지만 몇 가지 편향과 보수적 경향이 사회학의 약점이라고 지적할 수 있다. 그 지도 속에 변하지 않는 요소들이 너무 많기 때문이다.[7]

새로운 경제 질서의 끊임없이 들썩이는 모순된 요동을 카를 마르크스보다 잘 요약한 사람은 없다. 일찍이 그는 메리 셸리(Mary Shelley,

1797~1851)가 1823년에 발표한 소설 《프랑켄슈타인: 현대의 프로메테우스(Frankenstein: The Modern Prometheus)》에 매료됐다. 널리 알려진 대로 프랑켄슈타인 박사가 창조한 괴물이 자신의 창조주를 증오해 그의 동생과 아내를 죽이고 가는 곳마다 아수라장을 만든다는 이야기다. 마르크스는 이를 자본주의의 은유로 봤고, 프리드리히 엥겔스(Friedrich Engels, 1820~1895)와 함께 쓴 《공산당 선언(Communist Manifesto)》에서 "부르주아지(bourgeoisie)는 앞선 세대들보다 더 비대하고 거대한 생산력을 만들어냈다"고 지적했다. 이어서 그들은 "심지어 더 야만적인 국가를 문명국으로 이끌었으며 그 이미지를 본떠 세상을 창조했다"고 주장하면서 "그 대가는 끔찍했다"고 비판했다.

"굳어지고 녹슬어버린 모든 관계는 오래전부터 존중받아온 관념이나 견해와 함께 해체되고, 새롭게 형성된 모든 관계는 미처 자리도 잡기 전에 이미 낡은 것이 된다. 견실했던 것들은 모두 허공으로 녹아 없어지고, 모든 신성한 것들은 더럽혀진다."[8]

그러므로 프랑켄슈타인이 창조한 '생명체(자본주의)'는 제 역할을 마치면 반드시 파괴돼야 한다. 알렉시 드 토크빌(Alexis de Tocqueville, 1805~1859)이 19세기 산업주의 중심지 맨체스터를 두고 한 논평도 그와 유사한 양날의 견해였다.

— 이 더러운 배수관에서 인류 산업이 전세계를 비옥하게 만들기 위해 흘러나온다. 이 불결한 하수관에서 순금이 흘러나온다. 여기에서 인류는 가장 완

더 나은 삶을 위한 경제학

전한 발전을 이루고, 가장 잔인한 야수성을 얻는다. 여기에서 문명은 기적을 일으키고, 문명화된 인간은 야만인으로 변신한다.[9]

그래서 사회학은 사회 해체를 초래하는 힘을 연구하는 학문이자, 사회 해체가 토해낸 새로운 유형의 협의를 분석하는 학문이다. 최소한의 사회학적 강령은 인간이 각자의 생명 활동, 경험, 문화에 의해 서로 떼려야 뗄 수 없는 관계에 있다는 것이다. 사회학자들은 제도적 질서가 있다고 여긴다. 다시 말해 그들은 제도가 존재한다고 믿는다. 그런데 제도적 질서는 변하지 않고 동일하지도 않다. 전근대 시대에 경제는 도덕적 질서에 내재해 있었다.

하지만 현대에 이르러 경제는 도덕적 질서와 분리됐다. 이제 다른 제도적 질서가 다른 유형의 인격을 생성한다. 대부분 역사에서 사회 조직은 '전사(warrior)'를 원형으로 삼아 군사적 필요를 반영했다. '호모 릴리기오수스(Homo religiosus, 종교적 인간)'는 중세의 원형이었다. 한편으로 호모 이코노미쿠스는 자본주의와 더불어 등장했다. 모든 사회과학은 인간의 생명 활동, 누적된 경험, 타고난 도덕의식을 반영하면서 제도적 질서의 어느 부분을 원시적인 것들로 간주해야 하는지, 그리고 어느 부분을 변하기 쉬운 것들로 취급해야 하는지를 두고 논쟁한다.

그렇다면 "국가는 어떤 종류의 제도인가?"라는 질문을 던질 수 있다. 오늘날 우리가 사는 국가는 현대 사회의 창조물이다. 이전에는 통치자와 그의 가족과 궁정이 있었다. 국가는 사리사욕을 도모하기 위한 제도인가? 자본가 계급의 수뇌부인가? 아니면 어떤 식으로든 일반적인 이익을 대변하는 시스템인가? 이 질문에 대해서는 제9장에서 자세히 살피기로 하자.

사회학의 추상적 개념들을 이해하려면 역사적으로 사회학의 핵심을 형성해온 세 가지 주제를 살펴봐야 한다. '공동체의 본질', '자본주의 정신', '시장과 사회의 관계'가 그것이다.

:: 공동체의 본질 ::

페르디난트 퇴니에스(Ferdinand Tönnies, 1855~1936)는 정서적이고 관습적인 유대관계로 결속된 공동체를 '게마인샤프트(Gemeinschaft, 공동 사회)'로, 기업이나 정당처럼 이해 및 계약관계로 묶인 공동체를 '게젤샤프트(Gesellschaft, 이익 사회)'로 구분했다. 게마인샤프트에서 개인은 분리 요인에도 불구하고 결속된 상태로 유지되며, 게젤샤프트에서 개인은 결속 요인에도 불구하고 분리된다.[10] 비슷한 맥락에서 막스 베버(Max Weber, 1864~1920)는 '공동(communal) 관계'와 '연합(associative) 관계'로 구분했다. 서로의 주관적 감정과 서로 전체적인 존재와 연결돼 있다는 느낌에 기반하면 '공동관계'다. 군대, 노동조합, 종교단체, 혼인관계 등이 대표적이다. 반면 합리적 동기에 근거한 이해 조정 또는 유사한 동기에 의한 합의에 의존하면 '연합관계'다.[11] 연

더 나은 삶을 위한 경제학

합 집단은 선택 공동체다. 우리는 함께 어울리고 싶은 사람들을 '선택' 한다.

사회학자들은 게마인샤프트를 공동체의 전근대 유형, 게젤샤프트를 근대 유형으로 본다. 그리고 전자에서 후자로의 이동으로 공동체의 현대성을 해석한다. 헨리 메인(Henry Maine, 1822~1888)은 이를 "지위에서 계약으로의 이동"이라고 불렀다. 지위는 귀속된다. 계약적 관계에서 개인 사이의 관계는 각자의 선택에 근거한다. 여기에서 질문을 던질 수 있다. 연합관계의 사회적 접착제를 구성하는 것은 무엇인가? 이익의 합리적 조정은 충분히 가능한가?

위르겐 하버마스(Jürgen Habermas, 1929~)에 따르면 현대 시민은 두 개의 분리된 세계에서 살고 있다. 가정과 공동체 그리고 문화생활이라는 '도덕적·사회적 영역'과 '경제의 도구적 관계 영역'이다. 그는 전자를 '소통적(communicative)' 합리성의 영역이라고 불렀고, 후자를 '전략적(strategic)' 합리성, 즉 계산의 영역이라고 규정했다. 두 가지 영역 모두 다른 상황과 활동에 적용된다. 소통적 합리성은 도덕적 질서에 없어서는 안 된다. 전략적 합리성은 물질적 질서에 필수적이다. 다른 사회학자들처럼 하버마스 또한 전략적 합리성이 도덕성을 잠식할까 봐 두려워했다.[12] 라이어널 로빈스의 "선택과 관련된 모든 결정에는 경제적 측면이 있다"는 주장이 그 근거였다. 계약에 기반한 세계에서 도덕성에 호소해봐야 아무 소용없다. 왜냐하면 그 세계에 도덕성은 존재하지 않기 때문이다.

관건은 개인의 사리사욕이 의무의 관계를 형성하기에 충분한가다. 주류 경제학자들은 사리사욕이면 충분하다고 생각한다. 법과 규제 시스템은 개인의 사리사욕에 뿌리를 두고 있다. 욕망에 충실하면 '보상'을 얻을 수 있다. 그러나 에밀 뒤르켐(Émile Durkheim, 1858~1917)은 이 같은 관점에 강력한 이의를 제기했다. 《직업 윤리와 시민 도덕(Professional Ethics and Civic Morals)》에서 뒤르켐은 다음과 같이 주장했다.

— 모든 종류의 계약은 잠시도 유지될 수 없다. 계약보다 훨씬 높다는 생각이 확고히 자리 잡은 관습, 전통, 규범에 근거하지 않는 한 인간관계로서의 계약은 사회적 관습에서만 존재한다.[13]

예를 들어 돈이 '신뢰할 수 있는 가치의 교환 수단'이라는 믿음 없이는 누구도 금전적 계약을 맺지 않을 것이다.

에밀 뒤르켐은 구성원의 욕구나 행위의 무규제 상태를 뜻하는 '아노미(anomie)'라는 용어로 도덕적 뿌리가 완전히 뽑힌 사회의 병리를 정의했다. 그는 가톨릭 사회에서 가족 유대가 더 잘 유지되므로 개신교 국가의 자살률이 가톨릭 국가보다 높다고 주장했다.[14] 뒤르켐의 시각에서 공동체 붕괴는 새로운 도구적 관계로 이어지지 않을 것이다. 그 대신 국가 규제의 무제한 팽창으로 이어져 더 큰 분열을 초래할 것이다. 여기에서 우리는 사회학 문헌에서 반복적으로 나타나는 모티프를

더 나은 삶을 위한 경제학

만나게 된다. '속박'이라는 철장에 개인의 자유에 대한 진보적 희망을 가둔 채 시장화 확산은 관료주의 팽창과 함께 일어난다. 일시적 탈출은 "정치적 침체와 관료주의적 일상의 방해를 받는 사회를 위해 새로운 목표를 세우고 새로운 길을 열어주는 카리스마 있는 리더들"에 의해서만 제공된다.[15]

막스 베버의 시대 이후 관습 중심 세계의 영향력은 비즈니스 중심 세계와 비교해 축소됐다. 현대인의 생활은 갈수록 거래적으로 변했다. 디지털 기술과 더불어 호모 이코노미쿠스의 이데올로기가 사람들을 지역 사회와 국가, 심지어 '지구촌'으로 밀어 넣었다. 우리는 점점 더 확대되는 시장을 향한 경제학자들의 열정과, 그것이 정착된 생활방식에 파괴적인 영향을 줄 수 있다는 사회학적 통찰 사이에서 균형을 맞출 필요가 있다. 사회학적 상상력 없이는 오늘날 '뒤처진(left-behind)' 사회의 정치적 반란을 이해할 수 없다.

현대 사회에서 여전히 영향력 있는 제도 가운데 관습과 계약의 이분법에서 벗어난 곳이 있다. 다름 아닌 같은 믿음을 가진 사람들의 종교 공동체다. 이들은 연대나 계산으로 그 공동체에 속한 것이 아니다. 인간 존재의 나약함과 한계에 대한 나름의 이해에 따라 종교 공동체를 형성한 것이다. 이들의 종교적 신념은 미래를 향한 확신으로 전환된다. 이데올로기도 마찬가지다. 이념은 종교적 믿음을 세속적으로 대체한다. 관습에 대한 이의가 제기될 때 이데올로기적 공동체가 등장한다. 이데올로기적 공동체는 오늘날 가장 강력한 연합 형태다. 그러나 이데올로기적 공동체는 세속적 유토피아에 대한 근거 없는 약속을 남발하기에 명백한 위험 요소들을 수반한다.

:: 자본주의 정신의 오해 ::

신고전주의 경제학은 사리사욕을 추구하는 인간의 본성은 변하지 않는다고 가정한다. 그리고 사리사욕은 경제 행동의 동인이다. 하지만 이로 인해 신고전주의 경제학은 인류 역사 대부분 동안 부의 성장을 촉발하지 못한 이유를 설명할 수 없게 된다. 비효율적 제도가 개인의 사리사욕을 충족하지 못하게 만들었다는 설명으로는 충분치 않다. 그런 비효율적 제도의 지속성을 설명할 수 없기 때문이다. 리처드 토니(Richard Tawney, 1880~1962)는 막스 베버의 《프로테스탄트 윤리와 자본주의 정신(The Protestant Ethic and the Spirit of Capitalism)》을 소개하면서 이렇게 썼다.

— 경제적 사리사욕이라는 행동 동인은 어느 시대에나 있었기에 설명할 필요가 없다. 이 책은 세속적 욕구의 약점을 자본주의 정신의 강점으로 전환했고, 이전 시대에 악이라고 비난받던 행동을 경제적 미덕으로 정식화함으로써 도덕적 표준을 정립했다.

더 나은 삶을 위한 경제학

《프로테스탄트 윤리와 자본주의 정신》에서 막스 베버는 인간이 본질적으로 효용 극대화를 추구한다고 주장하지는 않았다. "전통 사회에서 인간은 선천적으로 더 많은 돈을 벌고 싶어 한 것이 아니라, 단순히 익숙한 대로 살 수 있을 만큼의 돈을 벌기를 바랐다"는 것이다. 그에 따르면 '자본주의 정신'은 특정 시기(16세기)와 장소(북서 유럽)에서 특정 이유로 역사에 등장했다. "소명에 대한 믿음의 의도치 않은 결과"였다.[16] 다시 말해 자본주의 정신은 종교개혁 이후 생겨난 '칼뱅주의(Calvinism)'를 비롯한 청교도 신학의 예정설과 소명의식이 낳은 심리적 결과였다.

신은 이미 인간을 구원받는 자와 구원받지 못하는 자로 나눴다. 이는 예정된 것이므로 인간은 이와 같은 신의 선택에 영향을 미칠 수 없다. 그래서 신자들은 심리적 불안감을 없애고 자신이 '구원받는 자'임을 확신하고자 금욕하면서 열심히 일했다. 절약으로 축적된 부는 은총의 징후 또는 증거로 받아들여졌다. 그렇게 청교도 신학이 심은 세속적 금욕주의는 현대 자본주의의 정신적 토대가 됐다. 그것이 바로 '자본주의 정신'이다. 자본주의 정신은 "돈벌이를 자신의 물질적 생활 욕구를 만족시키기 위한 수단이 아니라 삶의 목적 그 자체"로 여기는 소명의식이었다.[17]

막스 베버의 이 기막힌 추론은 두 가지 측면에서 가치가 있다. 하나는 인간의 변하지 않는 본성에 대한 경제학자들의 믿음에 이의를 제기했다는 것이고, 하나는 경제학과 종교의 연결성을 확보했다는 것이다.

비로소 경제학은 종교적 믿음의 한 형태가 됐다. 이 경우 경제학은 진보에 대한 믿음이다. 그대가 이렇게 행동한다면 장기적으로 그대에게 은총이 내려질 것이니. 경제학자들은 세속적 사제로서 사람들에게 규칙에 따라 살도록 유도하는 역할을 충실히 수행할 수 있다. 신은 경제 모델 안에 존재한다. 모델 밖에는 망상과 광기 그리고 악만 존재한다.

:: 시장은 인간에게 자연스러운가 ::

애덤 스미스의 선례에 따라 주류 경제학은 시장을 자연 질서의 일부로 여긴다. 국가 권력은 외부에서 강요된 일종의 훼손으로 간주한다. 이와는 대조적으로 칼 폴라니(Karl Polanyi, 1886~1964)는 시장과 시장 경제를 구분했다. 시장은 자연스럽지만, 시장 경제는 엄격하게 경험적 관점에서 이례적인 것, 즉 완전히 '부자연스러운 것'이었다. '자연스러운 것'은 관습과 호혜였다. 교환의 목적은 이윤을 얻는 게 아니라 선물을 통해 관계를 강화하는 것이었다. 극대화해야 할 것은 돈이 아닌 사회적 명예였다.[18] 산업화 이전의 전근대 시대에 경제는 도덕적 질서에 내재해 있었지만, 자본주의가 경제를 도덕적 질서로부터 해방했다. 미시적 가격 이론은 신고전주의 경제학자들이 한 것처럼 비시장적 관계에 적용하면 왜곡됐다.

간략히 말해 칼 폴라니의 주장은 전근대 사회에서 시장은 오직 경제

더 나은 삶을 위한 경제학

의 가장자리에서만 존재할 수 있었다는 것이다. 왜냐하면 그때까지만 해도 노동, 토지, 자본이라는 '생산 요소'에는 시장성이 없었기 때문이다. 이런 생산 요소가 식량, 옷, 가구처럼 사고팔 수 있는 '허구적 상품'으로 변모한 것 국가 권력의 결과였다. 통치자들은 전쟁에 필요한 자원을 확보하고자 '국가 경제'를 수립해야 했다. '공유지의 비극(tragedy of the commons)'은 국가가 통제하는 시장의 탄생에 이정표와 같은 사건이었다. 경쟁적이고 무차별적으로 풀을 뜯긴 공동 목초지는 금세 풀 한 포기 나지 않은 황무지로 전락했다. 영국에서는 이 문제를 해결하기 위한 대안으로 공유지를 분할 소유하고 각자의 목초지에 울타리를 치는 이른바 '인클로저 운동(enclosure movement)'이 일어났다. 이로써 지주들은 막대한 부를 축적할 수 있었으나 다수의 소작농은 몰락해 도시로 유입됐고 공장의 임금 노동자로 흡수됐다(이 부분은 곧이어 제8장에서 다시 언급할 것이다).

그러나 '시장 사회'를 만들려는 시도는 사회가 시장 경제로의 편입에 저항하면서 반작용을 낳았다. 시장 경제의 파괴력을 억제하고자 민주국가는 갖가지 규제를 도입할 수밖에 없었다. 따라서 오늘날 국가의 시장 개입은 시장의 자연스러운 질서를 방해한다고 할 수 없다. 오히려 그대로 방치하면 시장이 사회를 파괴한다. 보호주의는 경제의 대응이었고, 사회민주주의와 파시즘은 정치적 반응이었다. 칼 폴라니는 《거대한 전환(The Great Transformation)》에서 이 모든 과정을 묘사했다. 그는 역사의 흐름을 살폈고, 과거의 경제 행동과 20세기 자유방임에 대한 반란을 포착해냈다.

시장 사회에 대한 폴라니의 비판은 사회가 경제보다 우위에 있다는 믿음에 근거한다. 그는 현대 정치 및 사회 역사를 시장의 혼란으로부터 사회를 보호하려는 시도로 해석하는 사회학의 주요 전통을 대변한다. 자본주의가 등장한 이후 사람들은 자본주의의 비인간성에 맞서 인간성을 유지하기 위해 자발적이고 의도적인 사회적 행동을 일으켰다. 시장 지상주의는 인간을 사회로부터 그리고 서로에게서 멀어지게 만든다.

일상생활의 많은 부분이 시장을 통해 '상품화'되고 있다. 이 과정에서 비경제적 가치와 관계가 본래 자리에서 밀려난다. 하지만 인간은 정체성, 동료애, 안정감, 자존감을 갈망하는 사회적 동물이다. 그래서 사람들은 시장 교환이 가져다주는 이익을 받아들이면서도 인간적 면모를 지키기 위해 비시장적 전략을 고안한다. 정치적 측면에서 사회민주주의는 내구성 있는 대응이었다. 그러나 칼 폴라니는 명백한 해결책을 제공하지는 못했다. 증가하는 시장 혼란과 심해지는 국가 규제에 관한 변증법을 제시했을 뿐이다.

:: 메워야 할 틈 ::

인간 행동의 사회학적 설명과 경제학적 설명 사이에서는 메울 수 없

더 나은 삶을 위한 경제학

는 틈이 있는 듯하다. 방법론적 개인주의는 항상 개인으로 인간 행동을 설명한다. 반면 방법론적 총체주의는 집단으로 설명한다. 양쪽의 차이가 너무 극명해서 "사회와 같은 것은 없다"거나 "자유 선택이란 것은 존재하지 않는다"라는 말까지 나왔다. 그러나 두 발언 모두 명백한 거짓이다. 인간을 계산기로 취급하지 않으려면, 인간을 생각 없는 로봇으로 만들어서는 안 된다. 그보다 우리는 개인과 사회 사이의 규정하기 어려운 관계를 이해할 필요가 있다.

토니 로슨(Tony Lawson)은 방법론적 개인주의와 방법론적 총체주의를 모두 거부하면서, 사회를 제대로 연구하려면 사회를 구성하는 개인과 집단뿐 아니라 조직화하는 관계에 집중해야 한다고 주장했다. 그는 인간 상호작용의 혼돈을 통해 존재하는 사회 구조와 더불어 독립된 '인과적 힘(causal power)'을 가진 사회 시스템을 설명하고자 '창발(emergence)'이라는 용어를 사용했다(다윈의 자연선택설에 영향을 받았다). 창발이란 구성 요소에 없는 특성이나 행동이 전체 구조에서 자발적으로 돌연히 출현하는 현상을 뜻한다. 모든 시스템은 개별 요소와 그것들이 차지하는 위치가 포함된 조직 구조를 갖는다. 이 조직 구조는 시스템이 인과적 힘을 갖추는 데 필수적이다. 그래서 개별 요소가 조직화하는 관계를 고려하지 않고 개별 요소만의 인과적 힘을 단순화하기란 불가능하다.

일테면 우리 신체는 각 부분이 몸 전체 그리고 뇌와 연결된 상태에서 독립적으로 기능하는 상호의존적 시스템으로 이뤄져 있다. 아리스토텔레스(Aristoteles, 기원전 384~322)가 말했듯이 손의 기능은 무엇인가를 잡는 것이다. 그런데 손은 몸과 연결돼 있어야만 잡는 기능을 발휘할 수 있다. 몸에서 잘려나가 무언가를 잡을 수 없는 손은 더이상 손이 아니다.[19] 이와 마찬가지로 사회의 조직 구조는 비록 신체만큼 잘 정의되진 않았지만, 사회를 구성하는 각 부분도 구조와의 관계 속에서만 기능한다.

로슨은 시스템의 조직 구조는 전체와 동시에 '창발'한다고 주장했다. 기존 개별 요소는 조직 구조에 딱 맞아떨어질 때 시스템의 구성 요소가 된다. 하지만 조식화한 개별 요소도 그 자체로 선택 의지를 가진 개인이다. 사람들은 자신의 위치에 따른 의무를 받아들이고, 자신에게 부과되는 규칙과 규범 및 제한을 수용한다. 그렇지만 규칙이 늘 준수되지는 않는다. 사람들은 처벌을 받아들이고 자신의 잘못에 대한 불이익을 인정하면서도, 실제로는 불이익을 당하지 않으려고 피하거나 반항하거나 무시할 수 있다. 이런 점에서 사회적 현실은 근본적으로 개방적이며, 강력한 동시에 언제든지 변할 수 있다.[20]

이와 같은 체계를 고려할 때 인과관계에서 하위 부분이 원인이고 전체가 결과인지 아니면 그 반대인지, 하위 부분의 합을 독립적으로 봐야 하는지 아니면 전체로 여겨야 하는지에 대한 의문은 잘못된 이분법을 조장할 뿐이다. 전체로서 시스템은 인과적 힘을 갖지만, 그 힘은 시스템 내부에 존재하는 개별 요소(개인)의 참여로만 발휘될 수 있다. 자신들의 행동이 전체 시스템에 어떻게 적용되는지 알든 모르든 간에 말이다. 따라서 방법론적 총체주의는 거짓이다. 한편으로 시스템에 개입

더 나은 삶을 위한 경제학

하는 개인은 시스템의 구성 요소로서 관계적으로 조직화한 경우에만 인과적 힘을 발휘할 수 있다. 때때로 규칙이 깨지더라도 말이다. 따라서 방법론적 개인주의도 거짓이다.

예를 들어 언어와 대화의 관계를 생각해보자. 대화하려면 먼저 언어가 있어야 하고, 의미를 전달하는 합의된 시스템이 존재해야 한다. 하지만 언어는 계속해서 변하며 대부분 경우에 계획적으로 만들어진 것도 아니다. 언어는 암묵적인 규칙을 이해한 참여자들의 수많은 대화 과정에서 '창발'한다. 의미를 띤 소리는 단어가 되지만, 문맥이 변함에 따라 단어의 의미도 미묘하게 바뀌거나 새로운 의미가 추가되기도 한다.

또 다른 예는 축구와 같은 팀 스포츠에서 찾을 수 있다. 골을 넣으면 선수가 아니라 팀이 1점을 얻는다. 이때 선수들과 상관없이 팀이 이기고 있다고 말하는 것은 터무니없는 소리다. 팀에 발이 달려 있어서 공을 찰 수 있는 것이 아니기 때문이다. 그런데 골을 넣은 선수 한 사람 덕분에 팀이 이기고 있다고 말하는 것도 옳지 않다. 11명의 선수가 서로 아무 관계 없이 각자 혼자서 공을 쫓아 뛰어다니고 누군가 태클을 걸 때까지 골대로 돌진하는 모습은 1850년대 동네 축구에서나 볼 수 있었다.

팀은 선수들이 포메이션으로 관계를 맺고 각각의 포지션에서 서로의 위치를 파악해가며 맡은 임무를 수행하기에 골을 넣을 수 있는 것이다. 공격수와 수비수 등 자신의 포지션마다 팀에서 다른 역할을 하지만, 동시에 이런 구조가 고정되지는 않는다. 감독과 선수들이 자기

팀의 강점과 상대 팀의 약점을 이용하기 위해, 공격적 또는 방어적으로 포메이션을 변경하기도 한다. 1880년대는 수비수를 두 명만 배치하는 포메이션은 없었다. 그렇지만 요즘 축구에서 후방에 수비수 둘만 남기는 감독은 무능하다는 취급을 받을 것이다. 조너선 윌슨(Jonathan Wilson, 1976~)은 축구 전술의 역사를 주제로 쓴 《축구철학의 역사(Inverting the Pyramid)》에서 이렇게 썼다.

"축구는 선수가 주인공이 아니다. 적어도 그들만이 축구의 주인공은 아니다. 공격 및 방어 대형, 공간, 선수들의 지능적 배치와 그 안에서의 움직임이 축구다."

체스와 달리 축구는 열린 시스템이다. 그런데 신고전주의 경제학은 경제를 축구보다는 체스로 바라본다. 복잡한 심리적·사회적 현상을 단순한 행동 공리나 선형적·수학적 모델로 축소한다. 이 과정에서 타당성에 관한 추가적인 검증이나 질의는 없다. 체스와 달리 축구에서는 팀의 전략을 수립하는 힘의 원천인 감독이 있다. 경제학은 일반적으로 축구 선수들이 완전히 자유롭게 움직인다고 가정한다. 하지만 그렇지 않다. 감독의 전략과 작전을 자유롭게 해석할 수 있지만, 지나치게 벗어나면 포메이션 변경이나 선수 교체 등 제재를 받게 된다. 경제도 그렇게 봐야 한다.

경제학은 개인의 행동을 오직 계급의 이익으로 해석하는 조악한 마르크스주의적 설명처럼 개인에게서 선택 의지를 박탈하거나, 굶주릴 자유를 강조함으로써 비자발적 실업의 가능성을 부인하는 신고전주의적 설명처럼 개인에게 비현실적인 선택의 힘을 불어넣는 고통스러운 환원주의적 행태를 멈춰야 한다.

"술이나 약물 등 무언가에 중독된 사람들은 훗날 무슨 일이 일어날지를 합리적으로 계산해 중독에 빠진다"고 주장하는 게리 베커와 케빈 머피(Kevin Murphy, 1958~)의 '합리적 중독 이론(theory of rational addiction)'처럼 명백히 부당한 사실에 일관성 있는 해석을 제공하고자 인과성의 방향을 미리 가정한 채 수정주의를 주장하는 대신, 존재론적 탐구가 경제학 방법론의 당연하고 정상적인 부분이 돼야 한다.[21] 주어진 문제를 설명하는 과정에서 경제학자들은 관련 구조와 요소를 진지하게 생각해야 하며, 전체를 개별 요소로 환원하는 방식에 관해 심각하게 고민해야 할 것이다.

오래된 제도주의와
새로운 제도주의

제 8 장

> 기업의 본질적 목표는 거래 비용의 최소화가 아니다. 경쟁 시장의 잠재적으로 변덕스럽고 때로는 파괴적인 투기로부터 보호구역을 만드는 것이다.
>
> _제프리 호지슨

:: 낡은 제도주의 경제학 ::

계몽주의 사상가들은 제도에 강렬한 의구심을 품고 있었다. 그들은 제도를 개인의 자유가 화려한 꽃을 피우는 것을 방해하는 걸림돌로 여겼다. 경제학자들은 그들의 이런 태도를 공유하고 지속시켰다. 경제학자들은 완전 경쟁 시장에 제도적 걸림돌이 존재하기 때문에 완전 고용에 실패한다고 설명했다.

그렇다면 왜 제도가 있는지 의문이 든다. 칼 폴라니가 제시했듯이 대다수 제도는 시장으로부터 사회를 보호하기 위해 존재할 수 없는 것일

더 나은 삶을 위한 경제학

까? 그런데 이는 또 다른 질문으로 이어진다. 제도가 없다는 가정 아래 경제 이론을 수립하면 어떤 장점이 있을까? 유일한 장점은 제도가 준수해야 할 표준을 설정하는 것 같다. 하지만 예를 들어 임금은 사실상 고정돼 있는데도 유연하다고 가정함으로써 '실업은 기껏해야 일시적인 혼란 요소'라고 결론 내리는 것은 잘못된 이론을 구축하게 되는 원인이 될 수 있다.

제도주의는 경제학이 사회학에 보내는 긍정의 신호다. 제도주의는 국가의 규모와 규제 범위가 커지면서 개인 간 계약, 소기업, 지역 기준으로 이해됐던 사회가 대기업과 노동조합이 지배하는 사회로 변모한 20세기 초반에 뿌리내렸다. 제도 경제학은 개인 행동에 대한 대규모 조직의 영향력을 분석하려는 시도로 시작됐다. 그러나 제도 논리와 시장 논리를 엄격히 대조하고 재확인하는 과정에서 제도 경제학은 서서히 낡아졌다.

제도는 "종교적·교육적·직업적·사회적 목적을 위해 설립한 조직 또는 정립한 법이나 관행"으로 정의된다. 경제학자들은 개인의 사리사욕이 서로 다른 제도적 환경에서 어떻게 작동하는지를 제제대로 이해하지 못했다. '낡은' 제도주의의 주된 관심사는 앞서 트럼프와 '직위의 무게' 언급처럼 제도가 사회 구성원의 행동을 어떻게 바꾸는지를 이해하는 것이었다. 이와 관련한 유명한 사례가 두 가지 있다. 하나는 허버트 사이먼(Herbert Simon, 1916~2007)의 연구이고, 하나는 존 케네스 갤브레이스(John Kenneth Galbraith, 1908~2006)의 연구다.

허버트 사이먼은 존 메이너드 케인스와 같은 의문을 품고 있었다. 불확실한 세계에서 합리적 행동이란 과연 무엇일까? 인간은 미래를 꿰뚫어 보는 '인지력(연산력)'이 부족하다. 그래서 사람들은 복잡하고 불확실한 상황에서 '한계가 있는 합리성'만을 발휘한다. 효용 극대화가 아닌 '만족'을 선택하는 때도 많으며, 최고의 결과보다 '가능한' 최고의 결과를 얻기 위해 시도한다.

이는 기업의 존재 이유와 연결된다. 기업은 '만족스러운' 환경에서 서로 다른 개인의 행동을 '조정하기' 위해 조직된 일종의 제도다. 기업은 구성원에게 질서와 충성을 요구하고 이윤 추구라는 하나의 목적을 공유한다. 허버트 사이먼은 충성을 "개인이 조직의 목표를 자신의 목표로 대체하는 과정"이라고 설명한다.[1] 그에 따르면 기업 구성원은 조직의 '텔로스(telos, 목적인)'를 내재화한다. 기업은 직원들의 동기를 조정할 수 있다. 그렇기에 기업은 그 자체로 경제 주체다.

존 케네스 갤브레이스는 소비자 주권을 부정하며 신고전주의의 벽에 더 큰 구멍을 냈다. 그는 기업이 대응하는 소비자로부터 시작되는 종래의 시퀀스(sequence)를 비판했다. 그의 '수정된 시퀀스'는 새로운 생산방식과 기술을 개발하는 대기업에서 시작된다. 대기업은 무엇이 팔릴지를 파악하기 위해 '시장 조사'를 하고, 제품이 시장에서 팔릴 수 있도록 홍보 및 소비자 금융 부서를 두고 있다. 대기업은 자체적으로 많은 시장 활동을 체득한다. 시장 활동에서 기업의 모든 비판적 이해관계를 고려해야 한다. 이는 그 누구도 최대한의 이익을 얻을 수 없

더 나은 삶을 위한 경제학

음을 의미한다. 불확실성을 어느 정도 통제하려면 일정 수준의 규모를 갖춰야 한다. 그래서 생산 활동의 대기업 집중화 현상이 심해지는 것이다. 기업은 효용 극대화를 추구하지 않고 생존을 보장하는 방식으로 행동한다.[2]

이런 점에서 조직이나 제도는 개인의 행동에 독립적인 영향력을 행사한다. 인과성은 한쪽 반향으로만 흐르지 않는다. 제프리 호지슨은 이렇게 설명했다.

"개인은 제도적·문화적 상황의 영향을 받는다. 하지만 개인이 단순히 '제도의 창조물'이라는 의미는 아니다."[3]

허버트 사이먼과 존 케네스 갤브레이스와 같은 제도주의 경제학자들도 사회 관습이 아닌 사회의 문법을 연구한다. 비경제적 조정에 관한 이들의 분석은, 독립적인 효용 함수의 극대화에 실패한 듯 보이는 행동 규칙을 강요받은 구성원들의 이익을 도모코자 존재하는 조직의 외견상 역설을 설명해준다. 나아가 절망적 대의를 위해 스스로 희생하는 군대, 주주의 이익을 극대화하지 못한 기업, 실직하더라도 더 높은 임금을 요구하는 노동조합을 설명하는 데 도움이 된다. 이 같은 행동 동기로 채워진 지도에서는 밀도가 낮은 경제 모델이 나오지 않는다. 조직의 동기에 효용 극대화라는 냉철함이 부족하기 때문에 그 행동의 결과를 정확히 규정할 수 없다. 우리에게 필요한 것은 더 나은 '이론'이 아니라, 이런 현상에 대한 더 나은 '이해'다.

:: 신고전주의적 제도주의 ::

1980년대 '새로운' 제도 경제학이 등장함에 따라 제도주의는 해체돼 신고전주의 경제학으로 편입됐다. 신제도주의 경제학의 핵심 주장은 개별적으로 시장에서 거래할 때의 비용, 즉 '거래 비용(transaction cost)' 중에서 특히 '정보 수집 비용'을 줄이기 위해 개인이 제도를 형성한다는 것이다. 신고전주의 논리는 그대로 유지된다. 개인이 자신의 효용을 극대화하려고 제도를 만든다.

이 주장을 최초로 제기한 사람은 1991년 노벨경제학상 수상자 로널드 코스였다. 코스는 1937년 당시 만면해 있던 과점 경쟁에 관한 기존 이론에 반박하고자 기업과 관련한 논문을 발표했다. 그는 자신의 이론을 널리 퍼뜨리는 과정에서 1970~1980년대 새로운 고전주의 경제학으로 케인스주의를 전복시켰다. 현재 그의 이론은 제도에 관한 정통 미시경제학을 구성한다.

로널드 코스는 "기업은 왜 존재하는가?"라는 질문을 던진 뒤 "개별 경제 활동을 하는 개인의 거래 비용을 줄이기 위해서"라고 답했다. 그는 개인이 시장 교환으로 생산을 조정하는 데 드는 거래 비용이 기업 내부에서 직접 생산하는 것보다 더 클 때 사람들은 기업을 조직한다고 주장했다. 그가 말하는 거래 비용은 계약을 준비하면서 발생하는 정보 수집 비용, 협상 비용, 계약서 작성 비용, 계약 준수 여부를 감시하는 데 드는 비용, 계약 위반에 따른 법적 조치 비용 등 '거래 행위'와 관련

더 나은 삶을 위한 경제학

한 모든 비용을 포함한다.[4]

거래 비용은 재화의 '적정 가격(just price)'에 관한 불완전한 정보 그리고 거래를 시행하고 실적을 관리하는 데 필요한 비용 때문에 발생한다. 생산에는 시간 요소가 있으므로, 생산 거래는 청과물 시장에서처럼 구매자와 판매자가 모든 상품의 가격을 알고 있는 거래와는 다르다. 기업 내에서 시장 거래는 모든 생산 단위의 활동을 관리하는 관리자의 권한으로 대체된다. 로널드 코스의 이론은 "무엇이 기업의 크기를 결정하는가?"라는 질문에 깔끔하게 답한다. 기업은 추가 비용을 내재화하는 것이 시장에서 이뤄지는 거래 비용과 같아지는 지점에서 최적 규모에 도달한다.

그의 이른바 '코스 정리(Coase theorem)'는 누가 봐도 명백히 부적합한 분석 요소를 흡수하는 신고전주의 경제학의 힘을 보여주는 좋은 사례다. 그도 그럴 것이 개인에게는 완전한 정보가 부족하지만 기업은 내부 비용을 통제해 완전한 정보를 확보한다. 그렇기에 이윤 극대화의 가정은 유지될 수 있다. 기업을 설립할 때 소유자(주주)는 자신을 대신해 이윤을 극대화하도록 기술적 권한을 관리자에게 이양한다. 기업은 개인의 효용 극대화를 보여주는 지도에서 불청객이지만, 합리적 선택이라는 신고전주의적 기준을 충족한다.

더글러스 노스(Douglass North, 1920~2015)는 거래 비용 이론을 이용해 18세기 경제 성장을 이끈 제도 혁신을 설명함으로써 1993년 노벨경제학상을 받았다. 그에 따르면 제도는 "협력하고 경쟁하는 방식을 정의하고 구체화하는 경제 단위 사이의 합의"다.[5] 제품과 마찬가지로 경제 제도는 혁신을 통한 이익이 혁신하는 데 필요한 비용을 넘어설 때 혁신된다. 노스는 영국의 재산권 근대화가 어떻게 국가를 성장가도에 올려놓았는지 설명했다. 재산권이 근대화되면서 생산성 향상을 위해 혁신을 받아들인 지주의 수익성이 개선됐으며, 그 결과 개인과 사회의 수익률이 같아졌다.

영국의 사회역사학자들은 '공유지의 비극'으로 인한 인클로저 운동의 부작용을 개탄했시만, 더글러스 노스는 오히려 그 덕분에 "소작농의 재산 이전과 보호가 수월해졌다"고 주장했다.[6] 영국과 대조적으로 스페인은 '메스타(Mesta, 목장주 길드)'의 저항에 부딪혀 어디든지 양 떼를 몰고 다닐 수 있는 권리를 축소하지 못했다. 그 때문에 정성 들여 농사를 준비하고 작물을 키운 스페인 지주들은 언제라도 이동하는 양 떼가 자신의 농작물을 먹어 치우거나 경작지를 엉망으로 만들 수 있다는 걱정 속에서 살아야 했다.[7] 그러나 결과는 극명하게 나뉘었다. 영국은 성장했고 스페인은 부진했다. 하지만 더글러스 노스는 국제 경쟁 압박, 특히 전쟁에 시달리던 스페인(그리고 프랑스와 유럽 대부분 국가)에서 재산 제도가 오랫동안 비효율적이었던 까닭은 설명하지 못했다. 그러면 여기에서 더 포괄적인 질문을 던질 수 있다. 기술은 자유재인데, 확산에 그토록 오랜 시간이 걸리는 이유는 무엇인가?

맨커 올슨(Mancur Olson, 1932~1998)에 따르면 '이동형 강도(roving bandit)' 또는 '마피아(mafia)'의 기원인 통치자들은 농경 시대 이전의 화

전민처럼 현지인들을 착취하고 다음 지역으로 이동하는 데에만 관심이 있었다. 그러다가 경쟁자들을 모두 제거한 뒤에는 '정착한' 영토를 경제적으로 개발해 '포괄적인' 이익을 추구했다. 이제 '이동형' 강도에서 '정착형(stationary)' 강도가 된 이들의 사리사욕은 장기적 이익을 극대화하고자 경제를 근대화하는 것으로 나아갔다.[8] 한편 중동의 경우 혁명 집단은 '정착 전' 단계에 이익을 창출하는 마피아로 이론화할 수 있다.

로널드 코스와 더글러스 노스 그리고 맨커 올슨의 설명은 모두 호모 이코노미쿠스에게 주도권을 넘겨준다. 주도권을 잡은 호모 이코노미쿠스는 효용을 극대화하기 위해 스스로 제도를 혁신한다. 인과성은 한 방향으로만 작동한다. 개인이 원인이고 집단이 결과다. 집단은 개인의 이익을 조정할 힘이 없다. 개인이 오직 가장 효율적인 집단의 구성원임을 표현할 수 있을 뿐이다.

:: 주인-대리인 문제가 던지는 메시지 ::

그렇지만 신제도주의 경제학자들은 모든 제도를 개인적 목적의 대리인으로 만드는 결함을 발견했다. 그 결함은 다름 아닌 '도덕적 해이(moral hazard)'다. 대리인이 주인의 목적이 아닌 자신의 목적을 이루기 위해 행동할 때 발생하는 '주인-대리인 문제(principal-agent problem)'

는 도덕적 해이의 전형이다. 주인은 무엇인가를 극대화하길 원하고 대리인은 주인의 목적을 달성하기 위해 행동한다. 문제는 주인과 대리인이 소유한 정보가 같지 않거나 비대칭적이라는 사실에서 발생한다. 주인은 대리인이 어떻게 행동하고 있는지 파악하기 어렵다. 직접 대리인의 행동을 관찰할 수 없거나 대리인이 더 큰 전문성을 갖고 있어서다. 전문성은 대리인의 고용 이유이기도 하다. 자신의 행동을 주인이 정확하게 파악할 수 없다는 사실을 아는 대리인은 자신의 이익을 추구할 유인을 갖게 된다. 그 결과 주인의 이익에 반하는 행동, 즉 주인의 사리사욕을 이용해 자신의 사리사욕을 취할 수 있는데, 이를 '도덕적 해이'라고 부른다. 선택 의지가 이론적으로는 주인에게 있지만, 실제로는 대리인에게 있는 것이다.

신제도주의 경제학은 국가의 행동 특성을 설명하는 데 사용됐다. 케인스 시대에 국가에 관한 이론은 거의 없었다. 국가는 전문가들의 안내를 받는 자비로운 전제군주로 여겨졌다. 1986년 노벨경제학상 수상자 제임스 뷰캐넌(James Buchanan, 1919~2013)의 '공공 선택(public choice)' 이론은 오늘날 신고전주의의 옷을 입고 있지만, 그 시작은 약탈 국가의 초기 개념으로까지 거슬러 올라간다. 공공 선택 이론에서 국가는 하나의 유기체가 아니라 개인의 총합이며, "개인의 경제 행위는 이기적이나 정치 행위는 이타적"이라는 기존 관점과 달리 "개인의 행동은 경제적이든 정치적이든 이기적"이다. '직위의 무게'가 공직자의 행동을 형성하는 게 아닌, 공직자의 사리사욕이 그 직위에 어울리

더 나은 삶을 위한 경제학

는 행동을 만들어낸다. 뷰캐넌을 위시한 '공공 선택' 경제학자들은 일반적인 신고전주의 방법론을 이용해 이른바 '공익'은 '공직자 개개인 사리사욕의 합'에 지나지 않는다고 주장했다. '직위'는 그들의 행동에 영향을 미치지 않는다. 그들 자신의 사리사욕을 위해 일할 뿐이다.

그렇다면 민주주의에서는 어떨까? 유권자들에 대한 책임 때문이라도 공직자들의 사리사욕이 제한되지 않을까? 그렇지도 않다. 정치인 (대리인)은 유권자(주인)보다 정치에 더 다양한 지식과 더 높은 전문성으로 더 깊이 몰두한다. 정당은 이익을 추구하는 기업과 유사하다. 정당의 목표는 정확한 비용이 산출되지 않는 상품(정책)을 어리숙한 납세자들에게 판매하는 것이다. 대금을 표로 받는다는 점만 다르다. 제임스 뷰캐넌은 이렇게 썼다.

"공공 선택 학파의 주된 관심은 납세 의무를 가진 유권자들이 원하는 공공 재화와 서비스를 공급하도록 요구받는 이들의 효용 극대화 행동에 있다."[9]

국가라는 제도에서 공직자들은 자신의 효용을 극대화하는 데 필요한 잉여 이익을 얻고 난 뒤 유권자들의 이익에 관심을 가진다. 기업이라는 제도에서 관리자들은 개인적 목표를 달성한 뒤 주주들의 이익에 관심을 가진다. 일반적으로 신고전주의 경제학자들은 '자율 규제(self-regulating)' 직종을 이용자에게서 '지대'를 뽑아내는 카르텔로 본다.

'주인-대리인 문제'는 신고전주의 경제학자들을 단호한 경고문처럼 따라다니면서 분명한 메시지를 전달한다. 그 메시지는 시장에서 개인의 거래 비용을 줄일 수 있는 모든 방법을 시도하라는 것이다. 이는 1980년대 '대처-레이건(Thatcher-Reagan)'의 민영화 정책과 공공 기능의 민간 위탁에 대한 이론적 근거를 제공했다. 법률, 교육, 의료, 주거, 교통 시스템과 같은 공공재 제공 역할을 정부 기관 대신 어느 정도 규제된 '유사 시장(quasi-market)'에 맡기는 편이 더 낫다. 국가 권력의 전형적 상징인 교도소조차도 투옥 인구 비중이 높아짐에 따라 경쟁 입찰로 운영되는 세상이다.

그런데 대리인이 주인의 목표를 전복시킬 수 있다는 통찰은 관리자나 공직자나 직원들이 자신이 속한 조직(제도)의 목표를 공유한다는 사실을 과소평가한다. 신고전주의 경제학자들이 제시할 수 있는 주인-대리인 문제의 유일한 해결책은 대리인이 주인을 속이지 않도록 인센티브를 개선하는 것이다. 2008년 글로벌 금융 위기의 여파로 은행원의 인센티브를 공정한 거래에 맞춰 조정해야 한다는 논의가 있었다. 반대로 교사의 성과급제 이야기도 나왔다. 인센티브가 있어야 교사가 제자를 위해 최선을 다한다는 시각이었다. 인간 행동을 인센티브로 조율하는 이 우울한 관점은 정직과 의무에 대가가 따른다고 가정한다.

제도를 바라보는 신고전주의적 혐오로 인해 일부 경제학자들이 기업과 같은 조직의 존재는 시장을 더 완전하게 만드는 과도기 현상이라고 주장하기도 했다. 만약 시장을 이용한 거래 비용이 0으로 떨어지면 기업의 비용 우위는 사라진다. 그러면 로널드 코스의 이론에서 무엇이 남을까? 기업의 기능은 무엇일까? 실제로 국가의 기능은 무엇일

더 나은 삶을 위한 경제학

까? 구식 기업은 사라졌다고도 주장할 수 있다. 빅데이터와 컴퓨터 기술은 정보 비용을 엄청나게 낮췄으며, 그 덕분에 수십억 명의 사람들이 이제는 제도적 중개자 없이 온라인에서 직접 거래를 할 수 있게 됐다. 제도는 소셜 미디어와 온라인 쇼핑의 쇄도로 약해졌다. 마르크스의 말처럼 "견실했던 것들은 모두 허공으로 녹아 없어지고", 로베르토 웅거(Roberto Unger, 1947~)와 같은 급진적 사회학자들의 주장처럼 "지식 경제가 글로벌 네트워크 속 소기업들로 구성된 분권화된 세계를 만들 것"이다.[10]

그러나 새로운 개인주의적 관점은 아직 무르익지 않았다. 디지털 기술이 토해낸 제도는 앞선 제도보다 덜 뚜렷하고 더 가상적(virtual)이지만, 그렇다고 해서 그런 제도가 존재하지 않는다거나 기존 제도보다 더 크고 더 강력하지 않다는 의미는 아니다. 그리고 1970년대 거상처럼 세상을 주름잡던, 제도 경제학자들이 설명하려고 애썼던 유명한 다국적 기업들의 기능은 더이상 존재하지 않을지 모르지만, 그렇다고 해서 시장의 민주주의가 자리를 잡았다는 뜻은 아니다.

과거의 다국적 기업들은 자신의 자리를 구글, 아마존, 페이스북, 애플 등 디지털 플랫폼 기업들에 내줬다. 이들 디지털 플랫폼 기업은 소비자 선호와 취향에 대한 데이터를 거의 독점적으로 수집해왔으며, 그렇게 수집한 데이터를 상업적으로 활용할 수 있다. '빅 브러더(Big Brother)'는 계속해서 우리를 지켜보고 있다. 하지만 대부분 경제학자는 개인주의 유토피아를 향한 비전에 도취해 그를 발견하지 못한다.

제도의 규제와 감시는 빅 브러더의 데이터 악용을 통제하기 위해 확장된다.

오래됐든 새롭든 간에 제도 경제학은 신고전주의 경제학을 크게 개선했다. 제도 경제학은 개인이 자신을 협력으로 이끄는 제도와 마주한다는 사실을 인정한다. 이런 상황은 '정보 비용'이나 '실존적 문제(불확실성)'로 표현할 수 있다. '게임 이론' 또한 개인의 반복되는 게임이 협조적인 균형으로 이어질 수 있음을 인식한다. 게임 참가자들은 서로의 행동에 따라 달라진다.

그런데도 이 새로운 제도주의는 도구주의 진영에 남아 있다. 하지만 신제도주의는 단단한 기술의 껍질 아래에 서 있는 신고전주의 경제학의 상상력 빈곤을 잘 드러내준다. 정보는 측정 가능한 비용으로 취급되지만, 개인의 결속을 유도하는 것은 정보 비용이 아니라 불확실한 세상에서 혼자 있는 것에 대한 두려움이다.

더 나은 삶을 위한 경제학

권력이 판치는 시장에서 권력을 숨기다

주류 경제학자들은 경제 현상을 설명할 때 '착취'나 '권력' 같은 개념이 쓸모없다는 사실을 발견했을 뿐 아니라, 이 감정적인 용어를 경제 분석에 도입하는 것에 대해 걱정했다.

_조지프 스티글리츠[1]

:: 권력이 빠진 경제학 ::

'권력'은 정치학의 주된 주제다. 권력은 어떻게 획득되는가? 권력은 어떻게 이용되는가? 권력은 어떻게 정당성을 갖는가? 그런데 경제학은 권력을 다루지 않는다. 적어도 개념적으로 경제학은 비강제적 관계, 다시 말해 시장의 자발적 거래가 연구의 출발점이다. 그렇다면 정치학과 경제학은 인간 삶의 서로 다른 영역을 다루는 것일까? 정치학은 권력관계로 형성되는 정치적 영역을, 경제학은 자발적 계약으로 형성되는 경제적 영역을 탐구하는 것일까?

정치경제학은 이 두 영역을 하나로 합치려는 시도였다. 그러나 마르크스주의와 연합하면서 학문으로 발전하지 못했다. 그리고 정치경제학의 비마르크스주의적 관점은 권력관계와 경제관계가 서로 어떻게 연결되는지 명확히 설명하는 이론을 제시하지 못했다. 그래서 정치경제학에 관한 연구는 소외됐다.

정치학과 경제학은 비슷한 사일로(silo)에서 각각 다른 길을 추구한다. 그렇지만 '공공 정책'처럼 정치학과 경제학 사이에 존재하는 분야도 있다. 경제학자들은 경제관계를 다룰 때 의도적으로 권력의 역할을 홀대해왔다. 이것이 이번 장의 주제다. 주류 경제학자들은 경제 구석구석에 스며든 권력을 무시함으로써 기존 권력 구조를 경제에서 보이지 않게 만든다.

권력을 논하고자 할 때 마주하는 첫 번째 과제는 권력의 의미를 정확히 밝히는 것이다. 가장 단순하게 말하면 권력은 처벌이나 억제력을 이용해 누군가의 바람에 사람들이 순응하도록 만드는 능력이다. 권력과 권위는 비슷하지만 다른 개념이다. 권위는 어떤 인물의 인격, 지성, 경험, 지위 등의 용인된 우월성에 의해 확립된다. 이는 주의를 기울여야 하는 인정된 권리를 부여한다. 예컨대 의사에게 권위는 있지만 권력은 없다.

모든 권력이 불법적인 것은 아니다. 명령을 내릴 수 있는 일부 권리와 그 명령을 따라야 할 의무가 일반적으로 용인되는 경우 권력은 합법적이다. 하지만 절대적으로 합법적인 권력은 없다. 이 말은 권력자

더 나은 삶을 위한 경제학

의 바람에 대해 실제적·잠재적 저항이 존재할 수 있다는 의미다. 권력자는 이 같은 저항을 극복하거나 예방해야 한다.

권위와 권력은 다른 개념이지만, 그렇다고 모든 권위가 권력과 분리될 수도 없다. 우리는 '법의 위엄'이 권력과 별개 또는 권력 위에 있다고 여긴다. 하지만 '부자를 위한 법', '빈자를 위한 법'이 존재한다는 의심을 떨칠 수 없다. 권력에 관한 영향력 있는 이론을 제시한 스티븐 룩스(Steven Lukes, 1941~)는 권력을 '직설적(blunt) 권력'과 '어젠다(agenda) 권력' 그리고 '헤게모니적(hegemonic) 권력'으로 분류했다.

:: 권력의 세 가지 형태 ::

'직설적 권력(또는 강압적 권력)'은 스티븐 룩스가 말한 세 가지 권력 가운데 가장 원초적이고 단순한 권력 형태다. 머리에 겨눈 총이고 목을 조르는 손이다. 다른 사람들이 하고 싶어 하지 않는 일을 하게 만드는 강압적인 힘이다. 강압의 정도는 다르지만 기본적인 생각은 같다. 내가 바라는 대로 하지 않으면 네 삶을 매우 짧게 만들거나 고통스럽고 힘들게 할 것이다. 직설적 권력은 역사 속에서 가장 만연했던 권력이다. 역사는 실제로 대부분 무력 충돌의 이야기다. 카를 폰 클라우제비츠(Carl von Clausewitz, 1780~1831)는 전쟁을 "상대에게 우리의 의지를 실현하도록 강요하는 폭력 행위"라고 정의했다. 비록 그 형태는 늘 무엇인가와 뒤섞여 있지만, 전쟁은 여전히 국제관계에서 중요하다.

'어젠다 권력'은 이름에서 알 수 있듯이 '정치 의제'를 통제하는 힘이다. 의사결정 과정에서 방해가 되는 요인을 제외한다. 내 생각과 맞지 않는 사상이나 의견은 논의에서 빼버리거나, 해당 의제가 상정되기 전에 회의를 끝내버릴 수 있다. 언론과 정당은 공개 토론의 어투와 분위기를 설정한다. 어젠다 권력은 언론이 관심 있게 '다뤄야 할' 안건과 '다루지 말아야 할' 안건을 결정한다.

그리스 재정 위기 때 국제통화기금(IMF) 총재 크리스틴 라가르드(Christine Lagarde, 1956~)가 "객실의 어른들(adults in the room)"과 대화할 필요가 있다는 유명한 말을 남겼다. 당시 그리스 재무부 장관이던 야니스 바루파키스(Yanis Varoufakis, 1961~)를 은근히 비꼬는 말이었다. 라가르드가 볼 때 바루파키스는 '어린애' 같은 인물이었고, 그의 구제금융 요청은 '다루지 말아야 할' 안건이었다. 결국 총구를 머리에 겨누는 긴박한 상황이 펼쳐졌다. 유럽중앙은행(ECB) 등이 제시한 긴축안을 두고 그리스는 국민 투표를 실시할 수밖에 없었다.[2]

주요 뉴스 매체가 현안을 보도하지 않고 주요 정당이 의제를 상정하지 않으면, 아무리 중요한 문제라도 흐지부지 사라진다. 사람들이 길거리나 술집에서 투덜거릴지는 모르지만, 대개는 그것으로 끝이다. 이와 같은 어젠다 권력이 발휘된 또 다른 사례가 이민자 문제다.

물론 어젠다 권력을 통해 특정 현안을 부각하거나 감추려는 시도가 전적으로 성공하는 것은 아니다. 영국의 주요 일간지 《데일리메일

더 나은 삶을 위한 경제학

(Daily Mail)》과 《데일리텔레그래프(Daily Telegraph)》의 지속적인 보도에도 불구하고, 데이비드 캐머런(David Cameron, 1966~) 총리와 조지 오스본(George Osborne, 1971~) 재무부 장관이 국민 투표로 보수당의 내전을 종식하겠다고 생각할 때까지 브렉시트는 대중의 관심 밖에 있었다. 한편으로 도널드 트럼프는 소셜 미디어와 TV 언론을 교활하게 이용해 공화당 대선 후보 경선에서 유력 대통령 후보로 부상할 때까지 사람들의 주목을 받지 못했다. 이런 측면에서 여론 분열은 어젠다 권력에 한계 요인으로 작용한다고 볼 수 있다.

어젠다 권력이 어떤 의제를 띄우거나 가라앉히는 권력이라면, '헤게모니적 권력(또는 이데올로기적 권력)'은 권력자의 사상이나 신념을 대중의 의식 속에 심는 힘이다. 헤게모니적 권력은 눈에 보이지 않으므로 저항을 초래하지 않는다. 스티븐 룩스는 헤게모니적 권력을 "사상, 욕망, 믿음, 선호에 대한 권력"이라고 설명했다.[3] 미셸 푸코(Michel Foucault, 1926~1984)와 피에르 부르디외(Pierre Bourdieu, 1930~2002)는 인간의 주관성과 습관에 깊이 잠겨서 실제로 의식할 수 없는 '수수께끼 같은 지배(cryptic domination)'의 형태를 식별했다.[4]

프로파간다는 어젠다 권력과 헤게모니적 권력을 모두 지원한다. 단기적으로는 여론을 흔들고 장기적으로는 여론을 만들어낸다. 헤게모니적 권력은 전형적인 '소프트 파워(soft power)'다. 우리는 공포가 아니라 사랑에 순응한다. 헤게모니적 권력에 대한 스티븐 룩스, 미셸 푸코, 피에르 부르디외의 정의는 미묘하게 다르지만, 우리가 추구하는 가치와 사고방식이 권력자의 관심사에 맞게 체계화될 수 있다는 게 핵심이다.

'당근'과 '채찍'의 형태로 '유인책(inducement)'은 이 세 가지 권력을 유지한다. 채찍은 직설적 권력에서 명확히 드러나지만, 사실상 국가나 마피아 또는 테러 집단의 힘에 국한된다. 그런데 모든 조직은 구성원을 조직의 목표에 묶어두기 위해 유인 시스템(경제학자들은 '인센티브'라고 부르는)을 발전시켰다. 심지어 헤게모니적 권력도 독자적인 인센티브 구조를 갖고 있다.

권력의 헤세모니화는 마르크스주의에서 나왔다. 카를 마르크스에게 이데올로기는 안토니오 그람시(Antonio Gramsci, 1891~1937)가 이론적 토대를 마련한 '허위 의식(false consciousness)'이었다. 그람시의 말을 빌리면 헤게모니는 "지적·도덕적 리더십"이며, 이를 통해 "지배 집단은 사람들이 사회생활에서 나아가야 할 방향을 제시"한다.[5] 마르크스가 종교를 '인민의 아편(opiate of the people)'으로 비유한 것은 이런 사고방식을 보여주는 사례다. 현생에서 죽도록 일한 보상으로 더없이 행복한 내생을 약속함으로써, 노동자들이 현생에서의 진정한 이익을 알지 못하게 만들었다. 헤게모니적 권력은 종교적인 권위를 포함한 관습적 권위를 대체한다고 볼 수 있다. 이데올로기적 공동체는 20세기의 가장 강력한 연합이었다.

안토니오 그람시는 산업화한 국가에서 마르크스가 예견한 프롤레타리아 혁명이 왜 일어나지 않았는지를 설명하고자 헤게모니적 권력 개념을 확장했다. 그람시에 따르면 노동자 계급은 자신들에게 자행되는

더 나은 삶을 위한 경제학

억압 요소를 견디도록 유도됐다. 1914년 노동자들이 세운 정당들은 전쟁을 지원하는 데 국가를 계급보다 우위로 세웠다. 급진적 이슬람주의는 헤게모니적 권력의 현대판이라고 할 수 있다. 그들은 이슬람 청년들에게 영원한 은총을 얻으려면 자신의 삶을 버려야 한다고 가르친다.

권력의 헤게모니적 측면이 가장 애매하다. 보이지 않는데 그런 힘이 있다는 사실을 어떻게 알 수 있을까? 그 대답은 헤게모니적 권력 또한 눈에 보이지 않는 '중력' 가설처럼, '사람들이 자신의 관심사에 반하는 행동을 하는 이유'에 대한 가설이라는 것이다. 이 가설은 지금 당장은 자신에게 아무런 이득이 없지만, 궁극적으로는 '진정한' 또는 '객관적인' 이해관계가 있음을 개인이 알고 있다고 가정한다.

마르크스주의자들 대부분의 주장처럼 마르크스주의가 사회를 설명하는 '진정한' 과학이라고 여긴다면, 노동자들이 그 '과학'에서 제시한 사실에 따라 행동하지 않는 이유를 설명할 수 있어야 한다. 마르크스주의자들은 그런 행동을 그저 '망상' 때문이라고 설명한다. 이는 경제학자들이 자신들의 합리성을 벗어나는 개인의 행동을 일컬어 '비합리적'이라고 설명하는 것과 유사하다. 두 경우 모두 '진정한' 사회과학으로 발전하는 데 아무런 도움이 되지 못한다. 기껏해야 부분적이고 불완전한 주장만 되풀이할 뿐이다.

'망상'이라거나 '비합리적'이라는 설명은 근거가 없다. 1914년 노동자 계급에 국가는 없었다는 것은 새빨간 거짓말이다. 그들은 스스로 독일인, 프랑스인, 영국인, 러시아인, 이탈리아인이라고 느꼈다. 이것이 그들이 자국의 대의를 지지해 전장에 뛰어들고 목숨을 바쳤던 이유다. 망상도 아니었고 비합리적인 행동도 아니었다. 계급 이론이 놓친 역사적 현실이었다.

:: 엄연히 존재하는 경제 권력 ::

권력의 형태에 관한 연구는 권력으로 발현되는 제도적 특성을 어떻게 바라보는가에 크게 좌우된다. 정치학은 세 가지 주요 권력 구조로 '자유주의(liberalism)', '마르크스주의', '마키아벨리주의(Machiavellism)'를 설정한다. 차례대로 살펴보자.

우선 국가의 '자유주의' 이론은 경제 이론과 함께 발전한다. 국가 권력은 '직설적 권력'이지만 '자연 상태'를 종결시킨 '사회 계약(social contract)'에 의해 엄격히 제한된다. 사회 계약은 계약 조건으로 국가 권력을 부여한다. 국가는 권리와 의무를 갖는다. 마찬가지로 국민에게도 권리와 의무가 있다. 국가가 계약을 제대로 이행하고 고수하면 국가 권력은 합법적이다.

시장에 대한 국가 권력을 부정하는 것이 자유주의의 핵심이다. 자유주의 관점에서 국가 권력은 사기를 처벌하고 독점을 방지하는 등 시장의 경제 주체를 정직하게 만드는 데 국한된다. 몽테스키외(Montesquieu, 1689~1755)와 알렉시 드 토크빌과 같은 '사회학적' 자유주의자들은 권력과 제도를 헌법에 따라 분리해야 독재 권력에 보루 역할을 한다고 강조했다. 한편 자유주의는 강압적인 힘 외의 국가 권력을 부정하므로 '어젠다 권력'과 '헤게모니적 권력'은 자유주의 국가 이론에서 다루지 않는다.

'마르크스주의'의 계급 권력 이론은 자본주의 역사뿐 아니라 마르크스주의 역사관도 반영한다. 지배 계급은 늘 자신들의 목적에 맞게 사회를 조직했다. 그 목적이 군사적 영광이든 전리품 획득이든 상관없었지만, 이 두 가지 목적에는 강한 연관성이 있었다. 지배 계급은 이 목적을 달성하고자 널리 퍼진 생산방식(노예·농노·임금노예)에 따라 노동 계급을 착취했다.

그 기반은 언제나 하나의 계급이 생산수단을 소유하는 것이었다. 자본주의 사회에서는 자본가 계급이 계급 권력을 휘두른다. 그들의 권력은 자본의 소유에서 비롯된다. 대개 이런 계급 권력은 '직설적 권력'이다. 노동자 계급은 자본가 계급이 결정한 임금을 받아들이지 않으면 굶어 죽는다. '헤게모니적 권력'도 계급 권력을 강화하는 데 매우 유용하다. 생산수단을 통제한다는 것은 '사상의 생산'을 통제한다는 의미이기도 하다. 카를 마르크스는 "지배 계급의 사상은 어느 시대에서나 통치 사상"이며 "통치 사상은 하나의 계급을 지배 계급으로 만드는 물질 관계의 이상적인 표현에 지나지 않는다"라고 썼다. 계급 권력은 그 자체로 불법이다. 따라서 계급을 폐지해 권력을 폐지하기 위한 전주로 혁명을 통한 권력 장악이 필요하다는 것이다.[6]

'마키아벨리주의'는 엘리트 권력에 대한 냉소적 이론이다. 빌프레도 파레토(Vilfredo Pareto, 1838~1923)는 마르크스가 말한 "권력 장악을 위한 사회적 투쟁"을 단지 "엘리트 계급과 반엘리트 계급의 투쟁"이라고 설명했다. 그는 "대부분 혁명에서 유일하게 주목할 만한 결과는 한 무리의 정치인을 다른 무리의 정치인으로 교체한 것"이라고 썼다. 그에 따르면 사회주의는 '허위 의식'의 한 형태다. 사회주의는 인도주의의 승리로 이끄는 게 아니라 또 다른 연대의 속박으로 이끈다. 파레토는 "양을 치면 도살지를 만나게 될 것"이라고 비유했다.[7] 엘리트 권력은 계급 권력과 마찬가지로 직설적 권력과 헤게모니적 권력이 뒤섞여 있다.

:: 시장 밖의 권력 ::

이미 설명했듯이 신고전주의 경제학자들은 경제를 권력이 없는 영역으로 간주한다. '시장 독점'만 유일하게 인정한다. 하지만 시장 독점을 자본의 모든 소유에 내재한 속성으로 보는 마르크스주의자들과는 구별된다. 경제학자들은 시장을 '경쟁'으로 모델화함으로써 권력을 보이지 않게 한다.

경제학에서 '독점자'는 가격에 영향을 미칠 만큼 많은 양의 재화를 사거나 파는 존재를 말한다. 원하는 대로 가격을 올리거나 내릴 수 있는

더 나은 삶을 위한 경제학

능력은 일종의 권력이다. 만약 여러분이 유일한 공급자라면 "내가 부르는 값으로 사든가 아니면 말든가"라는 말을 쉽게 할 수 있다. 애덤 스미스는 시장이 독점으로 기우는 내재적 경향이 있음을 인식했다. 그는 이렇게 썼다.

"동일한 거래를 하는 사람들이 친목 도모나 기분 전환을 하려고 모이는 경우는 드물지만, 일단 모이면 그들의 대화는 소비자를 우롱할 술수나 가격 인상 결의 따위로 끝맺는다."[8]

애덤 스미스는 일부 시장 참여자들이 독점자가 되는 순간 곧바로 가격 결정 권력을 갖게 되므로 효율적 할당 이론 전체가 무너진다는 사실을 알고 있었다. 예를 들어 누군가가 물을 독점하면 공급량을 유지하는 데 필요한 금액보다 더 많은 돈을 물 독점자에게 지불해야 할 것이다. 게다가 독점자는 물값을 더 올리려고 물 공급량 자체를 제한할 것이다. 아울러 시장 독점은 정치 로비 집단의 권력을 강화한다. 어느 한 분야에서 다수의 기업이 사업하는 비독점적 시장에서는 자기 사업에 유리한 환경을 조성코자 로비 활동을 하면 그 혜택이 경쟁 업체에도 돌아가기에 로비 집단의 권력이 강해지기 어렵다. 반면 독점 시장에서는 로비 활동의 혜택이 전부 독점자에게 간다.

경제학자들은 아무 문제 없이 독점을 모델화한다. 그들에게 독점은 구매자나 판매자가 하나밖에 없는 시장일 뿐이다. 그리고 독점을 모델화할 때 경제생활에서 그 중요성을 최소화하기로 선택한다. 경제학 교과서는 경쟁 시장에 관한 모델을 제일 먼저 소개하고 독점 이론은 나

중에 설명한다. 애덤 스미스 이후 경제학자들이 독점을 바람직한 상태에서 나타나는 흠 또는 불완전성 정도로 취급했기 때문이다. 바로 이 부분에서 경제 모델화의 규범적 또는 규정적 특징이 드러난다.

독점에 대한 애덤 스미스의 강도 높은 비판을 수용해 심지어 자유방임을 약속했던 정부에서조차 노골적 독점 행위에 단호히 맞선 바 있다. 가장 유명한 사례가 '셔먼법(Sherman Act)'이다. 셔먼법은 1890년 제정된 미국의 독점금지법으로, 1911년 스탠더드오일(Standard Oil)을 해체했다. 이후 강경한 독점금지법은 특히 규제 경제 분야에서 약화됐다. 독점 권력을 약화하기 위해 실제 경쟁을 요구하는 대신 경쟁 위협이 그 자리를 대체할 수 있다. 만약 여러 가정이 성립할 수 있다면, 시장에 기업이 하나뿐이더라도, 그 기업은 경쟁 시장에 있는 것처럼 활동하는 새로운 기업들이 시장에 진출할까 봐 걱정할 것이다.

시장 경쟁할 수 있는 경우 시장 권력은 존재할 수 없다는 것이 일반적인 명제다. 이는 시장 주도 세계화를 지지하는 가장 강력한 주장이다. 리처드 쿠퍼(Richard Cooper, 1934~)는 다음과 같이 주장했다.

"전세계적으로 경쟁적인 환경에서 광범위한 경제적 능력이 모두를 위한 선택지를 만든다. 대안이 있다는 것은 시장 참여자들이 소비자의 눈에 좋은 성과를 제외하고 자신들에게 유리한 결과를 얻어내는 능력을 약화시킨다."[9]

그러나 쿠퍼는 글로벌 시장 시스템을 지나치게 이상적으로 묘사했다. 실제 대기업들은 시장을 할당하고, 투자처를 선택하고, 자금을 자

더 나은 삶을 위한 경제학

유롭게 이동하고, 자회사로부터 고가에 제품을 구입해 비용을 처리하고, 자신들이 원하는 곳에서 세금을 납부할 수 있다.[10] 그래서 경제학자들은 이와 같은 경쟁 남용을 해소하려면 더 많은 경쟁이 필요하다고 답한다.

시장 권력의 훨씬 더 흔하고 복잡한 형태는 단 하나의 대기업이 아닌 소수의 대기업(자동차·석유·통신·항공 등)이 시장을 지배하는 '과점'이다. 이들은 자신들이 가격 정책이나 생산 결정을 내리면 함께 시장을 지배하는 기업들이 곧장 뒤따라 행동할 것을 알고 있다. 악수 몇 번으로 카르텔을 형성할 수도 있다. 과점 기업들이 합심하면 해당 시장을 독점하는 거대한 집단이 된다. 공공연하게 카르텔을 이룰 필요도 없다. 과점 기업들은 보복적인 가격 전쟁이 두려워 가격 책정 전략에서 일종의 암묵적 휴전을 맺는다.

하지만 경제학자들은 이런 카르텔 현상도 경제 권력의 연구 대상에서 제외한다. 과점 시장을 모델화하는 작업이 매우 어려울뿐더러, 과점 시장에서는 가격을 쉽게 규정할 수 없기 때문이다. 그래서 경제학자들은 상대 기업을 속였을 때 얻는 경제적 인센티브로 인해 조만간 카르텔은 무너지며, 결국 경쟁적인 전략 게임에 참여하게 되리라고 말하면서 한걸음 뒤로 물러선다. 그런데 이 같은 가격 전쟁이 실제로 일어나지는 않는 것 같다. 과점 가격은 많은 산업에서 놀라울 정도의 안정성을 보여주고 있다.[11]

노골적인 독점은 현대 경제에서 비교적 드물다. 훨씬 더 일반적인 것은 시장 권력의 최종 형태다. 그것은 다름 아닌 1933년 에드워드 챔벌린(Edward Chamberlin, 1899~1967)이 처음 틀을 잡고 조앤 로빈슨이 확장한 '독점적 경쟁'이다. 독점적 경쟁은 기업이 판매하는 제품에 절대적 독점권은 가질 수 없어도 브랜드 독점권은 확보할 수 있다는 개념이다. 나이키(Nike)는 운동화 시장을 독점하지는 않지만 나이키라는 브랜드를 독점한다. 소비자들이 '스우시(swoosh)' 로고에 값을 치를 가치가 있다고 느끼는 한 나이키는 어느 정도의 독점적 경쟁력을 가질 수 있다.

기업이 나이키와 같은 부분적 독점을 확립하기 위해서는 자사 제품을 경쟁 업체의 제품과 차별화해 경쟁 우위, 즉 '고유의 강점(Unique Selling Point, 이하 USP)'을 확보해야 한다. USP가 있는 기업은 완전 경쟁 시장이 자사 제품에 부과할 가격을 인상할 수 있다.[12] 실제로 이것이 현대 경제의 현실적인 모습이지만, 불행히도 이와 관련한 이론은 크게 발전하지 못했다.

독점 이론의 완성도를 높이려면 '수요 독점'이라는 개념을 도입해야 한다. 수요 독점은 단일 구매자가 시장을 지배하는 상황을 말한다. 수요 독점의 좋은 사례는 영국의 '국민 보건 서비스(National Health Service)'로 정부에서 전체 의료 서비스의 90% 이상을 소비한다. 그 결과 소비자 잉여가 발생한다. 소비자들은 더 적은 비용으로 의료 서비스를 받을 수 있다. 노동 분야에서도 이와 유사한 사례를 찾을 수 있다. 예컨대 전문 노동력이 필요한 산업에서 국가는 경찰, 교사, 간호사

더 나은 삶을 위한 경제학

등에 대해 높은 수준의 수요 독점을 유지한다.

물론 독점에 대한 적대감은 자연스럽고 건전한 반응이다. 하지만 주류 경제학은 시장 시스템을 수많은 경제 주체들이 살아가는 자율 규제 영역으로 모델화하면서 대기업, 디지털 플랫폼, 노동조합, 광고주, 정부가 지배하는 현대 시장 경제의 실제 구조를 외면한다. 그렇게 대부분 경제학자는 시장 시스템에서 권력 문제를 최소화한다.

카를 마르크스는 권력이 모든 임금 노동에 내재해 있다고 주장했다. 주류 경제학자들은 '시장 경합성(contestability of market)'이라는 개념으로 그 주장에 답했다. 만일 선택할 수 있는 일자리가 오직 하나뿐이라면 주류 경제학자들의 답변이 옳을 것이다. 고용주의 권력이 아닌 노동자들의 경쟁만 있을 뿐이다. 노동 가격(임금)은 자연스럽게 형성될 것이다. 그런데 선택할 수 있는 일자리가 많다면 이야기는 달라진다. 문제는 임금 계약을 강압적인 것으로 간주하려면 노동 가격을 어느 정도로 봐야 하는지에 있다. 사회민주주의 관점은 노동 시장에서 고용주와 노동자의 권력 균형을 유지할 수단이 없다면 그 임금 계약은 강압적이라는 것이다. 이것이 노동조합, 최저임금, 복지혜택 등의 정당화 명분이 된다. 이 부분에서 신고전주의 경제학자들은 "낮은 임금이 실직보다 낫다"는 주장만 한다. 그들은 노동 시장도 상품 시장과 마찬가지라고 보기 때문에, 경쟁에 따른 수요와 공급 곡선이 만나는 지점(균형 임금) 이상으로 가격(임금)이 오르면 수요(고용)는 줄고 공급(노동 시장 참여)은 늘어 그 차이만큼 실업이 발생하며, 이는 경제에 악영향을 미칠 뿐이다. 따라서 시장에 권력이 작용하면 안 된다.

경제학 커리큘럼을 보면 경쟁 시장에서의 가격 결정에 관한 내용이 먼저 그리고 자세히 나온 뒤 독점·과점 시장은 뒤에서 잠깐 다루는 것을 알 수 있다. 이는 경제학을 공부하려는 이들에게 독점·과점 시장은 특정 조건에서 일시적으로 나타나는 현상이라는 느낌이 들게 한다. 실제로 경제학과 학생들은 경쟁 시장이 압도적으로 우세하다는 가정 아래 여러 이론을 배운다. 카르텔은 무너지고, 새롭게 시장에 진입한 경쟁 기업들이 현재 시장을 지배하는 기업을 응징할 것이다. 이와 더불어 학생들은 경쟁의 예외 사항을 너무 깊게 파고들지 말라는 조언을 듣는다. 이때 '시장 불완전성(market imperfection)'이라는 개념을 배운다. 본래의 기본값은 '완벽한 시장'인데 단지 현실을 더 잘 반영하고자 몇 가지 옵션을 넣으면 오류가 나올 따름이다.

그러나 경쟁 시장이 존재할 수 없는 상황에서 필연적으로 나타나는 시장 시스템 붕괴를 '시장 실패(market failure)'로 치부하는 것은 목조 건물의 붕괴를 '목재 실패'로 설명하는 것과 같다. 시장 모델(건물 설계)에서 잘못을 찾아야 한다. 결점을 찾았으면 그 결점을 없애야 하는데, 말처럼 쉬운 일이 아니다. 왜냐하면 신고전주의 경제학의 결점은 처음부터 '과학적 경제학(scientific economics)'을 표방한 데 있기 때문이다. 방법은 하나뿐이다. 다른 한쪽 끝에서 다시 시작하는 것이다. 대체로 시장은 효율성 조건을 충족하지 못하고 충족시킬 수 없음을 인정해야 한다. 그런 다음 시장이 충족하고 충족시킬 수 있는 특정 영역을 찾아

더 나은 삶을 위한 경제학

보는 것이다. 바꿔 말해서 효율적 시장을 오히려 특별한 경우로 간주해 시장에 관한 일반론을 수립해야 한다. 나는 이것이 바로 존 메이너드 케인스가 시도했지만 미완성으로 남은 경제학의 과제라고 생각한다.

주류 경제학은 경제 권력 가운데 하나의 특별한 형태, 즉 '시장 독점' 과 같은 시장에서의 권력만을 연구해왔다. 시장 밖에서 정부의 경제 정책 그리고 소비자의 기호와 가치에 영향을 미치는 권력에 관해서는 관심을 두지 않았다.

:: 경제학과 기업의 기득권 ::

존 메이너드 케인스는 《고용, 이자 및 화폐에 관한 일반 이론(The General Theory of Employment, Interest and Money)》의 결론에서 이렇 게 썼다.

"일반적으로 이해하는 것보다 경제학자와 정치철학자의 사상은 그 것이 옳든 그르든 강력하다. 그 사상이 지배하는 세계에서는 더욱 그 렇다. 나는 기득권의 권력이 사상의 점진적인 잠식에 비해 지나치게 과장됐다고 확신한다."[13]

케인스는 사상과 기득권을 구별했으며, 사상이 기득권으로부터 독 립해야 한다고 주장했다. 그는 사상이 권력의 원천임을 부정하지는 않 았다. 하지만 그라면 그 사상을 '사심 없는 권력(disinterested power)'이

라고 불렀을 것이다. 더 정확하게 표현하자면 사상은 '권위'의 원천이
다. 계급의 이해관계에서 경제학이 독립해야 한다는 주장의 핵심은 경
제 사상이 로비가 아니라 아카데미(academy)의 산물이라는 것이다. 순
수 학문은 오랫동안 독립적인 지적 추구로 인정받았다. 순수 학문의
전형적인 특징은 사심이 없다는 점이다. 순수 학문의 목적은 '진리'를
추구하는 데 있다. 학자들의 금전적 이익은 학문의 방향이나 결과와는
직접적인 관련이 없어야 한다.

나아가 케인스의 사고방식에 따른다면 경제학의 어젠다는 '기득권'
이 아닌 '경제학자들'에 의해 정해진다고 할 수 있다. 중요한 사상은 권
력에 휘둘리지 않아야 한다. 지금껏 살폈듯이 시간이 흐르면서 경제
이론의 개념과 용어 그리고 방법론이 안정적으로 자리 잡았다. 그것이
경제 이론에 '패러다임 전환'을 적용하기 어렵게 만든다.

경제 이론이 시대적 상황의 영향을 받는 것은 사실이다. 1972년 노
벨경제학상 수상자 존 힉스(John Hicks, 1904~1989)는 이를 '관심의 집
중(concentrations of attention)'이라고 표현했다. 1930년대 지속적 실업
은 케인스 혁명의 도화선이 됐고, 1970년대 인플레이션은 '통화주의
(monetarism)'를 낳았다. 그렇다고 이런 사실의 이론적 해석을 단순한
방식으로 기득권과 연결할 수는 없다. 더욱이 그 전에, 사상이 그 자체
로 독립적이고 사심 없는 권력이라면, 사상은 기득권으로부터 독립할
수 있을까?

조앤 로빈슨은 경제학을 일컬어 "그 자체로 지배 이데올로기의 매개

더 나은 삶을 위한 경제학

체였으며 과학적 조사의 방법이었다"라고 썼다.[14] 지금도 경제학은 거의 모든 대학에서 가르치는 과목이며 주요 보도 매체에 가장 많이 등장하는 학문이다. 그렇다면 왜 어떤 경제 사상은 수용되고 어떤 경제 사상은 소외될까? 확실히 세계는 여러 사상을 기반으로 통치된다. 하지만 아무 사상이나 지배 이데올로기가 되지는 않는다. 이 대목에서 우리는 과연 무엇이 특정 사상에 '지속성'을 부여하고 나머지는 폐기하는지 고민할 필요가 있다.

물리학이나 화학과 같은 자연과학은 '지속성' 측면에서 '우월한 과학성'을 가진 쪽이 발전한다. 이런 이유로 양자 물리학이 고전 물리학을 대체했다.[15] 불변의 자연 법칙은 언제나 동일하게 작동했다. 다만 그것을 설명하는 이론만 바뀐다. 자연은 언제나 그대로다. 오직 이론이 자연에 대한 인간의 이해를 높이며 발전한다. 그런데 사회과학은 다르다. 자연은 인간의 관찰에 개입하지 않지만 사회는 개입한다. 사회는 변화무쌍하게 움직인다. 사회과학과 자연과학을 구분하는 것은 다름아닌 연구 대상의 가변성이다. 사회과학의 명제들은 '보편적 기준'을 충족하지 못한다. 불완전하다. 대강의 그림만 그릴 수 있을 뿐 사회과학의 명제가 완전한 사실로 확인되거나 반대로 완전한 왜곡으로 드러나는 경우는 거의 없다.

이는 자연과학인 물리학보다 사회과학인 경제학의 연구 어젠다가 비과학적 관심사를 더 많이 반영한다는 의미다. 아울러 경제 사상은 사회의 이익과 밀접한 관계를 맺는다. 그렇기에 경제 사상에서 나온 이론을 바탕으로 한 제도나 정책이 마련되도록 "누가 자금을 지원해야 하는가?"라는 질문이 중요해진다. 경제의 원리와 흐름을 이해하는 사상을 위해 기꺼이 돈을 지불할 자 누구인가? 그리고 그 사상을 만드는 자, 전파하는 자, 대중화하는 자가 얻게 될 이익은 무엇인가?

예상했겠지만 경제 연구 자금은 주로 정부와 기업에서 나온다. 논의의 편의를 위해 우리는 정부가 공공 이익에 관심이 있다고 가정할 수 있을 것이다. 정부는 국가 공동체의 복지를 개선하고자 경제 지식의 생산 비용을 지불한다. 내가 일기로 정부는 연구 내용에 직접적인 개입은 하지 않았다. 최근까지는 그랬다.

그러나 기업은 다르다. 기업은 케인스가 말한 '기득권'이다. 기업은 수많은 경제 이론을 생산하고 보급하는 데 자금을 지원한다. 금융 분석가, 경제 평론가, 경제 전문 기자 등 이른바 '도시의 경제학자들'이 신고전주의 '자유 시장' 통념을 널리 퍼뜨리는 데 막대한 영향을 미친다는 점도 짚고 넘어가자. 더욱이 학계에 몸담은 경제학자들조차도 '부업'으로 경제 자문을 제공한다. 경제학은 자금 조달 구조에서 사회학이나 역사학보다는 공학이나 약리학과 더 비슷하다.

경제학은 노벨상이 수여되는 유일한 사회과학이다. 이런 점에서 자연과학과 어깨를 나란히 한다. 경제학자들은 이를 '진정한 과학'에 대한 궁극적 찬사로 받아들인다. 정치학, 사회학, 역사학 등에는 노벨상이 없다. 그리고 사실 원래 노벨경제학상도 없었다. 노벨경제학상은 스웨덴 중앙은행이 노벨 재단에 거금을 지원해 1969년 처음 생긴

더 나은 삶을 위한 경제학

것이다. 정식 명칭도 다른 노벨상과 달리 '알프레트 노벨을 기리는 스웨덴 중앙은행 경제 과학상(The Sveriges Riksbank Prize in Economic Sciences in Memory of Alfred Nobel)'이다. 한마디로 말해서 스웨덴 중앙은행이 주는 상인 것이다. 스웨덴 중앙은행은 중립적인 기관이 아니다. 여느 다른 중앙은행과 다름없다.[16] 그러면 이런 질문을 던질 수 있을 것이다. 경제 연구를 재정적으로 지원해 기업이 얻는 이익은 무엇일까?

:: 인정하고 싶지 않은 학문적 방종 ::

카를 마르크스는 "사상의 역사가 물질적 생산방식의 변화에 따라 지적 생산방식도 변했음을 증명하는 것 말고 또 무엇을 증명하는가?"라고 썼다.[17] 마르크스주의자들은 자본주의 사회에서 권력자들은 의료와 정치 그리고 교육 시스템을 통제함으로써, 자신들의 이익에 적합하고 노동자의 이익에 반하는 행동을 노동자 계급이 하도록 유도하는 사상을 연이어 만들어낸다고 비난했다.

특히 이런 사상이 노동자들이 자신의 이익에 반하는 근로 조건, 임금, 채무, 생활방식, 소비 형태를 받아들이게 만든다는 것이다. 마르크스주의자들은 또한 경제학이 사물의 본질을 과학적 가식으로 위장함으로써 자본가 계급의 이익을 위해 봉사한다고 주장했다. 마르크스주

상원의 보스들(조지프 케플러 作, 1889)

의자들에 따르면 이 때문에 사람들은 경제학이 이데올로기나 정치가 아닌 물리학이나 화학과 같은 객관적인 과학으로 생각한다. 중앙은행 정책의 독립성이 경제학을 과학으로 인정하는가에 좌우되고, 중앙은행의 결정이 정치적인 게 아니라 기술적인 것으로 인식되는 행태는 우연이 아니다.

오늘날 마르크스주의자들은 '계급'을 초월해 전문 과학 기술로 사회 전체의 이익을 통제하는 이른바 '테크노크라시(technocracy)' 집단에 거세게 도전하고 있다. 볼프강 슈트렉은 "자본주의와 민주주의는 개별적으로뿐 아니라 서로의 조합으로도 존재"하고, "역사적 과정에서 진화한 특정 계급 구성 및 계급 이해관계의 결과"이며, "지적 설계가 아니라 계급 정치적 역량의 분배를 통해 추진력을 얻는다"고 설명했다.[18]

더 나은 삶을 위한 경제학

케인스 혁명은 그 자체로 갈수록 조직화하는 노동자 계급과 방어적 자본가 계급 사이의 힘의 균형이었다.[19]

나는 앞서 이미 경제학은 자연과학이 되지 못한다고 주장했다. 경제학이 제시하는 명제 대부분은 반박과 입증이 불가능하다. 따라서 경제 이론은 과학의 권위를 두른 의견일 뿐이다. 미셸 푸코 등 일부 권력 이론가들은 의료 시스템을 부분적인 사회 통제의 도구로 봤지만, 실제로는 의사들 뒤에 '의학'이라는 과학이 있기에 신뢰를 얻는 것이다.[20] 경제학자들은 의사 자격증도 없으면서 의사가 갖는 과학적 권위를 요구한다.

그러나 경제학을 향한 마르크스주의자들의 비난은 부분적으로만 사실이다. 권력과 사상의 관계는 단순히 '토대(base)'와 '상부 구조(superstructure)'가 아니다. 경제학에는 독자적인 어젠다가 있으며 정치인, 사업가, 공무원 등 경제학을 실제로 활용하는 사람들은 사상의 생산자가 아닌 소비자다. 그래서 사상의 생산자는 이들 사상의 소비자와 비교해 상당히 자유롭다. 기득권은 자신들이 바라는 상황을 만들고자 이렇게 저렇게 지적 방어를 하라고 지시할 입장이 못 된다. 설사 그럴 능력이 그들에게 있더라도 말이다. 이미 언급했듯이 경제학자들의 '자유 시장'에 대한 정당화는 기득권인 기업가 계급이 바라는 수준보다 더 일반적이다. 기업은 자신들의 편의에 따라 보호주의와 독점을 지지했지만, 경제학자들은 거의 항상 반대했다.

마르크스주의자들에게 더 큰 타격은 사상의 상부 구조가 세워지는 토대가 마르크스주의에서 상상했던 것처럼 '생산'이라는 하나의 덩어리가 아니더라는 점이다. 실제로 토대는 일반적으로 경제생활에서 수출업자와 수입업자, 채무자와 채권자, 금융 부문과 산업 부문처럼 충돌하는 이해관계로 나뉘었다. 미국에서 특히 두드러졌다. 국가에 이데올로기적 적대심을 가진 기업 계급조차 국책 사업을 따내기 위해 자신들의 적개심을 전복했다.

핵심은 권력이 어떻게 나뉘는가다. 국가와 기득권, 대립하는 정치 집단과 사회 집단, 자본가와 노동자 사이의 권력 구조는 얼마나 균형을 이루고 있을까? 힘의 균형이 고를수록 경제가 작동하는 방식에 관한 경제학의 일관된 하나의 설명을 듣기가 어려워진다. 대략 1920년대부터 1970년대까지 자본과 노동 간 힘의 균형은 사회적 타협을 가능케 하는 듯했다. 그렇지만 40년 동안 권력은 오래된 노동 계급에서 출신 성분과 재력 그리고 학력 수준이 우월한 계층으로 이동했으며, 특히 전통적 기업에서 새로운 금융 엘리트로 넘어갔다.

이런 이유로 경제적 주장과 정치적 주장 사이에 일대일 관계는 성립되지 않는다. 이는 다른 사회과학과 함께 경제학이 정치 세력으로부터의 독립성을 제공한다. 여기에서 권위가 나온다. 하지만 마르크스주의적 관점에서 그 거리는 오직 상대적일 뿐이다. 그런데 경제학의 독립성에도 불구하고 적어도 세 가지 이유로 경제학은 기업의 이익에 도움이 된다.

첫째, 경제학은 과학의 권위에 기댐으로써 사리사욕을 보다 '계몽적인' 것으로 보이게 할 수 있다. 실용주의자들은 과학적 언어로 자신들에 대한 편견을 감춘다. 과학적 언어는 실제로 견해의 문제를 자연의 사실로 바꾸는 힘을 갖고 있다.

둘째, 경제학은 어젠다 권력을 행사할 수 있다. 존 케네스 갤브레이스는 "현대 기업을 방어하는 권력은 존재하지 않는다"면서도, "모든 권력은 시장의 비인격적인 움직임에 굴복한다는 믿음에 젊은이들이 익숙해지도록 만드는 것보다 유용한 것은 없다"고 주장했다.[21] 그는 다음과 같이 설명했다.

— 현대 기업의 부상은 현대 국가와 경쟁할 수 있는 경제적 권력의 집중을 가져왔다. 국가는 기업을 규제하려고 애쓰지만, 기업은 점점 더 강력해지면서 그 규제를 피하고자 모든 노력을 기울인다. 자신들의 이익이 걸려 있으면, 기업은 심지어 국가를 지배하려고 시도한다.[22]

경제학은 경쟁 시장에서 개별 최적화를 조건으로 경제생활을 모델화함으로써 완전한 독점보다는 덜 노골적인 권력을 보이지 않게 만든다. 예를 들어 착취적 임금은 노동 생산물의 한계가치보다도 낮은 임금이지만, 이미 가정된 경쟁 조건에서 한계생산물 만큼의 가치를 받는 것처럼 인식된다. 그러므로 착취는 내재적인 것이 아니라 병리적이다.

주류 경제학은 광고도 이와 유사하게 취급했다. 경제학자들은 경쟁 시장에서 자신의 효용을 극대화하는 합리적인 소비자들이 구매 결정을 내린다고 생각했다. 이런 경제 모델에서 광고는 소비자의 선호를 변경할 수 없다. 경제학자들은 광고가 그저 소비자의 선호를 확인하거나 정보를 제공하는 수단에 불과하다고 여긴다. 이는 광고를 권력의 표현으로 보이지 않게 만든다. 오늘날 구글과 페이스북 등 가상 플랫폼 기업들이 보유한 클라우드 스토리지(cloud storage) 컴퓨터 네트워크는 주된 이용자인 젊은이들의 취향, 사상, 소비 활동에 보이지 않는 영향을 미친다. 그렇지만 여전히 시장 시스템을 적극적으로 지지하는 주류 경제학자들은 이 같은 영향을 무시한다.

셋째, 경제학은 신자유주의 경제 정책을 지원한다. 주류 경제학자들은 자신의 연구 의도에 따라 소비자의 선택을 유도하는 마케팅의 역할을 지지할 뿐만 아니라, 경제에서 국가의 역할을 축소하려는 정치 세력에 '과학적인' 근거를 제시한다.

주류 경제학의 구체적인 명제에는 시장 시스템이 기업 리더가 자신들의 가치만큼 보상을 얻도록 보장하고, 세계화는 일자리를 잃은 사람들에게도 이익이 되며, 불경기에 정부 적자는 상황을 악화시키고, 금융은 경제 시스템의 독자적 경제 주체가 아니라 중재자라는 사상이 포함돼 있다. 이 모든 명제는 특별한 상황에서 진실이거나 부분적으로 사실일 수 있다. 하지만 이런 경제 사상을 보편적 법칙으로 일반화하는 과정에서 문제가 발생한다. 밀턴 프리드먼은 과학과 이데올로기에 관한 매력적이면서 순진한 고백을 남겼다.

— 경제학자로 살아오는 내내 나는 내가 조현병 환자가 아닐까 생각했다. 한편으로 나는 과학으로서의 과학에 관심이 있었고, 나의 이데올로기적 관점이 나의 과학적 작업을 오염시키지 않도록 애썼다. 이에 성공했기를 바란다. 다른 한편으로 나는 사건의 진행 과정에 깊은 흥미를 느꼈고, 인간의 자유를 증진하는 데 영향을 미치고 싶었다. 다행히도 이 두 가지 측면에 대한 나의 관심은 완전히 양립하는 것처럼 보였다.[23]

밀턴 프리드먼은 낭떠러지 아래를 힐끔 내려다보고는 재빨리 뒤로 물러선 것이다. 그러나 그의 '과학적인' 작업은 경제에 대한 정부 개입의 무익함을 보여주기 위한 것이었다. 그는 과학과 가치를 조화시키는 데 문제가 있을 수 있음을 인정했다는 점에서 칭찬받아 마땅하다. 대부분 경제학자는 이 부분을 무시한다.

이데올로기와 경제학의 연결 고리는 매우 복잡하다. 이데올로기는 경제학 논증의 결론을 왜곡하지 않는다. 오히려 균형이나 최적화 같은 핵심 가정, 연구 대상 선택, 유의미한 변수 선택, 데이터 선택, 경제 모델 선택 등 논증을 '모델화하는' 방식에 영향을 미친다. 간략히 말해서 이데올로기는 경제학자들이 추구하는 연구 프로그램의 영역을 침범한다. 이런 식으로 경제학은 과학적 연구의 용인된 규범을 고수하면서 강한 이데올로기적 편견을 드러낼 수 있다. 과학적 방법론이 경제학을 이데올로기적으로 편향됐다거나 권력에 영합한다는 비난으로부터 보호해줬다.

경제학은 권력을 모델화하는 방법을 찾지 못했다. 하지만 더 나쁜 일도 있다. 신고전주의 경제학은 신자유주의를 향한 정치 프로그램을 학문적으로 지원했다. 신고전주의 경제학은 포스트-크래시 경제학 학회(Post-Crash Economics Society)의 창립자들인 조 얼(Joe Earle)과 카할 모런(Cahal Moran) 그리고 제크 워드-퍼킨스(Zach Ward-Perkins)가 용어를 만들고 비판한 '이코노크라시(econocracy)'를 하나로 뭉치는 시멘트가 됐다. 이코노크라시란 한마디로 '신고전주의 경제학이 통치하는 사회'다. 중앙은행, 재무부, 정부의 힘없는 손아귀에서 경제 통제권을 빼앗은 과학 기술 기반 기업들의 테크노크라시 네트워크를 말한다.[24] 주류 경제학의 지배력은 학문적 방종 이상이 됐다.

자신들의 '현실 지도(세상 모형)'에서 제도가 없다는 사실은 주류 경제학자들이 권력을 다루는 데 가장 큰 약점이다. 앞서 언급했듯이 주류 경제학의 현실 지도에서 유일한 경제 주체는 효용 극대화를 추구하는 개인이다. 바람직한 경제학이 되려면 계급, 조직, 규범 등의 제도에서 시작해 그것이 개인의 선택을 어떻게 형성해나가는지 보여줘야 한다. 그런데 이런 접근법은 수학적 모델화가 불가능하다. 수학적 모델화를 위해서는 정확한 정량적 결론을 추론할 명확한 사건이 필요하다. 다른 접근방식을 이용하면 정치 논리로 빠질 수 있다. 나는 주류 경제학이 그렇게까지 되지 않기를 진심으로 바란다. 케인스는 공공 정책 문제에서 "정확히 틀리는 것보다는 대략적으로나마 맞는 편이 낫다"고 말했다. 나는 이 말에 반박할 수 없다.

더 나은 삶을 위한 경제학

왜 경제학의 역사를 살펴야 하는가

:: 경제 지식은 누적된다는 착각 ::

경제 사상의 역사를 살펴야 하는 가장 큰 이유는 "경제 지식은 누적된다"는 주장이 틀렸기 때문이다. 주류 경제학은 경제학을 인간의 '등정(ascent)' 가운데 일부로 본다. 주류 경제학자들은 과거로부터 내려온 모든 유용한 경제 지식이 현재 경제학 이론에 통합돼 있다고 믿는다. 다시 말해 현재의 지식은 과거의 지식보다 뛰어나다. 사실 경제학은 '과학'을 추구한 이래 늘 논란의 대상이었다. 왜일까? 상식과 상반되는 경우가 많지만 논박할 수 없어서다.

경제 지식이 누적된다는 주장은 오래전부터 있었다. 장-바티스트 세는 일찍이 1800년대 초에 "이미 오래전에 타파됐거나 당연히 타파됐어야 하는 불합리한 견해와 원리를 배우는 것이 어떤 유용한 목적을 달성할 수 있겠는가?"라면서 "그것들을 되살리려는 시도는 쓸데없는 현학"이며 "과학이 완벽할수록 그 역사는 점점 짧아진다"고 주장했다. 나아가 그는 "오류에 대한 우리의 의무는 오류를 되살리는 게 아니라 그냥 잊어버리는 것"이라고 단정했다.[2]

그런 그가 200년이 지난 오늘날에도 자신의 '법칙'이 경제학 교과서에 등장한다는 사실을 알면 기뻐할까 아니면 기겁할까? 장-바티스트 세가 이 말을 한 지 100년이 지나 라이어널 로빈스 "새로운 틀로 대체할 수 없는 오래된 틀은 없다고 안전하게 주장할 수 있다"고 썼으며 "모든 단계에서 우리는 지식의 한계와 시사점을 정확하게 안다"고 규정했다.[3] 현대에 들어서는 조지 스티글러가 "경제학에 유용했던 과거가 있었는가?"라고 물은 뒤 "현재의 경제학을 완전히 이해하기 위해 경제학의 역사를 읽을 필요는 없다"고 결론 내렸다.[4]

폴 크루그먼은 아프리카 지도를 예로 들면서 '오래된 경제학'과 '새로운 경제학'의 관계를 보다 우호적으로 바라봤다. 그에 따르면 시간이 지남에 따라 아프리카 해안 지도는 서서히 명확해졌지만, 이 과정에서 때로 내륙의 세세한 지형지물이 생략됐다. 지도 제작 기술이 향상되면서 "유효한 데이터로 간주하는 기준"이 높아졌는데, 이와 유사한 일이 경제학에서도 일어났다.

더 나은 삶을 위한 경제학

밀러 지도(Miller Atlas, 1519)의 브라질 지역

해안가를 따라 빽빽하게 들어선 정착지들을 설명하는 세부 묘사가 없는 것과 비교해 내륙은 그림으로 복잡하게 그려져 있다. 당시 이 지도는 정치적 목적을 위해 제작된 것으로 여겨진다. 포르투갈의 밀러 지도 제작자들은 브라질 지도의 외부 경계를 희미하게 묘사함으로써 주변 우회가 불가능함을 암시하면서 스페인의 식민지 야망을 막고자 했다.

— 준열성과 논리성에 관한 기준이 높아지자 무엇인가에 관한 이해 수준이 훨씬 향상했다. 하지만 새로운 기술적 준열성이 아직 닿을 수 없는 영역에 마주하기를 꺼리는 현상도 발생했다. 불완전하게 채워졌던 탐구 영역은 빈칸으로 남겨졌으며, 오랜 시간에 걸쳐 점진적으로 이 어두운 영역의 재탐구가 이뤄졌다.

요컨대 "무지의 일시적 막간은 진보의 대가일 수 있다"는 것이다.[5] 무지의 막간에도 불구하고 경제학의 역사는 진보에 관한 이야기다. 그런데 무지의 막간은 얼마나 길까? 어쨌든 결국 영토는 더 나은 지도로 '재탐색'된다.

지난 30년 동안 거의 모든 경제학파는 라이어널 로빈스와 조지 스티글러 그리고 폴 크루그먼의 말을 곧이곧대로 받아들였다. 그래서 경제 사상의 역사는 경제학 개요를 설명할 때 잠깐 살핀다. 역사적으로 볼 때 대부분 경제 사상은 개선됐다는 것이다. 모든 '오류'는 걸러져 현재에는 과학적 이론을 뒷받침하는 정확한 서술만 남았다. 경제학의 역사를 공부하는 것은 단순히 골동품으로 가득한 다락방을 뒤지는 것과 같다. 즐거울 수는 있지만 쓸데없는 짓이다. 게다가 다락방을 뒤지는 행위는 과학적 작업을 수행할 능력이 없다는 의혹을 불러일으킨다.

그런데 오히려 이러한 설명 때문에 '현재의 경제학'이 과연 최고의 경제학인지 의구심이 생긴다. 경제학자 대부분이 2008년 경제 붕괴의 가능성을 예측해내지 못한 것은 이와 같은 설명에 반증이 될 수 있다. 오류는 걸러지고 지식은 누적된 경제학인데 왜 '아무도' 위기를 말하지 않았을까? '현재의 경제학'이 최고라는 믿음을 버려야 하지 않을까? 일부 '과거의 경제학'이 현안에 대해 더 잘 설명할 수 있으리라는 생각은 잘못일까? 경제학자들이 이용할 수 있는 누적된 지식의 가치가 평가절하된 것은 아닐까? 예를 들어 과거의 경제학자들은 오늘날의 경제학자들보다 금융과 은행에 관한 이해도가 더 높았다. 그들은 금융권과 은행권을 지금보다 더욱 엄격하게 연구했다.

수학 없이 이해했던 경제 사상을 수학을 통해 '과학적으로' 설명한다고 해서 그것이 진보의 증거라고는 할 수 없다. 왜냐하면 수많은 유용한 지식이 수학적 해석 과정에서 영원히 사라져버릴 수도 있기 때문이다. 조지 스티글러는 경제학의 역사를 공부하는 한 가지 이유는 과학이 어떻게 진화하는지 더 잘 이해하고자, 구체적으로 "과학의 지식과 과학자가 속한 조직 및 환경과의 관계를 이해하기 위해서"라고 설명했다.[6] 어쩌면 그 '관계'에 대한 연구가 경제학의 '진보 없는 지속' 또는 '진화 없는 생존'의 비밀일지도 모르겠다.

:: 없애버리거나 빨아들이거나 ::

경제학의 역사는 풍부한 이론으로 채워진 듯 보이지만 사실은 방법론에 대한 고집으로 점철돼 있다. 한 가지 중요한 '패러다임 전환'은 19세기 하반기인 1870년대에 이뤄졌다. 경제를 분석할 때 재화의 가치는 생산 비용 및 노동력에 의해 결정된다는 기존의 '객관적 가치론'에서, 가치의 요인을 효용 현상에서 찾는 '주관적 가치론(한계 효용 이론)'으로 이동한 이른바 '한계 혁명'이었다. 주관적 가치론으로의 패러다임 전환은 경쟁하던 다른 경제 이론을 무력화하거나(제도 경제학), 경제학에서 아예 퇴출했다(마르크스주의 경제학).

바야흐로 주류 경제학의 방법론에 반대하던 개인과 학파가 끊임없이 제기해온 내용은 '공식적인' 지식 누적의 역사에서 삭제됐다. 우리가 집중해서 살펴볼 대목이 바로 이 반대 의견의 제거 과정이다. 인간 행동에 관한 비현실적 가정(호모 이코노미쿠스), 경제 분석에서 수학의 의무적 이용 등을 포함한 과도한 형식주의와 관념화, 경제 법칙이 보편적 타당성을 지닌다는 주장, 거시경제학이 개인의 효용을 최적화하는 행동에 관한 이론에서 '미시적 토대'가 돼야 한다는 요구가 반대자들이 주로 겨냥한 부분이었다.

　과학적 경제학의 탄생부터 반대자들은 경제학에서 너무 많은 이론이 사실에 대한 고려 없이 일반화된다고 주장해왔다. 귀납적 근거가 부족한 상태에서 오로지 '내적 이해'에서만 비롯된다는 것이었다. 장 샤를 레오나르 드 시스몽디(Jean Charles Léonard de Sismondi, 1773~1842)는 "인류는 사실을 생략하는 사상의 일반화를 경계해야 한다"고 경고했다. 리처드 존스(Richard Jones, 1790~1850)는 "알고 추론하라"에 맞서 "보고 알라"를 모토로 삼았다. 토머스 에드워드 클리프 레슬리(Thomas Edward Cliffe Leslie, 1827~1882)는 "경제학자들은 실제 동기를 조사하는 대신 부를 향한 욕망과 노동에 대한 혐오감으로부터 허구의 인간을 구성한다"고 꼬집었다. 헨리 시지윅(Henry Sidgwick, 1838~1900)은 "한두 가지 일반적 가정에서의 간단한 추론"으로 모든 실질적 문제를 해결하려는 접근방식을 비판했다. 윌리엄 베버리지(William Beveridge, 1879~1963)는 경제학을 일컬어 "중세 논리의 생존"

　더 나은 삶을 위한 경제학

이라고 불렀다. 그에게 경제학자들은 "자신만의 기준으로 현실을 무시한 새로운 주장을 제시함으로써 생계를 유지하는 사람들"이었다.[7]

여기서 눈에 띄는 점은 비판 내용의 유사성뿐 아니라 끈질긴 지속성이다. 전반적으로 경제학자들은 현실성 부족에 쏟아지는 비난은 그리 염려하지 않았다. 도리어 이런 비판에 경제 이론이 관념적일수록 더욱 현실적이라고 대응했다.

1973년 노벨경제학상 수상자 바실리 레온티예프(Wassily Leontief, 1906~1999)는 경제학에서 거의 의무적으로 수학이 이용되는 실태를 공격했다. 1970년 전미경제학회(American Economic Association)가 주최한 연례 콘퍼런스에서 그는 "수학적 표현에 대한 무비판적인 열정"을 비판하며 다음과 같이 연설했다.

— 이 같은 열정은 대수학 기호를 전면에 내세워 그 뒤에 있는 실질적인 내용을 감춥니다. 경험적 연구 분야에서 이용되는 거대하고 복잡한 통계가 경제학에서는 그저 그런 결과만 도출할 뿐입니다. 사실 그것을 실제로 적용한 사례도 거의 없습니다.[8]

같은 콘퍼런스에서 연설한 프랭크 한도 비슷한 맥락으로 "경제 현상을 분석하는 방식에 의심의 눈총을 보내는 이들이 많다는 사실을 부정할 수 없다"고 말했다.[9] 또 다른 연사 해리 존슨 또한 계량경제학의 토대가 되는 "가설 검증은 선험적 근거에서 선택된 이론을 옹호하기 위해

그럴듯한 숫자를 얻으려는 단순한 완곡어법에 불과하다"고 지적했다.[10]

밀턴 프리드먼, 로널드 코스, 조앤 로빈슨, 폴 크루그먼, 조지프 스티글리츠 등 서로 학파도 다르고 정치적 성향도 다른 경제학자들 모두 경제학에서 '수학의 남용'을 비판했다. 오늘날 주류 경제학의 일부 냉소적 옹호자들은 경제 분석에서 수학 남용을 반대하는 학생들에게 수학을 이용할 의지나 능력이 부족한 것이라고 주장한다. 그러나 수리경제학의 기술적 요구에 무리 없이 대처하는 학생들마저도 수학적 분석과 현실 세계 사이에 괴리가 있음을 잘 알고 있다.

존 스튜어트 밀과 같은 19세기 경제학자들은 만약 경제학의 결론이 가치 있다면 경제학은 광범위한 사회철학의 한 분야여야 한다고 주장했다. 월터 배젓(Walter Bagehot, 1826~1877), 존 케네스 갤브레이스 등 다수의 경제학자도 마찬가지였다. 하지만 경제학이 보편적으로 타당한 '법칙'을 찾아냈다는 주장은 사회철학에 아무런 인상도 남기지 못하고 잇따른 공격을 받았다. 19세기 독일 역사 학파 경제학은 "경제 원칙의 타당성은 각각의 환경에 달려 있다"는, 중요하지만 지금은 등한시되는 사상을 소개했다. 어느 시간과 어느 장소에서 유효한 경제 법칙은 다른 시간과 다른 장소에서는 유효하지 않을 수 있다. 이는 매우 중요한 의미를 함축하고 있다. 어떤 때는 사회에 이로운 것이 어떤 때에는 나쁠 수 있다.

이 사상의 한 가지 변형이 '단계(stage)' 이론이다. 사회는 다른 종류의 경제 시스템을 생성하는 연속적인 발전 단계를 거친다. 각 경제 시스템의 계율은 그 단계에서만 정당하다. 고대 그리스의 철학자 헤라클레이토스(Heraclitos, 기원전 540?~480?)의 "그 누구도 똑같은 강물에 두 번 발을 담글 수 없다"는 격언처럼, 연속적인 사건의 흐름에서 내가 현재 어디에 있는지가 모든 것을 결정한다. 앞서 살펴본 개발 경제학의 초기 학파들이 보편주의적 관점에 굴복하기 전 바로 이 단계 이론에 기댔었다. 애덤 스미스 역시 자신의 경제학이 오직 경제사의 마지막 또는 '상업적' 단계에서만 적용된다는 사실을 분명히 했다. 그렇지만 그의 경고는 추종자들에 의해 잊혔다.

뛰어난 경제학자들은 자신의 보편적 법칙이 특별한 조건에 종속된다는 사실을 알고 있었다. 하지만 보편적 법칙의 일관된 서술은 보편적 법칙의 자격에 관한 서술보다 항상 대중의 마음에 훨씬 커다란 인상을 남겼다. 거시경제학이 미시적 토대를 마련해야 한다는 요구는 1970년대 케인스주의 경제학에 대한 반작용이었다. 케인스는 저축, 투자, 생산, 화폐와 같은 요소 사이의 관계를 중시했다. 그의 '야성적 충동(animal spirit)'과 '관습'에 대한 미시적 토대는 정통적이지 않았다. 이와 대조적으로, 부활한 신고전주의 경제학은 거시경제학이 기업과 개인의 최적화에 기반해야 한다고 주장했다. 지금까지 봤듯이, 끈질기게 계속되는 대량 실업은 배제됐다.

이는 경제학의 역사에서 발견할 수 있는 방법론적 논쟁들의 맛보기에 불과하다. 방법론과 현안과의 관련성은 아무리 시간이 흘러도 줄어들지 않았다. 주류 경제학에 대한 비판은 경제학 바깥뿐 아니라 내부의 뛰어난 경제학자들에게서 나왔다. 그러나 대부분 그 비판은 비주류로 치부되거나 주류 경제학의 하위 분야에 흡수됐다. 피에로 스라파 (Piero Sraffa, 1898~1983)는 주류 경제학의 무시와 분리를 통한 동화 전략을 다음과 같이 설명했다.

— 때때로 누군가는 의구심의 압박에 더는 이기지 못하고 그것을 토해낸다. 하지만 토해낸 의구심의 어느 부분은 타협이 이뤄지고 어느 부분은 인정되면서 그는 침묵하게 된다. 그리고 시간이 지나면서 자격, 제한, 예외 등의 명목으로 이론화된다. 이 과정이 확연히 눈에 띄지 않는 까닭은 인용, 발췌, 주, 기사 등에 흩어져 있고 조심스럽게 서로 분리됐기 때문이다.[11]

:: 패러다임 전환이 일어나는 과정 ::

왜 그토록 반대 의견이 집요하게 이어졌는데도 주류 경제학은 거의 영향을 받지 않았을까? 그 답은 주류 경제학의 지적 패러다임의 굳건함과 연구 플랫폼의 지속성에 있다. 쉽게 말해서 주류 경제학의 방법론이 흔들리지 않을 수 있었던 가장 큰 이유는 그 방법론이 쉽게 조작될 수 없는 방식으로 구성된 덕분이다. 그렇지 않아도 깊이 박혀 있는 바위인데, 그 위에 반대자들로부터 주류 경제학을 보호하는 무적의 방어벽이 세워진 것이다.

앞서 언급했듯이 토머스 쿤과 러커토시 임레가 이 방어벽(방법론적 지속성)의 작동방식을 설명한 바 있다. 이 장에서 좀 더 자세히 살펴보도록 하자. 그들의 시각에서 그 방식은 모든 과학에 적용될 수 있다. 자연과학과 같다는 주장으로 인해 경제학은 이 방어 전략에서 특히 이득을 봤다.

사실 지속성은 모든 과학에서 어느 정도 불가피하다. 지속력이 약한 이론은 그 전에 이미 이론화되지 못할 것이다. 그래서 대개는 해당 이론을 적용해보기도 전에 이미 '주입' 당한다. 하지만 지속성은 현 연구자들의 작업을 보호하는 안정된 개념적 틀을 제공하기도 한다. 일단 '과학'을 연구하는 '정상적인' 방법이 확립되면, 과학성에 대한 수많은 이의가 제기되더라도 그 방법론은 강력한 지속력을 키우게 된다. 어느 지점에 이르러서는 반박조차 거의 불가능해진다. 과학의 이 속성이 경제학에 그대로 적용된 것이다.

방법론적 지속성에 대한 토머스 쿤의 설명부터 시작해보자. 패러다임은 과학 공동체의 구성원들이 공유하는 신념, 가치, 기술 등의 틀에 단단히 '고정된' 과학적 방법의 원천이다. 동시에 패러다임은 그 방법론을 활용하는 현재 연구자들에 의한 지식 발전과 관점 변화에 충분히 '개방된' 문제의 범례다. 패러다임은 연구자들을 조사할 문제로 안내하고 조사에 필요한 개념적 도구와 실험 방법을 제공한다. 토머스 쿤이 생각하기에 과학의 중요한 특징은 대다수 과학자가 어느 순간 놀랄 만한 합의에 이른다는 것이었다. 그 합의가 패러다임을 형성하며 그것을 토대로 한 연구 작업은 '정상적인' 과학적 방법론이다. 그런데 과학에는 또 하나의 놀라운 특징이 있다. 마찬가지로 어느 시점이 되면 합의가 깨진다는 것이다. 결국 쿤에게 과학은 기존 패러다임을 추구하면서 변화를 이끌어내는 전형적 활동이다. 그러나 그 변화는 틀 안에서 일어나지 않는다. 틀을 보는 관점이 변화를 대변한다. 달리 말해 패러다임이 변화를 이끌어내는 게 아니라 세계를 바라보는 관점이 패러다임을 바꾼다. 이것이 토머스 쿤이 말한 '패러다임 전환'이다.

패러다임에 대한 위협은 풀어야 할 대상인 문제의 범례에서 비롯되는 것이 아니다. 그 문제의 범례를 견딜 수 없는 존재로 만드는 세계관의 변화가 패러다임을 위협한다. 과학을 공부한다는 것은 인상적인 문제 풀이 사례인 범례를 학습한다는 의미다. 그렇지만 어느 순간 합의의 파기, 즉 패러다임이 제공한 범례와 해결해야 할 새로운 문제 사이에 부조화가 생긴다. 기존의 패러다임으로는 문제가 풀리지 않는다. 범례를 다시 바라보고 잘못을 발견하게 된다. 현재 연구자들의 변화한 관점은 기존 패러다임을 위협하면서도 과학 공동체의 다른 연구자들의 저항을 받지만, 서서히 그들을 자기편으로 끌어들인다. 마침내 패러다임 전환, 즉 '과학 혁명(scientific evolution)'은 이후 젊은 세대가 이 달라진 세계관을 받아들임으로써 완성된다.[12]

자연과학에서 패러다임 전환을 잘 보여주는 사례는 천동설을 대체한 '지동설'과 연소 촉매제로 플로지스톤(phlogiston)을 대체한 '가스'다. 경제학에는 이런 사례가 있을까? 두 '후보'가 있다. 다름 아닌 '한계

더 나은 삶을 위한 경제학

혁명'과 '케인스 혁명'이다. 전자는 1870년대 객관적 가치론에 대한 주관적 가치론(한계 효용 이론)의 공격이었고, 후자는 1930년대 레옹 발라의 일반 균형 이론을 향한 케인스 학파의 공격이었다. 내가 볼 때 두 사건 모두 부분적으로 경제학의 패러다임 전환이다.

첫 번째 후보인 한계 혁명은 자율 규제 시장의 중심 개념을 벗어난 것이 아니라, 계급과 조직 등 구조적 관점에서 경제생활을 분석하는 기존 방법론을 파괴했다. 두 번째 후보인 케인스 혁명의 경우 계속되는 대량 실업을 레옹 발라의 일반 균형 이론에 대한 반동으로 간주했지만, 케인스 학파의 주장은 임금과 가격이 경직된 일반 균형 이론의 특별한 경우로 받아들여졌다. 결국 한계주의와 케인스주의는 주류 경제학에 하나의 사상으로 편입됐다. 하지만 한계 혁명은 케인스 혁명보다 경제학 방법론에 더 지속적인 영향을 미쳤다.

러커토시 임레는 방법론적 지속성과 변화를 토머스 쿤보다는 덜 극적으로 설명한다. 그는 쿤의 패러다임과 관련한 주장을 수용하면서도 연구자들이 더 우월한 패러다임을 수용하는 과정을 설명하고자 과학적 '연구 프로그램' 방법론을 제시했다. 그의 연구 프로그램은 한 이론의 '견고한 핵(hard core)'과 수정 가능한 보조적 가설인 '보호대(protective belt)' 그리고 연구자들이 따라야 할 일련의 방법론적 관행인 '휴리스틱'으로 구성돼 있다. 러커토시는 반증 과정이 '견고한 핵'을 직접 손상해 이론 전체를 무너뜨리는 것이 아니라, '보호대'의 가설들이 먼저 수정된다고 주장했다. 그는 연구 프로그램 사이의 우열을 가리는 기준으로 참신한 '예측'을 내놓고 관찰 데이터를 통해 '검증(conformation)'하는 방법을 제시했는데, 연역이 아닌 귀납적 추론으로 이론의 진보성을 판단해 효과적인 예측을 제공한 연구 프로그램이 그렇지 못한 프로그램을 대체한다고 봤다. 보호대에 예측 오류가 너무 많으면 그 연구 프로그램은 결국 퇴화한다. 요컨대 보호대의 가설들로 견고한 핵을 유지하지 못할 때 패러다임 전환이 일어난다.

보호대의 기능은 감염에 면역력을 지닌 유기체처럼 새로운 사상이나 이론에 대한 건고한 핵의 조기 거부 반응을 방지하는 것이다. 예컨대 코페르니쿠스(Nicolaus Copernicus, 1473~1543)가 태양을 중심으로 지구가 회전 운동을 한다는 지동설을 주장했을 때 사람들은 그것이 사실이면 별의 작은 움직임, 즉 '시차(parallax)'가 관측돼야 한다고 주장했다. 당시로서는 시차를 발견할 수 없었지만, 이 작은 오점 때문에 지동설이 완전히 폐기되지는 않았다. 훗날 성능이 매우 우수한 망원경으로 시차를 관측할 수 있었다. 반박 절차의 약점 때문에 보호대는 자연과학보다 사회과학에서 훨씬 더 강력하게 작용한다.[13] 정통 경제학에 대한 논쟁은 주로 이 '보호대'에서 벌어졌다. 경제학자들은 추가 연구를 위한 문제나 변수 등은 보호대에 집어넣고 '정상적인' 과학은 영향을 받지 않도록 내버려뒀다.

왜 경제학(또는 모든 사회과학)에서는 이론적 변화가 잘 일어나지 않을까? 토머스 쿤의 표현을 빌리면 아마도 이 분야에서 견고한 패러다임을 만들어내지 못해서일 것이다. 좀 더 정확히 말하면 경제학을 포함한 사회과학은 반대 의견이나 위협 요소가 나타나면 이내 기존 이론에 추가되거나 흡수되는 식으로 동화와 영입에 무척 자유롭다. 이는 같은 언어 내에서도 사투리가 있듯이 다양한 학파가 느슨한 위계질서 속에서 공존하며, 패러다임을 바꿀 만큼 독립적인 이론은 아직 등장하지 않았다는 의미다.

존 바이런 데이비스(John Bryan Davis, 1947~)는 경제학적 정통이 지배적 지위를 보호하는 방식에 관해 설득력 있게 설명했다. 그에 따르면 경제 연구의 질을 평가할 때 전통적 '성찰 영역(reflexive domain)'인 이론과 증거의 관계나 경제학의 역사 및 철학은 배제되고, 그 자리를 학술지 등급이 차지한다. 얼마나 명망 있는 학술지에 실리는지가 관건이라는 이야기다. 이는 지나친 현상 유지와 계층화를 심화한다. 이른바 일류 학술지는 일류 기관의 일류 학자의 이론만 취급한다. 일류 경제학자는 일류 학술지에서 다루는 사람이다. 그리고 일류는 대부분 주류다.

연구 자금 지원이 학술지 등급으로 좌우되고 이를 근거로 경력 발전이 이뤄지기에 결코 가볍게 받아들일 수 없다. 지식 경쟁이 아닌 게이트키퍼(gatekeeper)로서의 학술지 편집자들이 정의한 패러다임을 받아들인 경제학자들의 연구가 좋은 평가를 받는다. 이와 같은 자기지시적 시스템에서 사람들은 '좋은 경제학'에 관한 이미 형성된 개념을 충실히 고수하는 것이다. 물론 현재 가장 영향력 있는 신고전주의 경제학자 가운데 학술지의 지배력을 강력하게 비판하는 이들도 있다. 기초 연구와 혁신적인 이론 개발을 저해해 질을 떨어뜨리고, 이미 발표된 이론의 후속 연구만 조장한다는 것이다. 2013년 노벨경제학상을 받은 라스 피터 핸슨(Lars Peter Hansen, 1952~)은 전미경제학회 2017년 연례회의에서 이를 두고 다음과 같이 지적했다.

— 심판들에게 의존하니 훨씬 더 보수적인 전략으로 이어지는 것입니다. 이런 행태는 경계를 넘나들고 도전 의식을 고취할 새로운 논문들에 불리하게 작용합니다. 알려진 연구의 후속 논문을 쓰는 편이 5대 학술지에 게재될 수 있는 가장 간단한 방법이니까요.[14]

저명한 학술지에 논문이 실려야 한다는 압박감이 연구자들에게 책보다는 짧은 학술 논문을 쓰게 만든다. 지면 제약 때문에 부분적으로만 설명해야 하고, 이로 인해 자연스럽게 '세테리스 파리부스'를 활용할 수밖에 없게 된다.

경제학은 전문적 표준을 다른 사회과학과 공유한다. 일반적으로 예술은 표준을 공유하지 않는다. 경제학이나 사회학에서는 어떤 주장 또는 논거를 두고 "그것은 실수다"라고 말할 수 있지만, 관습적인 것들이 '창의성'과 '독창성'의 도전을 받거나 무시되는 미술 또는 문학에서는 실수가 아니다. 이처럼 전문적 표준이 존재한다는 사실도 경제학에서 변화가 어려운 이유를 설명하는 데 도움이 된다. 그러나 문제는 이런 내부 표준이 현실을 이해하는 데도 가장 유용한 방법론이 될 수 있

더 나은 삶을 위한 경제학

는가다.

다양성에 관한 정통 경제학의 관용은 수십 년을 거치는 동안 급격히 줄어들었다. 수학이 경제학의 영역을 너무 좁힌 나머지 이제는 진정한 패러다임이 된 것 같다. 미국의 정치적 패권과도 연결된다. 미국 중심의 경제학파는 마르크스주의, 오스트리아 학파, 독일 역사 학파, 케인스 학파, 스웨덴 학파 등 다른 학파를 대부분 지워버렸다. 미국의 경제학은 미국의 패권과 함께 퍼져나갔고 지금도 퍼져나가고 있다.

비록 오늘날 경제학 커리큘럼에서는 제외됐지만, 경제학의 역사에서 등장한 여러 반대 의견은 영원히 사라진 게 아니다. 무기고에 방치됐을 뿐이다. 영향력 있는 선조들의 증언은 여전히 가치 있다. 기존 이론에 반대한다고 해서 외로워할 필요도 없다. 경제 지식 누적되지 않는다. 새로운 지식으로 숨이 끊어지지 않는다. 밀려나 있을 뿐이다. 언제라도 필요할 때 다시 들춰보고 되새겨볼 필요가 있다. 우리 세대의 최대 쟁점인 경기 침체, 불평등, 기후 변화, 자동화, 분배 등 여전히 많은 문제가 현 패러다임으로는 해결되지 못하고 있다. 앞으로 나아가지 못할 때는 뒤를 돌아봐야 한다. 경제 사상의 지나온 역사를 귀중한 지적 도구로 삼아야 할 것이다.

과거의 논쟁을 살피면 좋은 점이 또 한 가지 있다. 경제학을 공부하다 보면 상충하는 이론이 너무 많아 혼란스럽기도 하다. 그럴 때 고전 개념을 먼저 접하면 이해가 수월하다. 실제로 경제학의 역사에서 등장한 수많은 논쟁은 수학이 지배하는 지금과 달리 훨씬 더 이해하기 쉽고 현실적인 언어로 진행됐다. 그로부터 맥락을 잡아놓으면 중심이 잡히고 보다 객관적인 관점으로 사물을 바라볼 수 있다. 논쟁에서 벌어지는 의견 충돌은 그 자체로 지적 유희를 느끼게 해준다. 무엇이 쟁점이고 어떤 이야기가 오가고 있는지 이해하면 그 즐거움은 배가 된다.

더 나은 삶을 위한 경제학

왜 경제의 역사를 들여다봐야 하는가

역사는 반복되지 않지만, 운율을 맞춘다.

_마크 트웨인

:: 과거를 보는 이유 ::

애덤 스미스, 카를 마르크스, 존 메이너드 케인스와 같은 경제학자들은 역사와 무관한 경제학의 진실을 전달하는 데 적합한 수학을 완벽하게 만들고자 하지 않았다. 이들은 역사의 그늘 한가운데에서 자신의 이론을 정립했다. 그들은 영구적이라고 인식되는 상황이 영원하거나 오래도록 지속되지 않음을 알았으며, 세계관이 변화할 때마다 세계가 변화한다는 사실을 이해했다. 앨프리드 마셜도 "사회적 조건의 모든 변화는 경제 원리의 새로운 발전을 요구한다"고 썼다.[1]

다르게 말하면 경제 이론의 가치는 진화의 계보에서 어디에 있는지가 아닌, 세계에서 어떤 위치를 차지하고 있는지에 달려 있다. 아무리 뛰어난 경제 이론이라도 현실에 맞지 않으면 무용지물이다. 경제학은 역사에 기반을 둔 사회과학이어야 한다. 경제 원리뿐 아니라 방법론도 시간과 장소에 맞게 정립돼야 한다.

과거에 경제는 독립된 영역이 아니었다. 인류의 생존을 보장하기 위해 고안된 복잡한 제도와 인간 행동에 내재한 질서였다. '과학적 경제학'은 이 '내재한' 질서에 대한 비판으로 시작됐지만, 동시에 모든 인간은 늘 효용을 극대화하려는 존재라고 주장했다. 이로 인해 경제학자들은 경제학에 언제 어디에서나 타당한 보편적 법칙이 있다고 주장할 수 있었다.

역사는 이 뻔뻔스러움에 대한 따끔한 경고다. 경제학자들이 과거를 연구해야 하는 두 가지 이유가 있다. 첫째는 경제를 개선해야 하기 때문이며, 둘째는 경제사를 제대로 쓰기 위해서다.

우선 첫 번째 이유를 살펴보자. 역사가 특정 사실을 다루고 경제학이 일반을 다룬다면, 경제학자들에게 역사의 가치는 그들이 자신의 전제를 구체화하고 한계를 인정할 수 있게 해준다는 데 있다. 역사는 경제학자들이 가설을 세울 때 참조해야 하는 사실들의 중요한 출처다. 그러나 경제의 역사는 현대 경제학 커리큘럼에서 등한시된다. 윌리엄 파커(William Parker, 1919~2000)는 경제사를 다음과 같이 설명했다.

더 나은 삶을 위한 경제학

— 경제사, 경제 제도, 응용 분야 과정에 내포한 제도적 맥락, 사회적 개념, 도덕적 열정은 경제학에서 배제됐다. 대신 이 분야는 이론가들이 부분적으로 상상력을 발휘하는 놀이터로 변모했다.[2]

간략히 말하면 경제학자들에게 경제사는 그저 자신의 이론을 대입할 때 수치적 데이터를 얻는 참조 사항일 뿐 그것에 큰 의미를 두지 않는다. 방대한 데이터 은행을 가진 경제학자들에게 서사적 역사는 단순한 일화다. 그들은 경제사에도 이론이 있느냐고 반문할 것이다. 경제학자들이 볼 때 역사에 의존하는 경제학은 옛날이야기만 늘어놓을 수 있을 뿐이다. 경제학이 보편적으로 타당한 법칙을 갖는다면 굳이 역사에 의지할 필요가 없는 것이다. 보편성은 시간을 초월하기 때문이다.

'보편적 법칙'에 집착한 경제학자들은 인간 행동을 이해하는 데 유용한 지적 자원을 역사에서 찾으려고 하지 않았다. 오히려 과거로의 여정은 그 옛날의 식민지 원정과 같다. 발견만 한다면 나의 것이다. 역사는 새로 쓰인다. 경제학자들의 생각대로 보편적 경제 모델을 갖추면 과거든 현재든 언제 어디에도 가설을 간단히 적용할 수 있다. 물론 이때의 가설은 항상 신고전주의 가설이다. 우리는 언제나 효용 극대화를 추구한다.

이런 이유로 경제학은 경제사를 비워낸다. 경제학자들이 이미 확신한 비역사적 경제 모델과 부적절한 검증을 통해 나온 경제 이론은 그동안의 경제 역사를 부패하게 만든다. 역사는 필요 없다. 과거의 사건에 통계적·수학적 기법을 적용하는, 스탠리 라이터(Stanley Reiter, 1925~2014)가 이름 붙인 '수량경제사(cliometrics, clio+metrics)'는 결국 그리스 신화에 등장한 역사의 뮤즈 '클리오(Clio)'의 타락인 것이다.

:: 경제의 역사는 통계의 원천 ::

표준적인 관점은 역사가 경제 가설을 검증하기 위한 관찰 분야를 제시한다는 것이다. 역사는 이론을 시험하고 변수들의 관계를 추정하고 추가적인 경향을 예측하도록 돕는 경험적 증거의 출처다. 경제사의 기본 도구는 일정 기간 연속적으로 관측된 기록을 통계로 계열화한 '시계열(time series)'이다.

앵거스 매디슨(Angus Maddison, 1926~2010)은 서기 1년부터 지금까지의 세계 인구와 경제 규모의 변화를 국가별로 정리했다. 그에 따르면 서기 1000년 중국 인구는 5,900만 명으로 당시 유럽 30개국 인구를 합친 2,556만 명보다 많았으며, 1990년 물가 기준으로 그 시대의 GDP 규모를 달러로 환산한 결과 중국은 274억 달러로 유럽 30개국의 109억 달러에 훨씬 앞서 있었다. 그런데 1700년에는 중국이 828억 달러, 유럽 30개국이 809억 달러로 격차가 좁아지더니 1900년에 이르러서는 중국 2,181억 달러, 유럽 30개국 6,739억 달러로 완전히 역전됐다.

더 나은 삶을 위한 경제학

통계의 가치는 역사적이든 아니든 간에 주장을 검증한다는 데 있다. 누군가 로마인이 현대인보다 훨씬 더 부유했다고 주장한다면, 앵거스 매디슨의 역사적 통계 자료가 그 주장에 대한 결정적 반박이 될 것이다.

그렇지만 혼동해서는 곤란하다. 앵거스 매디슨의 시계열은 해당 사건으로부터 오랜 시간이 흐른 뒤에 마련됐다. 서기 1년은 말할 것도 없고, 1700년에 GDP라는 개념은 존재하지도 않았다. 앵거스 매디슨의 통계 자료는 오차 범위가 큰 데이터를 근거로 작성됐으며 다른 목적을 위해 편집됐다. 그것들은 터무니없는 주장을 검증하는 데는 유용하지만, 고대 아테나와 현대 에티오피아의 복지를 비교하는 데는 쓸모가 없다. 토마 피케티(Thomas Piketty, 1971~)의 경제적 불평등에 대한 통계 자료, 그리고 모든 통계적 시계열도 마찬가지다.[3]

시계열 분석은 계량경제학의 핵심 요소이기도 하다. 미래의 관계를 추정하거나 과거의 관계를 시험하고 검증할 때 시간에 따른 두 개 이상의 경제 변수들의 관계를 통계적으로 측정하고자 시계열 분석을 이용한다. 역사적 데이터는 계량경제학 연구에 필요한 데이터의 원천으로서 비교 데이터를 연결한다. 최근 몇 년 동안 계량경제학의 데이터베이스가 엄청나게 확장됐다. 예를 들어 유통되는 화폐의 양이 물가 수준을 결정한다는 '화폐수량론(quantity theory of money)'의 실증적 토대를 수립하려는 많은 시도가 있었다. 사이먼 쿠즈네츠는 소비 함수를 검증코자 국민소득과 그 구성 요소에 대한 장기 시계열을 분석했다. 그리고 에드워드 풀턴 데니슨(Edward Fulton Denison, 1915~1992)은

시계열을 활용해 산출 증가와 주요 투입 요소(노동·자본·교육·효율성)의 관계를 추정했다.[4]

하지만 제5장에서 논의했듯이 계량경제학은 이론을 시험하는 방법으로서 과대 포장됐다. 경제 모델의 구체화 문제 말고도 충분한 관측치를 얻는 데 너무 많은 시간이 필요하다는 약점도 있다. 결국 조건들이 고정돼 있다고 가정할 수밖에 없다. 높은 세금이 경제 성장을 방해할까? 이를 뒷받침할 결정적 증거는 아직 나오지 않았다. 대부분의 경제학 이론은 결코 증명될 수 없다.

로버트 솔로는 경제사를 계량경제학의 기준으로 바라보는 것을 강도 높게 비판했다. 그는 심지어 계량경제학을 "역사 맹인(history blind)"이라고 불렀다.

― 경제학자는 경제학이 마치 사회의 물리학인 양 앞으로 나아간다. 보편적으로 타당한 경제 모델은 오직 하나이며 이 모델만 적용하면 된다. 현대 경제학자를 그의 개인용 컴퓨터와 함께 타임머신에 태워 어느 시간과 장소에 떨어뜨릴 수 있다고 가정해보자. 아마도 그는 자신이 어느 시대 어느 곳에 있는지 묻지 않고도 지금 하던 일을 그대로 할 수 있을 것이다.[5]

요컨대 경제 모델 대부분은 과거 사람들이 오늘날 사람들과 본질적으로 같은 가치와 동기를 가졌다는 가정에서 출발한다. 피터 액턴(Peter Acton)의 책《포이에이시스: 고대 아테네의 제조업(Poiesis:

Manufacturing in Classical Athens)》에 좋은 사례가 나온다. 마이클 쿨리코우스키(Michael Kulikowski, 1970~)는 이 책의 서평에서 다음과 같이 썼다.

— 거듭된 사례 연구를 통해 액턴은 고대 아테네를 후기 산업화 세계로 묘사한다. 물론 그 모습은 19~20세기와는 다르다. 그의 모든 사례 연구는 고전 미시경제학과 전후 경쟁 경영론을 통해 밝혀진 진실을 신뢰한다. 액턴은 독자들에게 아테네인들이 "오늘날 우리가 잘 알고 있는 경제 원칙에 따라 활동했을지"에 대한 해답을 구하는 데 고전 미시경제학을 이용하라는 도전적 과제를 제시한다. 설령 고대 아테네인들에게 지금 우리에게는 명확한 경제 용어나 개념적 틀이 부족하더라도 말이다. 액턴은 "미시경제적 틀은 영원"하고, "고대 경제 주체들의 의식적 동기와 무관하게 기본 경제 원칙은 경험적으로 효과적이며 중요한 역사적 통찰의 원천"이므로, "맥락은 달라도 동일한 경제 법칙이 적용된다"고 믿는다.[6]

모시스 핀리(Moses Finley, 1912~1986)의 정밀한 연구는 고대 경제가 역사와 얼마나 동떨어져 있었는지를 잘 보여준다. 핀리의 주장에 따르면 당시 상류층의 탐욕은 '효용 극대화' 논리가 아닌 정치적·군사적 이력을 위한 관습적인 지출로 좌우됐다.[7] 핀리의 연구는 인간 사회가 대부분 '사회적 상상력(social imagination)'으로 구성된다는 사실을 증명한다. 현대의 시각으로 과거를 바라봐서는 안 된다. 지금의 용어로 과거를 이야기해서는 안 된다. 인간 사회는 역사를 배제하고서는 이해할수 없다. 고대 그리스 장인들이 이윤 극대화를 생각하지 않았다면, 그들이 '정말로' 했던 일이 이윤 극대화라고 누가 장담할 수 있을까?

역사의 비전을 계량경제학자들에게 넘겨서는 안 된다. 로버트 솔로가 지적했듯이, 새로운 경제사를 쓰면서 경제학에서 했던 것과 "동일한 함수, 동일한 회귀, 사상을 대체할 t-값의 동일한 치환"을 나쁜 데이터를 활용해 찾는다. 새로운 경제사학자들과 경제학자들은 인식의범위를 넓히기보다 단순히 똑같고 불분명한 정보를 여기저기 공급한다. 계량경제학은 필연적으로 역사적이지만 역사의 의미를 전달하지않는다. 그래서 "경제학은 경제사에 배운 나쁜 습관 외에는 경제사로부터 배울 것이 없다"고 생각하는 지경에 이르렀다.[8]

:: 역사를 바로잡는 경제학 ::

경제학자들이 과거를 연구해야 하는 두 번째 이유가 있다. 경제사를제대로 쓰는 것이다. 실제로 경제학은 역사를 바로잡았다. 유명한 사례가 로버트 포겔(Robert Fogel, 1926~2013)과 스탠리 엥거먼(Stanley Engerman, 1936~)의 연구에 등장한다. 두 사람은 미국의 노예 제도가경제적으로 효율적이었다고 주장했다. 임금 노동자 기반의 상공업이주된 생산방식이던 북부와 달리, 대농장이 발달해 노예 노동력으로 면화, 담배, 사탕수수와 같은 작물을 재배하던 남부에서는 더욱 그랬다. 노예 노동력을 이용한 대량 생산은 매우 효율적이었고, 알려진 사실과는 다르게 '노예 사육'은 사실상 존재하지 않았으며, 노예들의 일상적인 식단과 의료 서비스 수준 등 물질적 조건도 오히려 북부의 "자유 노동자의 삶에 비해 유리했다"는 것이다. 이는 노예 제도에 대한 기존 설명과는 대조적이었다.

포겔과 앵거먼에 따르면 노예 노동이 비도덕적 생산방식이기는 하지만, 당시 상황에서는 경제적으로 효율적이었는데도 정치 논리로 인해 폐지됐다. 두 사람은 자신들의 주장이 노예 제도를 정당화하는 게 아니라는 점을 강조하면서, 흑인 미국인에 대한 편견을 깨기 위한 것이라고 역설했다. 두 사람은 흑인 미국인이 천성적으로 게으르고 무능력하며 신뢰할 수 없다는 편견은 "노예 제도 폐지론자와 옹호론자 모두가 공유한 인종 차별적 태도에서 유래했다"고 썼다. 포겔과 앵거먼의 연구는 '남북 전쟁'이라는 역사적 사건의 배경과 결과를 분명히 해주기에 중요한 통찰이다.

닉 크래프츠(Nick Crafts, 1949~)의 연구는 영국 산업 혁명을 영향력 있게 재해석한 사례다. 그는 산업 혁명 기간 동안 영국의 경제 성장을 분석하고자 다양한 산업군의 성장률을 측정했다. 그 결과 전체 성장률은 알고 있던 것보다 훨씬 낮았고 면화와 철강 부문에 집중됐다는 사실을 발견했다. 그러자 몇몇 경제사학자들이 크래프츠의 연구를 인용하면서 그 시기를 산업 혁명이라고 묘사하는 것은 부적절하다고 주장

했다.[9]

경제학과 경제사를 생산적으로 구분하려면 경제학자는 정형화된 사실을 근거로 다양한 가설을 만들어야 하며, 경제사학자는 다른 모델과 다른 증거를 적용할 수 있는 방법을 제시해야 한다. 경제학자라면 정복하기보다 탐구하는 마음으로 역사에 접근해야 할 것이다.

:: 순환하는 경제사 ::

역사는 사회학과 비슷하게 보수적이다. 역사는 과거에 일어난 일에 대한 기록이다. 그렇기에 "그래야 했을까"나 "그랬어야 한다"가 아니라 "그랬다"라고 서술한다. 역사적 상상력은 진보의 사상을 담아내기 어려우므로, 역사에만 의존하는 것은 정치가에게는 치명적 약점이 될 수 있다.

정치가를 위한 학문으로서 역사의 약점은 1919년 '베르사유 조약(treaty of Versailles)'에서 분명하게 드러났다. 제1차 대전의 중재자들은 유럽을 경제적으로 재건할 필요성보다는 국경과 국적을 두고 조바심쳤다. 제2차 대전의 충격이 낳은 결과는 전쟁으로 산산이 조각난 국가들의 경제 재건을 최우선 어젠다로 설정하게 만들었다. 경제 재건의 임무는 '브레턴우즈 체제(Bretton Woods system)'와 '마셜 플랜(Marshall plan)'을 고안해낸 미래지향적인 경제 전문가들에게 맡겨졌다.

더 나은 삶을 위한 경제학

경제학자와 역사학자 모두 사회적·경제적 생활이 반드시 고정적일 필요는 없는 균형점에 맞춰 움직인다고 여긴다. 그렇지만 경제학자와 역사학자는 '주기(cycle)'에 대해서는 매우 다르게 바라본다. 경제학자들에게 주기는 시스템에 가해진 '충격'에서 비롯된다. 충격이 없다면 해당 시스템은 아무 문제 없이 제 기능을 하며 경제 활동의 주기를 만들어낸다. 1920년대에 니콜라이 콘드라티예프(Nikolai Kondratiev, 1892~1938)는 자본주의 경제에서 철도나 전기와 같은 대발명이 50년 주기로 나타나므로, 한 국가의 경제도 40~60년을 주기로 호황과 불황을 반복한다는 이른바 '콘드라티예프 순환(Kondratiev cycles)'을 제시했다. 그런데 경제가 기술 혁신으로 생긴 변화에 적응할 때 이 변동 폭은 커질 수 있지만, 진보 자체에 의문을 제기할 정도로 충분히 오랫동안 지속하지는 않았다. 오늘날에는 모든 경제 활동의 주기가 더 짧아지고 있다. 한편으로 역사학자들이 생각하는 주기는 문명의 주기와 유사하다. 그리고 주기는 경제 위기에 의해 촉발될 수는 있지만, 그 기원은 사회의 핵심 제도들의 실패에서 비롯된다.

추상적인 관점에서 기술을 바라보는 역사학의 주기 이론에는 진보에 대한 개념이 없다. 역사에서 기술 진보는 외부에서 비롯되고 예측 불가능하다. 역사 자체는 진보의 패턴을 드러내지 않는다. 역사의 주기는 비슷한 길을 따라 왔다 갔다 한다. 이런 맥락에서 역사는 정확히 "반복되지 않지만 운율을 맞춘다"는 마크 트웨인(Mark Twain, 1835~1910)의 표현은 적절하다. 전형적인 역사 주기에서 사회는 부흥과 쇠락, 진보와 후퇴, 쾌락주의와 금욕주의 사이에서 추처럼 흔들린다. 외부를 향하는 움직임은 반작용으로 이어지는 과잉 위기를 낳는다. 균형점은 달성하기 어렵고 늘 불안정하다. 역사는 미래를 예측하는 데 사용될 수 없지만, 추세와 그에 반하는 불가피한 작용을 보여줄수 있다. 일반적으로 주기는 세대 단위로 반복된다. 자녀 세대는 부모세대의 믿음에 반발한다.

아서 슐레진저(Arthur Schlesinger Jr., 1917~2007)는 저서 《미국 역사의 주기(Cycles of American History)》에서 정치 경제 주기를 "공공 목적과 사적 이익 사이의 지속적인 정부 개입 변화"로 정의했다. 그는 이 정의를 유럽의 상황에 적용해 '자유주의' 시대와 '집산주의(collectivism)' 시대 사이의 진동을 확인했다. 그에 따르면 '사리사욕'이정책을 결정하는 자유주의 시대는 '돈'의 타락에 굴복하고, '공공 목적'에 헌신한 집산주의 시대는 '권력'의 타락에 굴복한다. 그러면서 역사주기는 스스로 반복된다. 내가 볼 때 이와 같은 정치 경제의 진동은 미국의 역사적 서사와도 들어맞으며 전세계적으로도 적용된다. 자유주의 경제학의 시대는 애덤 스미스의 《국부론》이 출간되면서 시작됐다. 그렇게 자유무역주의가 지적 우위를 확보했지만, 실질적 정책 변화를불러온 결정적 계기는 1840년대 초반에 발생한 감자 기근이었다. 이로써 그동안 지주들의 이익을 옹호해온 곡물 조례가 1846년 폐지됐고본격적인 자유무역 시대가 열렸다.

그런데 시간이 흘러 1870년대에 이르자 추는 앨버트 다이시(Albert

더 나은 삶을 위한 경제학

Dicey, 1835~1922)가 부른 '집산주의' 시대로 이동하기 시작했다. 식량 가격 폭락으로 인한 최초의 세계적 경기 침체가 방아쇠를 당겼다. 정치 경제에 커다란 변화를 가져오기에 충분한 '충격'이었다. 그것은 첫 번째 파동으로 두 가지 결과를 초래했다. 첫째, 영국을 제외한 모든 산업 국가가 농업 및 산업 분야의 고용을 보호하고자 관세를 부과했다(당시 영국은 농촌 실업을 해소하기 위해 대량 이민에 의존했다). 둘째, 미국 외 모든 산업 국가가 자국민의 생명을 보호하고자 사회 보험 제도를 도입했다.

1929~1932년의 대공황은 집산주의의 두 번째 파동을 일으켰는데, 그 여파로 '나치주의(Nazism)'가 등장하기도 했지만, 더 강력한 파동은 완전 고용을 유지하기 위한 재정 및 통화 정책을 수립할 때 '케인스 학파'의 이론이 널리 활용됐다는 것이다. 자본주의 국가 대부분은 주요 산업을 국영화했다. 미국의 경우 프랭클린 루스벨트(Franklin Roosevelt, 1882~1945) 대통령의 뉴딜(New Deal) 정책으로 금융권과 전력 산업을 규제했고 뒤늦게 사회 보장 제도를 도입했다. 국제 자본 이동은 엄격히 통제됐다. 그러나 자유주의적 본능이 완전히 사라진 것은 아니었다. 그랬다면 서구는 '공산주의(communism)'와 '파시즘(fascism)'으로 양분됐을 것이다.

제2차 대전 이후 부상한 집산주의는 '온건한' 형태의 사회민주주의였다. 하지만 1970년대 집산주의 위기 이전에도 1945년 이후 무역이 점진적으로 자유로워지고 자본 이동도 자유화되면서 자유주의로의 복귀는 이미 이뤄지고 있었다. 국외로는 자유무역을 지향하고 국내에서는 사회민주주의가 힘을 얻었다. 브레턴우즈 체제는 자유주의적·사회민주주의적 정치 경제의 국제적 표방이었다. 브레턴우즈 체제는 1930년대 대공황 이후 대외 무역 자유화를 목표로 삼았다. 미국 달러화를 기축 통화로 '금환본위(gold exchange standard)' 제도와 조정 가능한 '고정 환율(fixed exchange rate)' 제도를 도입함으로써, 경쟁적인 통화 가치 하락을 막고 국제 통화 질서를 수립하는 것이 핵심이었다. 이 체제의 기둥인 미국은 기축 통화가 된 달러를 유럽의 전후 재건 사업 등에 풀면서 번영을 구가했다.

사회민주주의의 위기는 1970년대 '스태그플레이션(stagflation)'과 '통치 불능(ungovernability)' 상황으로 전개됐다. 그 양상은 아서 슐레진저가 말한 "권력의 타락"에 부합했다. 케인스주의적·사회민주주의적 정책 입안자는 지적 자만심에 빠져 자신들이 경제와 사회를 관리하고 통제할 지식과 수단을 가졌다고 확신했다. 이는 《노예의 길(The Road to Serfdom)》에서 프리드리히 하이에크가 독설을 퍼부었던 사회적 병폐였다. 1970년대 임금과 물가를 관리해 인플레이션을 통제하려는 시도는 노동조합, 특히 영국의 노동조합들이 이를 거부함으로써 '통치의 위기(crisis of governability)'로 직결됐다. 공공 및 민간 생산자 집단에 대한 국가 보조금은 '새로운 권리(new right)'가 되어 행동의 부패, 즉 지대 추구와 도덕적 해이 그리고 '무임승차(free ride)'를 조장했다. 정부가 실패했다는 뚜렷한 증거는 시장 실패에 대한 기억을 깨끗이 없애버렸다.

새로운 세대의 경제학자들은 케인스주의를 버리고 정교한 수학의 도움을 받아 자율 규제 시장에 대한 고전적 경제학을 재창조했다. 1970년대 인플레이션 위기에 혼쭐이 난 정부들은 자유 시장 세력의 '불가피성'에 굴복했다. 공산주의 붕괴와 더불어 추는 다시 반대 방향으로 이동했다. 베트남 전쟁의 여파로 심각한 재정수지 적자에 허덕이던 미국은 금 보유량 증가 없이 달러를 마구 찍어댔다. 각국이 이에 반발해 자국이 보유한 달러와 금의 교환을 요구했으나, 감당할 수 없던 미국이 1971년 달러의 금태환 중지를 선언하자 브레턴우즈 체제는 무너졌다. 환율은 자유롭게 변동됐고, 국제 자본 흐름에 대한 통제는 풀렸다. 머지않아 일어날 대전환, '세계화'의 예고였다.

개념적으로 무척 매력적인 상황이었다. 조직적 폭력과 소모적 지출에 책임이 있는 국가가 세계 시장으로 대체될 것이었다. 존 랠스턴 소울(John Ralston Saul, 1947~)은 2004년에 출간된 《세계화의 붕괴(The Collapse of Globalism)》에서 약간의 풍자를 섞어 다음과 같이 썼다.

— 미래에는 정치나 무기가 아닌 경제가 인류사의 전개 과정을 결정할 것이다. 자유 시장은 오래된 호황과 불황의 주기에 휘둘리지 않는 자연스러운 국제 균형을 빠르게 구축할 것이다. 낮아진 장벽으로 국제 무역은 더욱 성장해 서구 빈곤국의 선박이든 개발도상국의 선박이든 상관없이 모든 배를 들어올릴 경제적·사회적 조류를 만들어낼 것이다. 번영하는 시장들이 독재국가를 민주국가로 바꿀 것이다.[10]

오늘날 우리는 자유주의의 위기를 통과하고 있다. 금융 붕괴는 아서 슐레진저의 "돈의 타락"에 대한 불만을 키우고 있다. 중위 소득은 정체되거나 심지어 하락하고 있지만, '신보수주의(neoconservatism)'는 금융의 '금권 정치(financial plutocracy)'가 차지한 엄청난 보상을 정당화하고자 애쓰고 있다. 효율성이라는 명목으로 수백만 개의 일자리를 '국외 이전(off-shoring)'하고, 국가 공동체 약화와 자연 훼손을 초래하고 있다. 이와 같은 시스템은 충성을 요구하기 위해 엄청난 성공을 거둬야 한다. 장엄한 실패는 신보수주의를 불신하게 할 것이다.

이런 종류의 역사는 경제적 사건의 흐름 속에 우리의 현실과 우리가 공부한 경제 지식을 올려놓고 더 객관적으로 바라볼 수 있는 통찰을 제공한다. 그리고 왜 한 시대에서는 그럴듯했던 경제적 서사가 다른 시대에서는 설득력을 잃게 되는지를 설명하는 데 도움이 된다. 나아가 '충격' 개념을 넘어 경제 균형을 위협하는 '위기'라는 개념에 역사적 차원을 부여한다.

:: 과거를 반복하지 않으려면 ::

이른바 '발전 단계(stages of development)'에 관한 문헌은 다른 역사적 패턴을 보여준다. 서구의 경제 발전 과정은 일반적으로 잘 알려져 있다. 서구는 계몽주의로 등장한 기술과 도구로 과학과 시장의 힘을

더 나은 삶을 위한 경제학

활용할 수 있었다. 하지만 서구의 경제 발전에 관한 이야기를 역사에 서 시작한다면?

장하준은 2002년 출간된 인상적인 책《사다리 걷어차기(Kicking Away the Ladder)》에서 산업화의 역사를 조사하며 매번 국가의 '보이는 손(visible hand)'을 발견했다. 영국의 제조업을 프랑스와 벨기에의 경쟁자들로부터, 독일 산업을 영국 산업으로부터, 미국 산업을 유럽의 경쟁자들로부터, 일본 산업을 미국과 유럽으로부터 보호하려는 국가의 보이는 손이 목격됐다. 홍콩, 싱가포르, 대만, 한국으로 구성된 '아시아의 호랑이들(Asian tigers)'과, 혜성처럼 등장해 급성장하고 있는 중국에서도 국가의 보이는 손이 존재했다.

각국의 정부는 타깃 산업을 총괄하고 지원했다. 산업화에 성공한 이후 각국은 자유무역과 경제 자유화가 자국에 이롭다고 인식했다. 각국의 성공 이야기는 국가 주도 발전에서 시장 주도 발전으로 옮겨갔다. 그리고 국가의 보이는 손은 시장의 '보이지 않는 손'으로 변했다.

정치 경제에 관한 소론은 보편적 전제 대신 역사적 사실에서 경제를 바라보는 좋은 사례다. 주류 경제학자들은 "왜 어떤 국가는 부유하고, 어떤 국가는 가난할까?"라는 질문에 보편적인 답이 존재해야 한다고 생각한다. 그러나 모든 경우를 설명하는 보편적 이론은 존재하지 않는다. 데이비드 랜즈(David Landes, 1924~2013) 등의 경제사학자들은 유럽이 경제적·군사적 패권 국가로 부상하는 과정에서 안경의 발명과 여성의 처우와 같은 문화적 맥락의 중요성을 강조했다. 경제사는 영국의 산업 혁명과 독일, 미국, 일본의 영국 따라잡기, 경기 침체와 아시아의 부상에 관한 이야기를 들려준다. 경제사는 경제 발전에 대한 일반 이론이 아니라, 현재의 문제에 맞도록 정책 방향을 설정하는 데 유용한 역사적 사실을 제시한다.

　신고전주의적 성장 이야기는 경제 발전의 보편적 전제조건이 확실한 재산권이며, 따라서 재산권이 보장돼야만 지주와 기업가가 사회적으로 이로운 발전과 혁신을 주도하고 그로부터 사적인 보상을 얻을 수 있다는 사실을 알려준다. 이 이론에서 18세기 영국의 '인클로저 운동'은 농업 혁명을 통해 산업 혁명으로 이어졌다. 1990년대 러시아와 동유럽의 후기 공산주의 개혁가들은 이 이론을 활용해 국유재산 대부분을 일거에 경매로 팔아치웠다. 그 결과는 해당 국가의 역사와 보유 자원 그리고 외부 원조량에 따라 달랐다. 그런데 러시아는 처참한 결과와 마주했다. 경제가 무너졌고 대부분 국유재산을 소비에트 국영기업 관리자들에게 강탈당해 신흥 재벌 올리가르히(oligarch)가 등장했으며, 독재 정치가 사회 붕괴를 막는 유일한 장벽으로 돌아왔다. 역사의식이 있는 경제학자들은 이 '충격 요법'에 대해 경고했지만, 신고전주의 경제학의 전성기에 그 누구도 귀를 기울이지 않았다.

　근대 경제학이 18세기 계몽주의로 흡수된 이래 경제학은 정부를 포함한 경제 주체들의 동기와 행동을 재편하는 데 일조했다. 온 인류가 수지타산을 맞추기 위해 애쓰면서 자연스럽게 내면화한 합리적 경제 계산은 관습이 무엇보다 중요했던 중세에서보다 더 많이 발현됐다. 그러므로 과거의 인간 행동이 현재의 인간 행동에 대한 지침이라고 할 수 없다. 이와 마찬가지로 현재의 인간 행동이 미래의 인간 행동에 대한 지침이 된다고 할 수 없다.

역사는 경제가 경로에 의존한다고 가르쳐준다. 현재는 과거로부터 이어진다. 그래서 공동체의 역사를 이해하는 것은 그것의 경제적 가능성을 추정하는 데 유용하다. 현재와 미래는 사회 제도의 지속성을 통해 과거와 연결된다. 요즘 경제 연구가 널리 연결돼 있고 세계화됐고 어디서든 쉽게 접근할 수 있지만, 독일어권 국가들의 경제 정책은 여전히 앵글로색슨이나 라틴아메리카 문화권의 경제 정책과 매우 다르다.

1930년대의 대공황에서 배운 교훈을 2008년과 그 이후의 위기에 적용할 수 있는지 자문해보면, 케인스 학파의 부흥이 있었던 것이 그리 놀라운 일은 아니다. 많은 경제학자가 최근에 그랬듯이 경제 회복의 길이 정부 지출 삭감에 있다는 주장은 역사적 기억 상실의 증상이다. "과거를 잊은 이들은 과거를 반복한다"는 조지 산타야나(George Santayana, 1863~1952)의 말이 떠오른다.

윤리학은 경제학을 어떻게 도울 수 있는가

> 근본적인 문제는 경제적으로 그리고 도덕적으로 효율적인 사회 시스템을 찾는 것이다.
>
> _존 메이너드 케인스

:: 도덕성 되찾기 ::

"경제적 목적이란 없으며, 단지 주어진 목적을 달성하기 위한 경제적·비경제적 수단만 있을 뿐이다. 경제학은 확인할 수 있는 사실을 다루며, 윤리학은 가치와 의무를 다룬다. 이 둘을 결부시키는 유일한 방법은 병치다. 경제학과 윤리학은 담론에서 같은 위치에 있지 않다."[1]

라이어널 로빈스는 이렇게 규정하면서 윤리학을 경제학에서 퇴출했다. 조지 스티글러도 "경제학자들은 '사회의 실수'를 바로잡을 때 윤리학이 아닌 수학이 필요하다"고 쓸 때 이와 같은 관점을 갖고 있었다.[2]

266 더 나은 삶을 위한 경제학

이전 세대 경제학자들은 목적의 합리성, 사리사욕의 윤리, 수단의 도덕성 등과 같은 주제에 관해 골똘히 생각했다. 하지만 이런 문제에 대한 고민은 경제 분석의 걸림돌로 여겨지기 시작했다. 앨프리드 마셜은 1903년 도덕과학 커리큘럼에서 경제학을 분리하면서 '형이상학 (metaphysics)' 때문에 좋은 인재가 경제학 공부를 꺼린다고 확신했다. 그렇게 해서, 라이어널 로빈스가 말했듯이, 경제학은 순전히 '수단'의 효율성만을 다루는 학문이 됐다.

예를 들어 전쟁할 때도 더 효율적이거나 덜 효율적인 방법이 있다. 전쟁의 당위성 여부와 전쟁 수단의 도덕성 등은 경제학자가 사적인 견해를 가질 수는 있지만, 자신의 '과학적' 충고에 그런 문제들이 영향을 미쳐서는 안 된다는 이야기다. 설령 경제학자가 개인적으로 전쟁 또는 전쟁의 방식에 개입하지 않기로 하더라도 그것은 경제학 외부에서 나온 윤리적 판단이다. 경제학 내에서는 도덕적이거나 비도덕적인 행동은 없다. 오직 효율적이거나 비효율적인 행동만 있을 뿐이다. 기껏해야 도덕적 격언은 "정직이 최선의 정책이다" 식으로 효율성과 연관시킬 때만 유용할 수 있다.

분명히 애덤 스미스는 사리사욕에 담긴 이기적 의미에 혼란을 겪었고, 그래서 그는 경제 주체들에게 '동감(sympathy)'이라는 별도의 동기를 부여했다. 그러나 후대 경제학자들은 동감이 연역적 추론을 복잡하게 만든다는 이유로 경제 분석에서 제외했다. 카를 마르크스는 '분배'의 정의에 관심을 가졌다. 존 스튜어트 밀은 윤택한 삶을 위해 "얼마가

충분한가?"라는 의문을 던졌다.[3]

그런데 라이어널 로빈스의 이론에서는 합리적 행동과 관련 없는 '도덕적' 요소들이 제거됐다. 그의 경제학은 사회적 유대관계에서 벗어나 사리사욕을 추구하는 개인을 제시한다. 이들은 매우 다양한 욕구를 가졌으나 예산이 부족해 자신의 욕구를 동시에 충족할 수 없다. 따라서 이들은 절약해야 한다. 경제학은 이와 같은 절약에 관한 논리다.

"경제 모델은 개인이 실제로 어떻게 행동하는지 또는 어떻게 행동해야 하는지를 설명하기 위해 설계된 것"이라는 실명은 요점을 벗어난다. 문제는 어느 쪽이든 윤리학은 관련 없고 오직 수학만 관련 있다는 것이다. 개인의 욕구가 좋은 재화를 원하는 것에서 나쁜 재화를 원하는 것으로 바뀌더라도, 이 변화는 단순히 수요표에서의 변화로 간주한다. 수단과 관련해서는 그것이 의도한 목적에 적합한지만 고려한다. 수단이나 목적의 윤리적 가치는 경제학과 상관이 없다는 것이다.

이 모든 것은 경제에 대한 초기 사상의 엄청난 반전이었다. 자본주의와 함께 과학적 경제학은 무너지는 중세 질서에서 성장했다. 중세 사상의 중심에는 가치, 즉 무엇이 칭찬받거나 존경받을 만한 가치가 있는지, 좀 더 단순하게 말해서 무엇이 좋고 무엇이 나쁜지에 대한 고민이 있었다. 경제학도 이런 고민의 한 부분이었다. 그런데 경제학은 좋은 것과 나쁜 것을 논하는 데 결정적인 장점을 갖고 있었다. 달리 말해 물질적 재화의 '가치'를 측정할 수 있었다. 물질적 재화의 비용과 혜택은 '돈'이라는 하나의 단위로 정확히 표현됐다. 그래서 재화의 등급, 즉

'가치'에 관한 문제는 '돈'으로 풀이됐다. 그렇기는 하지만 이때까지 경제재의 가격은 도덕적 질서에서 경제재의 위치를 반영하고, 그 위치를 참조해 설명된다고 여겨졌다.

그러나 경제학이 점점 더 이론화되면서 도덕성에 관한 주제가 사라졌다. 가치와 가격의 관계에 관한 논의는 가치 판단을 하지 않는 수학으로 대체됐다. 수단의 도덕성은 효율성에 포함됐고, 목적의 도덕성은 종교학과 윤리학에 맡겨졌다. 오늘날 우리가 고민해봐야 할 문제는, 그렇다면 경제학자들이 그간의 사회적 실수를 만회하기에 충분한 윤리적 담론을 가졌는가다.

:: 경제학의 가치론: 적정한 가격이란 무엇인가 ::

경제학의 가치론은 실증적이고 도덕적인 뿌리를 갖고 있다. 한편으로 경제학의 가치론은 왜 그만큼의 비용이 드는지를 설명하고, 또 한편으로 왜 그만큼의 비용이 들어야 하는지, 즉 '적정 가격'을 설명한다. 적정 가격은 생산자의 노력과 소비자의 필요를 공평하게 평가해 결정한 가격이다. 적정 가격은 사람들이 서로를 착취하지 않도록 설계된 '도덕률'에 근거했다. 적정 가격에 관한 원칙들은 이미 아리스토텔레스 시대에서부터 존재했으며, 중세 학자들에 의해서 정교해졌다. 그 원칙들은 신성한 법칙이나 자연 법칙에 기반을 둔 것으로 간주했다. 적정 가격은 공정한 거래의 척도였다.

전근대 경제 사상에서 '적정 가격'은 대략적으로 '관습 가격'과 동일시됐다. 관습 가격은 사회에서 공정한 거래로 여겨지는 것들에 대한 일종의 조견표였다. 하지만 16세기와 17세기의 엄청난 인플레이션과 국제적 상거래 확산으로 시장 가격이 관습 가격에서 크게 벗어나기 시작했다. 이는 상업적 경제와 비교해 도덕적 경제가 축소됐다는 의미다.

노동 가치론은 적정 가격 원칙을 세속적으로 적용한 것이었다. 고전주의 경제학자들인 프랑스의 중농주의자(physiocrat) 그리고 애덤 스미스와 그 추종자들은 생산적 노동과 비생산적 노동을 구분했다. 노동 가치론은 가치가 아닌 지대를 나타내는 부분을 가격에서 분리하기 위한 것이었다. 경제적 지대는 실제 비용에 근거하지 않고 땅과 돈을 가진 사람들을 위한 공짜 점심 같은 가격이었다. 중세의 부당한 가격은 돈을 빌려주고 비싼 이자를 받는 고리대금이었다. 고리대금은 왜 부당한 가격으로 여겨졌을까? 돈으로 돈을 버는 몹쓸 행위로 보였기 때문이다. 쓸 데가 없는 돈을 빌려주고 이자를 받는 행위에는 비용이 들지 않으므로 보상받을 자격이 없었다.

애덤 스미스와 데이비드 리카도는 노동을 '시장 가격'과 반대되는 '정상 가격'에 대한 설명으로 봤다. 시장 가격은 정상 가격을 중심으로 오르내리는 '자연 가격'이었다. 그리고 두 사람은 '자연 가격(노동 가격)'과 '시장 가격'을 구별했다. 애덤 스미스는 그 유명한 '다이아몬드와 물의 역설(diamond-water paradox)'을 제시했다. 다이아몬드는 없어도 살

더 나은 삶을 위한 경제학

지만 물은 없으면 살지 못하는데, 왜 다이아몬드는 그토록 비싸고 물은 그토록 싼 것일까? 애덤 스미스는 "광산에서 다이아몬드를 캐내는 어려움과 비용 때문"이라고 답했다. 그런 뒤 "모든 재화의 실질 비용은 그것을 얻는 데 들인 수고와 노력"이라고 결론지었다.[4]

그런데 애덤 스미스의 단순한 노동 가치론은 이후 복잡한 문제를 일으켰다. 자본가의 노동도 보상받을 자격이 있는 것일까? 데이비드 리카도는 자본을 축적된 노동으로 보고 자본가의 노동에 대한 보상을 노동 가치론에 포함했다. 자본은 자본가의 '절제' 또는 '절약'의 결과물이며, 자본가의 절약은 노동의 고통스러운 노력에 가치를 더한다는 것이었다.

데이비드 리카도의 손에서 노동 가치론은 생산 비용론이 됐다. 생산 비용론은 '적정 가격'의 중세 개념에 뿌리를 뒀다. 그렇지만 미래 소비를 위한 현재의 희생이라는 특별한 미덕으로 포장해 개인의 사리사욕에 도덕적 위엄을 부여했다. 그렇게 되면 "이익은 희생에 대한 정당한 보상"으로 여겨질 수 있었다.[5] 그로부터 훨씬 이후에는 "이익은 위험 감수나 대규모 사업에 대한 보상"이라는 개념이 등장했다.

카를 마르크스에게는 다른 어젠다가 있었다. 그는 자본가의 이익을 정당화하기 위해서가 아니라 가치 방정식에서 자본가 계급을 제거하고자 노동 가치론을 채택했다. 그에 따르면 자본가의 이익은 '소비 절제'와는 아무런 상관이 없으며 '노동 절제'와 관련이 있다. 이 주장은 자본가가 노동자로부터 '잉여 가치'를 추출할 수 있다는 생각에서 나왔다. 예컨대 노동자가 8시간 일해서 5시간 노동한 대가를 받았다고 치자. 그러면 3시간분의 차액은 자본가의 '지대'에 해당한다. 지대는 불로소득이며, 마르크스의 표현으로는 '노동 착취'다. 자본가가 모든 기계를 소유하기에 노동을 착취할 수 있는 것이다. 노동자는 노동력 말고는 팔 수 있는 게 아무것도 없다. 따라서 이는 고전적인 '부당 거래'다. 노동자는 굶주림을 각오하고 자본가가 주는 임금을 군말 없이 받아들여야 한다.[6]

모든 생산 비용론이 직면한 문제는 빠르게 팽창하고 살수록 탈규제화하는 시장에서 재화의 가격이 재화를 생산하는 데 필요한 노동 시간과 관련이 거의 없다는 것이다. 계속 확장하는 교환관계망은 장기 가격(정상 가격) 또는 자연 가격을 형성하는 데 실패했다. 가격 시스템에는 도덕적 지주가 없다. 실제 가격의 움직임을 설명할 수 없던 가치론에는 분명한 결함이 있었다. 1870년대부터 생산 비용론은 시장 가격이 희소성과 소비자 수요에 의해 결정된다는 공급 및 수요 이론에 휩쓸렸다.

애덤 스미스는 다이아몬드가 비싼 이유는 광산에서 시장까지 가져오는 데 높은 비용이 소요되기 때문이라고 설명했다. 이에 리처드 와틀리(Richard Whately, 1787~1863)는 다른 사례를 들어 "깊은 바다에서 진주를 채취하기 때문에 진주가 비싼 게 아니라, 진주가 비싸게 팔리기 때문에 깊은 바다로 들어가는 것"이라고 주장했다.[7] 애덤 스미스도 이 부분은 어느 정도 인지했다. 그는 생산 비용뿐 아니라 희소성과 욕

더 나은 삶을 위한 경제학

구가 재화의 가격에 영향을 준다는 이중 관점을 유지했다.[8]

'다이아몬드와 물의 역설'은 한계주의 혁명을 통해 두 번에 걸쳐 풀렸다. 첫 번째 단계에서 필요와 욕구의 구분이 사라졌다. 필요와 욕구는 '주관적 효용' 개념에 포함됐다. 재화에 따라 사람들이 얻는 즐거움의 강도가 달라졌으며, 가격은 해당 재화가 제공하는 즐거움이나 효용의 수준 그리고 상대적 희소성을 반영했다. 더 일반적으로 말하면, 가격은 사람들이 그 재화를 얼마나 원하는지 그리고 얼마나 부족한지(희소한지)로 결정된다. 사람들이 아무리 원하더라도 그 재화가 희소하지 않다면 가격이 붙지 않는다. 예를 들어 물은 통상적으로 자유재다. 그러나 사막에서 물을 얻으려면 값을 치러야 한다. 마찬가지로 공기도 자유재다. 공짜다. 그런데 스쿠버 다이빙(scuba diving)을 하려면 돈을 내고 실린더를 충전해야 한다.

한계주의 혁명의 두 번째 단계에서 가격은 한계효용에 의해 결정되는 것이 됐다. 주관적 효용 개념을 미적분과 통합한 경제학자가 바로 윌리엄 스탠리 제번스다. 그에 따르면 측정해야 할 주관적 효용은 모든 즐거움이 아닌, 조금 더 가졌을 때 느끼는 즐거움이다. 효용은 주어진 예산으로 여러 재화를 소비할 때 조금 더 가짐으로써 얻는 즐거움이 균등해지면 극대화된다. 합리적 개인은 모두 이에 따라 소비하므로 효용 극대화가 이뤄지는 지점에서 가격이 결정된다. 제번스는 이와 같은 효용 법칙의 수치적 측정이 경제학을 자연과학과 동등한 과학으로 바꾸리라고 예상했다.[9]

한계주의는 가격에 대한 생산 비용적 설명을 무력하게 만들었다. 재화를 생산하는 데 소요된 노동력은 영원히 사라지기에 노동은 가치의 원천으로 간주될 수 없었다.[10] 임금은 재화의 가치를 만들어내는 요인이 아닌, 가치에 영향을 주는 요소가 됐다. 이론적으로는 더 큰 노동력이 공급량을 증가시키지만, 욕구가 작용하지 않는 한 그런 일을 일어나지 않을 것이다.

한계주의는 과학적 승리인 동시에 정치적 승리였다. 한계주의는 "그림을 그릴 때 들어기는 노동력은 영원히 사라지는 노동의 대표직 사례인데도 왜 희귀한 작품이 비싸게 팔리는가"와 같은 오래된 가치론이 품고 있던 난제를 일거에 해결했으며, 마르크스주의 착취 이론의 기반을 무너뜨렸다. 측정 불가능한 즐거움의 강도 같은 '과학적' 문제는 접어두자.[11] 논의의 맥락에서 더 심각한 것은 도덕적 가치관의 상실이었다. 가치는 전적으로 공급이 부족한 재화를 얻음으로써 느끼는 즐거움에 대한 개인의 기대에 달려 있게 됐다. 경제학의 규범적 목표는 완전 경쟁 시장을 만드는 것으로 설정됐다.

앞서 살폈듯이 주관적 가치론은 경제학 방법론의 패러다임 전환이었다. 가치가 비용으로 설명되는 한 경제학의 연구 대상은 개인으로 인식됐고, 가격은 순전히 시장 현상으로 간주됐다. 시장 현상은 개인의 선택에서 비롯되는 것이고, 시장 현상을 설명하는 사회 현상 또한 개인 선택의 반영임을 깨닫게 되자, 경제학의 사회적 측면은 사라졌다. 수학적 경제학은 이런 변화를 공식화했다.

더 나은 삶을 위한 경제학

그렇더라도 경제학은 지적 유산을 완전히 버릴 수 없다. 경제학이 여전히 경제생활의 '균형' 모델이나 '자연 가격' 모델을 견지하는 것은 적정 가격과 초기의 얽히고설킨 관계에 대한 존중의 표시라고 볼 수 있다. '자연'이라는 용어는 여전히 경제학에서 널리 사용된다. 하지만 '자연 실업률', '자연 이자율' 등의 개념은 초기의 실질 가치 비용론의 환영이다. 단지 유령일 뿐이다. 가치는 사람들에게서 뽑아낼 수 있는 모든 것이 돼버렸다.

:: 관리 대상으로서의 사유재산 ::

존 로크(John Locke, 1632~1704)는 거의 400년 전에 사유재산이 자본주의 시스템의 도덕적 아킬레스건임을 인정했다. 중세의 교리는 부를 합리적으로 사용해야 한다는 것이었다. 로크는 《통치론(Two Treatises of Government)》에서 "모든 사람은 자신의 노동이 낳은 땅의 열매에 대한 자연적 권리를 갖는다"고 썼다. 재산은 노동을 통해 땅에서 얻어낸 열매인 것이다.

그런데 어떻게 이 주장은 토지 대부분을 소수의 지주가 소유한 현실과 조화를 이룰 수 있었을까? 로크는 "부의 불평등은 우월한 노력에 대한 합당한 보상"이라고 규정했다. 그리고 먼 훗날 불평등이 생산성을 높인다는 공리주의적 주장이 꽃을 피웠다. 이는 로널드 레이건과 마거릿 대처의 공급 위주 경제 정책의 핵심 신념이었다.

로크는 "인간이 망치거나 파괴하라고 신이 만든 땅은 없으므로", 자신의 토지나 자본을 그저 놀리는 소유자에게서 몰수해야 한다고 주장함으로써 '공정한 재산 소유'라는 오래된 개념과의 연결을 유지했다.[12] 로크에게 재산을 소유한다는 것은 공익을 위해서 그 재산을 맡고 있다는 의미다. 좋은 지주는 땅을 관리하는 집사 역할을 해야 한다고 로크는 생각했다. 따라서 사적 소유권이 공익을 위한 것이라면, 그 재산에 대한 지연적 권리를 폐지할 필요는 없었다.

산업화 시대에 노동자들은 '노동권'이 재산 소유권과 동등하다고 주장했다. 신고전주의 경제학은 완전 고용을 가정함으로써 이 주장을 회피했다. 충분히 유연한 노동 시장은 일하고 싶어 하는 모든 사람에게 일자리를 보장할 것이다. 그들은 실업을 소득에 대한 권리가 없는 여가생활을 위한 선택으로 간주했다.

노동자들은 이익 잉여분에 대한 공정한 몫도 요구했다. 우리가 살핀 것처럼 마르크스는 자본주의하에서 이것은 불가능하다고 봤다. 그렇지만 아서 피구(Arthur Pigou, 1877~1959)와 같은 좌익 성향의 신고전주의 경제학자들은 소득 재분배에 대한 과학적 논거를 마련하려고 애썼다. 돈을 많이 가지면 가질수록 한계효용이 줄어드니, 부자들에게서 가난한 자들에게 돈 일부를 이전하는 것은 정당하다고 주장했다.[13] 그러나 라이어널 로빈스가 "만족의 강도는 측정할 수 없다"고 지적하자 아서 피구의 노력은 수포가 됐다. 이후 사회 복지 기능은 효용의 개인

더 나은 삶을 위한 경제학

간 비교에서 비롯될 수 없다는 것이 주류 경제학의 원칙으로 받아들여졌다.

비주류 경제학자들은 사회 복지 기능이 없다고 해서 소득 재분배를 포기해서는 안 된다고 주장했지만, 주류 경제학은 '분배의 정의(justice of distribution)' 문제를 간단히 포기했다.[14] 그 대신 완전 경쟁 시장에서 모든 생산 요소는 한계 생산물을 얻는다는 증거를 제시했다. 이로 인해 분배는 경제 어젠다에서 빠지고 정치 어젠다로 남게 됐다. 실제로 분배 문제는 20세기 내내 정치 어젠다를 지배했다. 사회민주주의자들은 시민권이 민주주의가 의미 있는 물질적 조건의 충분한 평등을 보장하는 국가 책임을 수반한다고 역설했다. 현대 신고전주의 경제학자들과 비관적인 사회학자들은 복지국가를 공격할 공동 명분을 찾는다. 전자는 노동 장려를 저해한다고 공격하고, 후자는 사회를 어지럽힌다고 비판한다.

오늘날 재산권의 정의에 관한 문제는 경제학자들보다 철학자들이 훨씬 더 많이 다루는 주제가 됐다. 예를 들면 존 롤스(John Rawls, 1921~2002)는 사회적 지위나 경제적 이익에서 기회가 공정하면 불평등을 받아들일 수 있지만, "극빈자의 지위를 개선하는 한도 내에서만 정당화할 수 있다"고 강조했다. 이 원칙은 재산 소유권이 도덕적 정당성을 요구한다는 로크의 사상과 닿아 있다.

이처럼 주류 경제학 바깥에서 재산권의 도덕적 책임에 관한 논쟁이 격렬해지고 있다. 기업은 주주 가치를 극대화하기 위해 법적 책임과 더불어 도덕적 책임을 져야 할까? '기업의 사회적 책임'과 '이해관계자' 자본주의는 이 같은 논의의 결실이지만, '기업의 사회적 책임'은 대체로 기업의 대대적인 비즈니스 프로파간다라고 할 수 있다.

그러나 연구에 따르면 직원과 공급업체 및 이웃에 대한 책임을 진지하게 생각하는 기업은 오직 주주와 임원의 이익에만 몰두하는 기업보다 이익률이 더 높았다. 그런데도 주류 경제학은 '관리 대상'으로서의 재산 개념을 지지하지 않는다. 왜냐하면 이 개념은 재산권의 좁은 의미뿐 아니라 "토지, 자본, 노동 시장은 모든 생산자가 자신의 생산물이 소비자가 갖는 가치만큼 보상을 받는다"는 관점에서 완벽하게 공정하거나 공정하게 만들 수 있다는 깊이 뿌리박힌 사상에 대해서도 이의를 제기하기 때문이다.[15]

도덕적 논쟁은 일방적으로 진행되지 않는다. 물론 분명히 명시되고 법적 행사가 가능한 재산권을 옹호하는 견해도 있다. 더욱이 재산이 공익을 위해 사용돼야 한다는 주장은 국가가 사유재산을 몰수하지 못하게 막는 장벽으로서의 사유재산을 말하는 고전주의적 관점에 반하는 것이다. 그리고 국가는 고용주와 노동자가 체결하는 자발적인 계약에 개입하지 말아야 한다는 자유주의적 관점도 있다.

경제학을 공부할 때 이런 모든 관점을 헤아려야 한다. 중요한 것은 갖가지 주장을 펼쳤던 경제학자들의 방법론이 내포하고 있는 도덕적·정치적 선택을 의식하는 일이다.

더 나은 삶을 위한 경제학

:: 진보의 비용 ::

확실한 사실은 경제학에서 도덕성이 사라지고 있다는 것이다. 이는 경제적 진보가 심각한 비용을 초래한다는 생각이 희미해지는 현재 상황에서 확인된다. 인간은 언제나 무언가를 더 잘 만들려는 과정에서 파괴를 자행해왔다. 혁명과 전쟁이 대표적인 사례다. 경제 변화는 방법적으로는 미약했으나 그 효과는 대단히 파괴적이었다. 19세기 정태 경제에서 동태 경제로 이동할 때 도덕적 비용에 대한 엄청난 비판이 있었다. 카를 마르크스와 프리드리히 엥겔스는《공산당 선언》을 통해 "견실했던 것들은 모두 허공으로 녹아 없어지고, 모든 신성한 것들은 더럽혀진다"면서 그 누구보다도 이를 맹렬히 비난했다. 던컨 폴리도 다음과 같은 글을 남겼다.

"애덤 스미스는 간접적이고 추상적인 선을 얻기 위해 직접적이고 구체적인 악을 받아들이도록 촉구하는 도덕적 오류를 범했다."[16]

나아가 그는 회피해서는 안 되는 질문을 던졌다.

"목적은 수단을 정당화하는가?"

주류 경제학은 진보에 대가가 따른다는 사실을 받아들였다. 그러나 거의 모든 경제학자가 "미래는 과거보다 더 나을 것이기에 그 대가는 치를 가치가 있다"고 말할 것이다. 누군가 새로운 조건에 적응하는 데 드는 막대한 비용을 지적한다면, 경제학자들은 산업 혁명 이전과 비교할 때 현재 우리가 얼마나 '더 나은 삶'을 살고 있는지 생각해보라고 반박할 것이다.

일찍이 제임스 밀(James Mill, 1773~1836)은 "자유 기업 체제에는 나름의 고충이 있지만, 그것이 진보와 공익을 위해서 우리가 치르는 대가"라고 표현하며 진보에 비용이 따르는 이유를 설명했다.[17] 그의 아들인 존 스튜어트 밀은 다른 이들의 고통을 그냥 두고 볼 수 없었기에 "고통은 일시적일 것"이라는 단서를 덧붙였다. 부가 증가함에 따라 고통은 완화될 것이다. 반면 허버트 스펜서(Herbert Spencer, 1820~1903)는 "가난한 사람들은 고통은 사회 번영의 메커니즘"이라는 '사회적 진화론(social Darwinist)'의 관점을 취했다. 부자들은 보상을 받고 가난한 이들은 고통을 받으면서 사회가 계속 번영한다는 것이었다.

케인스는 밀 부자의 의견에 동의했다. 그에 따르면 자본주의의 정신적 지주인 금전욕은 윤리적으로 나쁘지만 진보를 위한 수단이다. 금전욕은 풍요를 만들어 "사람들이 현명하고 쾌적하고 잘 살도록" 해준다.[18] 케인스는 마르크스와 마찬가지로 자본주의를 지나가는 단계라고 생각했다. 대부분 경제학자는 희소성을 영구적 조건으로 보기 때문에 후기 자본주의 시대는 상상할 수 없었다. 라이어널 로빈스의 희소성 정의는 인간의 욕구에 제한을 두지 않았다. 희소성은 도덕적 해결책이 아닌 산술적 해결책을 계속해서 요구한다. 게다가 이미 자본주의는 성장 동력으로서 공산주의보다 우월한 체제임을 증명했다. 하이에크의 주장처럼 "중앙의 계획은 반드시 필요한 사회적 산술을 할 수 없기 때문"이다.

그다음에 조지프 슘페터가 등장했다. 그의 주장은 "절대로 불황을 헛되이 하지 마라"로 요약할 수 있다. 그는 '창조적 파괴'를 통한 부의 창조를 주장한 혁신의 사도였다. 그에게 진보는 순조로운 진화 과정이 아니라 혼란스러운 과정이었다. 슘페터는 경기 변동의 대표적 원인이 '기술 혁신(technological innovation)'이라고 믿었다. 기술 혁신에 의해 기존의 기술, 제품, 시장 관행 등 낡은 것들이 파괴되고 새로운 것들이 탄생함으로써 시장 질서가 변화하는 과정을 경기 변동이라고 봤다. 이 과정에서 빈사 상태에 이른 기존 거인들은 거듭된 위기를 극복한 신생 기업들로 대체된다.

오늘날 실리콘밸리가 '파괴적 혁신(disruptive innovation)'이라는 이름으로 이 개념을 대변한다. 슘페터에게 창조적 파괴는 자본주의 시스템이 작동하는 방식이다. 그는 창조적 파괴가 실제로 파괴하는 것보다 더 많은 '가치'를 창출할 것이라고 주장했다. 기술 예찬론자들도 그와 같은 생각이었다. 그들은 자동화가 수많은 기존 일자리와 생활방식을 파괴하겠지만, 장기적으로는 모두에게 이로울 것이라고 강조했다.

그러나 '진보의 비용'에 대한 문헌 대부분은 이 비용이 현재 세대가 감당해야 할 몫이며, 미래 세대는 오롯이 진보의 혜택만을 누릴 것이라고 가정했다. 반대로 미래 세대가 현재 세대의 성장 추구에 대한 대가를 치르게 되리라고는 아무도 생각하지 않았다. 최근에서야 자신들이 자녀와 손자들의 미래 희생으로 현재 혜택을 누리고 있다는 사실을 인식하기 시작했다.

표준 경제학 교과서에서 진보의 도덕적 비용에 대한 진지한 논의는 찾을 수 없다. 분석적 언어가 이 논의를 무력화했기 때문이다. 진보의 비용은 '단기' 또는 '과도기'라고 불리는 영역으로 분리된다. 효율적인 시장과 기술 진보는 일시적인 비용만 발생시킬 것이다. 관대한 사회적 상상력을 가진 경제학자들은 어떤 정책이 사회 전체적으로 바람직한가를 판단하기 위한 '보상 원칙(compensation principle)'이 진보의 비용을 줄이고자 고안됐다고 주장한다. 승자가 패자를 보상할 수 있다면 시장은 '파레토 효율적(Pareto efficient)'인 상태가 될 것이다. 누군가의 효용을 늘리기 위해서는 누군가의 효용을 줄여야 한다. 이는 손익을 '돈'이라는 하나의 척도로 측정할 수 있다고 잘못 가정한다. 그리고 실제 보상을 가져오는 데 필요한 정치 문제를 추상화한다.

드문 경우를 제외하고 대부분 경제학자들은 예외 없이 경제 진보에는 대가가 따른다고 인정한다. 그러면 우리는 이런 질문을 던질 수 있다. 무엇을 위한 경제 성장일까? 경제는 왜 성장하고 진보해야 할까? 우리의 후손을 더 부유하게, 더 행복하게, 더 잘살게 하기 위해서일까? 이 모든 것들 사이에는 어떤 연관성이 있을까?

:: 케이크를 키우는 문제 ::

옹호할 수 있는 경제학의 목적은 사람들이 자신의 욕구를 충족할 수 있도록 하는 게 아니라, 절대 빈곤과 질병을 종식하는 데 도움을 주는 것이다. 이 목적을 달성하면 경제학은 정말로 큰일을 해낸 것이다. 일빙(ill-being)과 웰빙(well-being)의 측정 불가능한 원인이 경제 성장 이야기의 중심이 되면서 철학자, 사회학자, 역사학자, 심리학자들이 점점 더 많은 의견을 피력하고 있다. 하지만 경제학자들도 여전히 유용하다. 아직 일반화하지 못한 희소성으로 인해 발생하는 문제들이 끈질기게 이어질 것이고 한정된 자원, 특히 '시간'이라는 자원의 효율적 할당이 필요하기 때문이다. 케인스는 이렇게 썼다.

"저축의 의무가 최고의 미덕이 됐으며, 케이크를 키우는 것이 종교의 진정한 목표가 됐다."

확실히 케인스는 이렇게 여긴 듯하다. 그는 수단, 즉 '케이크를 키우는 것'이 경제 성장의 목적에 관한 윤리적 질문을 막았다고 주장했다. "경제는 왜 성장(진보)해야 하는가?"라는 질문에 대중은 "사람들을 더 잘살게 만들기 위해서"라고 대답할 것이다. 경제학자들도 대중과 마찬가지로 물질적 충족이 '웰빙'의 필수 요소라고 본다. 그런데 과연 무엇이 '웰빙'일까? 그것은 사람마다 다른 주관적인 마음의 상태일까, 아니면 객관적인 현상일까?

라이어널 로빈스에 따르면 사람들은 자신의 개인적 '필요'가 충족될 때, 일테면 맛있는 음식을 먹고 배가 부를 때 웰빙을 경험한다. 이는 객관적인 웰빙 상태라고 할 수 있다. 하지만 '욕구'는 어디까지나 상대적이다. 그렇기에 그 누구도 웰빙 상태를 위해서 얼마나 많은 욕구가 충족돼야 하는지 명확히 말할 수 없다. 자신이 현재 가진 것보다 더 많은 것을 갖기를 바라는 한, 경제학은 케이크를 더 크게 만드는 효율적인 방법을 보여주는 외에 다른 목적을 추구하지 않는다. 케이크를 키우는 것만이 유일한 종교다. 경제학에서 이를 넘어 설파할 복음은 없다.

그렇다면 '케이크를 키우는 것'에 관한 문제가 왜 중요할까? 세 가지 주장이 있다. 첫째, 사람들은 자신이 가진 것에 영원히 만족하지 못하므로 케이크는 끝없이 커져야 한다는 것이다. 이미 달성한 부의 수준이나 소득 불평등과는 무관하다. 실제로 소득 격차가 작을수록 질투가 더 만연하고 사회적 지위를 얻으려는 경쟁이 더 치열해진다. 상대적 욕구를 충족시킬 수 없다는 것이 희소성 개념의 밑바탕을 이룬다.

둘째, 좌파 관점은 소득 평등에 가까워질수록 케이크 커지는 속도를 느리게 해야 한다는 주장을 지지한다. 사람들 대부분은 자신이 얻는 케이크 몫에 만족하지 못한다. 불만족으로 보이는 것은 모두 불평등의 결과다. 케이크가 커지면 모두에게 돌아가는 몫도 커지겠지만, 중요한 것은 동등한 분배가 이뤄질 만큼의 케이크 크기가 아니다. 쉬울 것이다. 존 케네스 갤브레이스의 말을 빌리면 우리에게 필요한 것은 "덜 사적이고 더 공적인 풍요"다. 소득이 평등해지고 공공 서비스가 개선된다면, 경제는 그렇게 빨리 성장할 필요가 없을 것이다. 그러면 부유한 선진국에서는 경제 성장 명분이 사라질 것이다. 이는 분명히 도덕적 주장을 불러일으킬 것이다. 그 주장은 불만이라는 감정이 공정성에 대한 사회적 요구가 아닌, 질투와 같은 개인의 심리에 뿌리내리게 할 것

더 나은 삶을 위한 경제학

이다.

셋째, 현재 세대가 '더욱더 많이'를 추구함에 따라 지구 그리고 미래 세대가 감당해야 할 장기적 비용이 주목받기 시작했으며, 이로 인해 '역성장(degrowth)'을 해야 한다는 주장이 제기됐다.

그러나 이 주장들은 모두 물질적 풍요의 범주 내에서 차이가 있을 뿐이다. 그들은 웰빙의 필수 요소가 무엇인지는 논하지 않는다. 교육과 건강에 지출하는 돈을 웰빙의 일부분으로 생각하지 않고 웰빙의 수단으로만 판단한다. 그도 그럴 것이 사람마다 웰빙을 바라보는 시각이 다르기 때문에, 경제학은 오직 수단에만 국한해 연구할 수 있을 뿐이며 사람들이 물리적 자원을 웰빙으로 전환하는 데 유능하다고 가정할 수밖에 없다. 그래서 경제학은 웰빙을 측정할 때 기껏해야 GNP나 1인당 GNP를 제시할 따름이다.

'케이크를 키우는 것'을 넘어서는 정책 수립 시도가 없었던 것은 아니다. GNP로 측정할 수 없는 요소를 비판하면서 새로운 주장이 나왔다. GNP는 일정 기간 국민이 생산한 최종 재화와 서비스의 시장 가치를 화폐 단위로 합산한 것이다. 그렇지만 GNP에는 자원봉사, 가사, 양육 등에서 발생한 비용은 제외하고 범죄, 오염, 약물 중독, 자원 고갈 등 사회적 문제를 해결하는 데 들어간 비용은 포함한다. GNP 개념을 처음 제시한 사이먼 쿠즈네츠도 "국가의 복지는 국민소득의 척도로 유추할 수 없다"고 주장했다.[19]

일부 경제학자들은 GNP보다 '행복'을 정책의 목적으로 삼자고 제안했다. 심리적 웰빙을 개선한다는 측면에서 사람들을 더 행복하게 만드는 것은 칭찬할 만한 목표라고 생각할 것이다. 이런 접근법은 "행복은 소득 수준에 비례하지 않는다"는 '이스털린의 역설(Easterlin paradox)'에 기반한다. 리처드 이스털린(Richard Easterlin, 1926~)은 어느 수준을 넘어서면 행복 척도(1~5단계)가 GNP 증가량에 따라 올라가지 않는다는 사실을 발견했다. 행복 척도와 소득 수준은 특정 지점까지 함께 증가하지만, 그 지점에 도달하고 나면 소득 수준이 증가해도 행복 척도에는 변함이 없다는 것이다.[20]

여기에서 정책은 소득 증가가 아닌 행복 증진을 지향해야 한다는 주장이 등장했다. 이는 사람들을 행복하거나 불행하게 만드는 원인을 조사해야 한다는 의미다.[21] 행복과 불행의 주관적 판단과 객관적 조건을 결부하는 것이 중요하다. 조사 결과에 따르면 사람들을 더 행복하게 만드는 요소는 가족 및 친구들과 보내는 시간, 만족스러운 직업, 소득 안정 등이다. 정책은 이렇게 행복과 객관적으로 연관된 요소들을 찾아내야 한다. 가장 미약한 것은 '행복'이라는 개념 자체다. 대부분 연구자에게 행복은 심리적 웰빙이나 즐거운 마음 상태에 불과하다.

행복을 전하는 전문가나 행복 강좌를 제공하는 기관이 번성하고 있다. 2008년 글로벌 금융 위기 여파로 권력을 잡은 영국의 데이비드 캐머런 총리는 3개월마다 국민의 '웰빙'을 측정하고 "웰빙의 변화를 기준으로 정책 성공과 실패를 판단해 책임지겠다"고 약속했다.[22] 경제가 곤두박질치고 있는데 웰빙을 측정하겠다는 말이 터무니없게 들렸다.

더 나은 삶을 위한 경제학

소득 증가를 정책 목표로 삼는 것과 비교할 때, 행복을 지향하는 정책은 얼핏 개선처럼 보인다. 성장의 물레바퀴를 버리고, 또는 적어도 속도를 줄이고, 모두가 좋다고 동의할 수 있는 무언가를 달성하는 데 집중한다는 약속처럼 들린다.

하지만 행복을 정확히 측정하는 방법을 찾아내는 문제를 차치하더라도 여기에는 끔찍한 함정이 있다. 행복이 영구적인 웰빙 상태를 의미한다면, 생존에 필요한 재화나 서비스 생산은 로봇에게 맡기고 향정신성 약물을 무료로 배포해 복용토록 하면 행복을 극대화할 수 있을지 모른다. 마르크스의 표현처럼 '인민의 아편'이 될 것이다. 실제로 리처드 레이어드(Richard Layard, 1934~)는 의료용·오락용 약물을 사용해 국민 행복을 증진하는 방안을 제안하기도 했다. 물론 행복에 관심이 많은 경제학자들도 이를 옹호하지 않는다.[23] 행복 경제학자들은 사람들이 덜 비참하게 살 수 있는 환경을 만드는 정책을 원하며, 그런 환경을 찾을 수 있다고 믿는다.

사람들이 '더 나은 삶'을 영위할 수 있도록 최소한 '덜 비참한 삶'을 중급 윤리 목표로 진지하게 받아들여야 한다. 그렇더라도 행복 자체를 추구해야 할 최종 목표로 삼아서는 안 된다. 고대 그리스인들이 인정했듯이, 행복은 별개의 목표가 아니라 좋은 삶의 결과물이며 때로는 '우연'의 결과다.[24]

아마르티아 센은 또 다른 척도를 제시했다. 앨프리드 마셜처럼 그는 경제 정책의 목표가 '웰빙을 증진하는 것'이어야 한다고 생각한다. 그러나 웰빙은 물질적 소비를 통해서는 온전히 이해할 수 없다. 그 대신 웰빙은 물질적 복지와 개인 선택의 자율성 등 비경제적 요소를 포함해 서로 대체할 수 없는 다수의 '역량'으로 구성된다. 요컨대 경제 성장은 '역량 확장'으로 이해해야 하며, 빈곤은 '역량 박탈'로 이해해야 한다.[25] '역량'을 정책 목표로 삼으면 궁극적 목표를 정의하려는 시도 때문에 빠질 수 있는 함정을 피할 수 있다. 하지만 "무엇을 위한 역량인가?"라는 질문에 대해서는 답을 내놓기 어렵다. 각각의 개인이 건강하거나 교육을 받을 수 있는지 등에 관심을 가져야 하는 까닭은 무엇일까? 중요한 것은 실제로 현재 건강하고 교육을 받았다는 점이다. 건강하고 교육을 받는다는 게 무엇을 의미하는지에 대한 공개적 접근은 독재가 된다. '역량'은 개인 선택의 자율성을 포함한다고 했다.[26]

대안 지수가 필요하다는 사실을 깨달은 아마르티아 센은 마붑 울 하크(Mahbub ul Haq, 1934~1998) 등의 경제학자들과 함께 국민소득과 교육 및 건강 수준 등을 포함한 '인간 개발 지수(Human Development Index, HDI)'를 개발했다. 이 밖에도 11개 지표로 구성된 경제협력개발기구(OECD)의 '더 나은 삶의 지수(Better Life Index)', 부탄 국왕이 도입한 '국민총행복(Gross National Happiness, GNH)', 옥스퍼드 빈곤 및 인간개발 계획(OPHI)과 유엔개발계획(UNDP)의 '다차원 빈곤 지수(Multidimensional Poverty Index, MPI)'가 있다.[27]

국제노동기구(ILO)는 성장이 아닌 사회 정의가 목표가 돼야 한다고 말하면서도 "사회 정의에 대한 객관적 개념은 존재하지 않는다"고 인

더 나은 삶을 위한 경제학

정했다. 허먼 데일리(Herman Daly, 1938~)는 환경 파괴와 자연 자원의 고갈을 고려한 '지속 가능 개발 지수(Index of Sustainable Development)' 를 제안했다. 그가 1989년에 수립한 세 가지 규칙은 다음과 같다.

① 고갈 속도가 재생 속도를 앞서지 않는 재생 가능 자원의 지속 가능한 사용.

② 고갈 속도가 대체 자원 배치 속도를 앞서지 않는 재생 불가능한 자원의 지속 가능한 사용.

③ 자연 시스템의 흡수, 재활용, 정화 속도를 앞서지 않는 지속 가능한 오염 물질 및 폐기물 발생.

그런데 이와 같은 혼합 지수에는 두 가지 기술적 결함이 있다. 첫 번째는 친구가 몇 명인지로 사회생활의 질을 판단하는 등 측정 불가능한 요소를 측정하려고 시도한다는 것이다. 두 번째는 헤아릴 수 없는 양을 하나의 숫자로 줄임으로써 정책 입안자들이 윤리적 선택을 하지 못하도록 만든다는 것이다.

정책 목표를 GNP 증가로 삼는 행태에 쏟아지는 비판만큼 GNP의 인기 요인이 '단순성'이라는 주장도 설득력 있다. 숫자는 누구에게나 명확하다. 모든 것을 살피려는 '계기판' 접근법은 무척 복잡해질 수 있다. 건강과 교육 등 다양한 요소에 대한 일련의 통계치를 비교해 어느 나라가 잘하고 있는지 확인하는 방식은 요원한 일일까?

:: 경제학의 도덕적 기반 ::

경제학이 윤리학을 다시 받아들여 경제 사상에 윤리적 기반을 마련하고자 할 때 현대 도덕 이론이 대기하고 있다는 것이 문제가 된다. 서구에서 종교와 관습 대부분은 사람들이 공통으로 가진 도덕성을 공고히 결속하는 데 실패했다. 세속적 윤리 시스템은 신성한 법의 권위를 상실한 오래된 종교적 신념의 조각들이다.

게다가 '비즈니스'와 '비즈니스적 계산'이 인간 활동에서 훨씬 더 중요한 부분이 됐다. '비즈니스 윤리'는 사기 방지에 불과하다. 무엇이 인간의 도덕적 행동을 구성하는가에 대한 합의는 종교의 쇠락과 기업 가치의 확산으로 약해졌다. 그 결과 윤리학은 개인적인 계산 문제로 축소됐다. 무엇이 좋은지는 개인마다 생각이 다르다. 사회생활의 자연적 토대가 무너짐에 따라 '좋은 삶'에 대한 공통된 생각을 되살리려는 시도에서 가부장주의(paternalism) 또는 더 나쁜 독재 정부가 등장할 기미가 보인다. 경제학자들은 기본적으로 좋은 삶이 물질적 재화를 훨씬 더 많이 생산하고 소비하는 것이라고 본다. 그들에게 경제학은 가장 효율적으로 재화를 생산하고 소비할 수 있도록 해주는 과학이다. 그러니 지금 상황이 골치 아프더라도 어쨌든 받아들여야 한다.

경제학과 윤리학이 만나는 모든 지점에서 윤리학의 약점을 발견하게 된다. 현대 경제학과 현대 윤리학은 똑같은 개인주의적 관점을 공유한다. 현대 자본주의에 대한 윤리적 비판의 요지는 권력 시스템이 좋은 선택을 할 기회를 너무나 적은 사람들에게 제공한다는 것이다. 분배의 정의는 권력 이양의 한 형태로 볼 수 있다. 그렇지만 선택 자체는 적절한 권한을 가진 개인에게 맡겨야 한다고 말한다. 경제학과 윤리학은 방법론적 개인주의와 동일한 언어를 사용한다.

케인스는 경제 진보, 특히 기술 진보가 열어준 좋은 삶을 전망하면서 경제학의 도덕적 기반을 찾았다. 그는 좋은 삶은 무엇인가에 대한 분명한 개념을 갖고 있었고, 그것이 보편적인 도덕적 직관에 근거한다고 생각했다. 하지만 그는 어릴 적 당연히 여겼던 도덕 공동체를 다시 언급했다. 오늘날에는 자신들만의 비전을 추구하는 작은 도덕 공동체만 존재한다. 그러나 좋은 삶에 대한 도덕적 합의는 없다.

'목적'에 대한 윤리가 붕괴하자 현대 윤리적 논쟁의 무게는 절차적 윤리라고 불리는 '수단'의 도덕성으로 옮겨졌다. 정치 철학자들은 무엇이 소득과 삶의 기회에 대한 공정한 분배인가를 두고 치열한 논쟁을 벌였다. 이 논쟁에서 사회민주주의자 존 롤스와 보수주의자 로버트 노직 (Robert Nozick, 1938~2002)이 가장 자주 인용됐다. '자연권'은 '인권'으로 변모했다. 인간은 인종과 성별 그리고 연령을 이유로 차별받지 않을 '권리'를 갖는다. 다른 경로인 공리주의와 권리에 대한 철학으로 결론에 도달하면 누군가에게 위해를 가하는 것은 나쁘다는 데 모두 동의한다. '위해 당하지 않을 권리'는 분명히 최소한의 도덕적 프로그램이다. 무엇이 좋은가에 대해서는 서로 동의하지 못하더라도, 무엇이 나쁜가에 대해서는 합의에 이를 수 있는 것이다.

'위해 당하지 않을 권리'는 개인이 다른 사람에게 해를 끼치지 않는다는 조건에서 자신의 계획을 자유롭게 수행할 수 있어야 한다는 생각에 기반을 둔다. 예를 들면 건강과 안전에 관한 규정은 재화와 서비스 생산자가 사용자에게 피해를 주지 않게 하고자 고안됐다. 제품 판매자들은 우리에게 자신의 상품에 대한 정직한 정보를 제공해야 한다. 해롭고 폭력적이고 악의적인 정보 확산을 막기 위해 인터넷에 대한 규제가 갈수록 강화되고 있다. '위해 당하지 않을 권리'는 로봇에게까지 요구된다. 아이직 아시모프(Isaac Asimov, 1920~1992)는 '로봇 3원칙' 중 제1원칙으로 "로봇은 인간에게 위해를 가할 수 없으며, 위험에 처한 인간을 방관해서도 안 된다"를 수립했다.

'환경 경제학'과 '생태 경제학'은 피해 방지 원칙을 인류 생존에 적용했다. 인위적인 기후 변화로 인한 위협을 고려할 때 경제 활동은 인류 생존과 완벽한 조화를 이뤄야 한다. 이 지점에서 재산을 '관리 대상'으로 보는 개념이 부활한다. 지구의 현재 '주인들'은 미래 주인들을 위해 상속 가치를 보존할 의무를 갖는다. 일반적으로 경제학자들은 이 의무로 인해 현재 주인들이 치러야 할 비용을 계산한다.

환경 경제학의 한 분야에서는 환경이 중요한 경제 자원이며 환경 훼손은 그 원인을 제공한 자들이 부담하지 않는 비용이라고 주장한다. 이는 도덕적 해이를 초래한다. 기업들은 환경 오염을 일으키고는 그로 인해 발생한 문제의 해결을 다른 사람들(이 경우 미래 세대)에게 떠넘긴다. 그러므로 환경 오염 비용도 탄소세를 매길 때 함께 책정해야 한다.

더 나은 삶을 위한 경제학

생태 경제학은 보다 급진적이다. 환경 보호에는 동의하지만, 환경 오염의 모든 측면에 올바른 비용을 책정할 수 있다는 주장은 거부한다. 정작 중요하고 시급한 일은 인류가 지구 생태계와 어떻게 상호작용하는지, 경제 행위가 지구 생태계를 어떻게 파괴하는지, 지구 생태계를 보존하려면 어떻게 변화해야 하는지를 이해해야 한다는 것이다. 이 화두는《성장의 한계》에서 처음 제기됐다.[28] 심지어 니콜라스 게오르게스쿠-뢰겐은 "지구의 엔트로피를 막는 유일한 방법은 역성장 정책"이라고도 주장했다.

케이트 레이워스(Kate Raworth, 1970~)는 2011년 발표한 이른바 '도넛 경제학(doughnut economics)' 모델로 생태 경제학 발전에 이바지했다. 도넛 경제학은 경제학에 '사회적 기반(social foundation)'과 '생태적 한계(ecological ceiling)' 사이의 균형을 찾으라고 요구한다.[29] 인간의 경제 활동은 생태적 가능성의 범위 내에서 설정돼야 한다는 것이다.

다음의 도넛 모양 다이어그램은 생태 경제학의 핵심 사상에 웰빙 경제학과 같은 불명확성이 존재한다는 사실을 보여준다. 생태계 보호는 정확히 무엇을 의미할까? 다이어그램은 생태적 한계를 극복하지 못하고 과열될 때 초래되는 사안과 사회적 기반이 부족할 때 발생하는 문제를 이해하기 쉽게 설명해주고 있다. 주류 경제학은 GNP를 기준으로 인간 행동의 가치를 측정하려고 하지만, GNP가 생태계에 미치는 영향을 정확하게 측정할 방법은 없다. 그 자체로 측정 문제를 제기하는 '기후 변화'는 생태계의 한계에서 생길 수 있는 9가지 눈물 중 하나일 뿐이다. 그래서 도넛 경제학은 생태계 보호와 명확한 연관성이 없는 '젠더 평등'이나 '네트워크'와 같은 유의미한 모든 목표를 아우른다. 아마도 도넛 경제학은 탐욕과 사치를 혐오하는 사람들에게 무척 매력적인 모델일 것이다. 다만 도넛 경제학이 정치적·경제적 자유에 대한 기존 모델과 양립할 수 있는지는 논의의 여지를 남긴다.[30]

그러나 더 나은 윤리적 주장도 있다. 우리의 나쁜 습관이 자연에 미치는 측정 가능한 해로운 영향을 고려하면서 자연과 조화를 이뤄, 자연이 정한 범위 내에서 사는 것이 좋은 삶의 일부라는 것이다. 하지만 이런 주장이 널리 받아들여지려면 무엇이 좋은 삶을 구성하는지에 대한 충분한 합의가 필요하다. 안타깝게도 모두가 동의하는 좋은 삶의 정의는 아직 정립되지 않았다. 이런 까닭으로 사람들은 이 대의를 지지하고자 유사 과학과 종교에 의지하기도 한다.[31]

경제학이 윤리학을 다시 포함하는 두 가지 방법이 있다. 첫 번째는 앞서 살펴본 것처럼 '말(horse)의 마음'을 더 깊이 들여다보는 것이다. 이렇게 하면 도덕적 다양성이 확실히 존재하지만 생각했던 것보다는 광범위하지 않다는 사실을 알게 되고, 아무도 부정하지 않는 '기본적인 선(basic good)'이 무엇인지 드러날 것이다. 건강, 존중, 안정, 신뢰, 사랑으로 맺어진 관계는 누구나 좋은 삶의 일부로 여긴다. 이것들의 부재는 불행으로 간주한다. 여기에 이론의 여지가 있을까? 이처럼 우리는 시간과 장소를 초월해 좋은 삶의 보편적 의미를 탐구할 수 있는 자료를 갖고 있다. 그러므로 우리는 오직 시장과 정치 그리고 법률로

케이트 레이워스의 도넛 모양 다이어그램

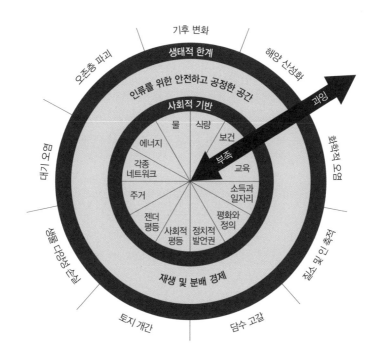

기후 변화
오존층 파괴
해양 산성화
생태적 한계
인류를 위한 안전하고 공정한 공간
과잉
사회적 기반
물 식량
에너지 보건
각종 네트워크 부족 교육
주거 소득과 일자리
젠더 평등 평화와 정의
사회적 평등 정치적 발언권
재생 및 분배 경제
대기 어염
화학적 오염
생물 다양성 손실
질소 및 인 축적
토지 개간
담수 고갈

만 중재되는 가치의 끝없는 충돌에서 벗어날 수 있다.

두 번째는 철학자 마이클 샌델(Michael Sandel, 1953~)의 접근법이
다. 그는 가부장주의에 대한 두려움이 공공의 논의에서 도덕적 의미
를 결여하게 만든다고 지적하면서, '시장의 도덕성'에 관한 공적 토론
을 활성화해야 한다고 주장했다. 반드시 모든 것을 살 수 있어야 할
까? 값을 따질 수 없는 상품은 존재할까? 대리 줄서기와 새치기로 얻
는 결과는 무엇일까? 전쟁이나 수감 시스템을 민간 사업자에게 맡기

면 무슨 일이 벌어질까? 시험 성적이 좋을 때마다 현금으로 보상하면 어떻게 될까? 재화를 생산하고 부를 창출하는 '도구'로서의 '시장 경제 (market economy)'에서, 시장 가치가 인간 활동의 모든 영역으로 스며 든 '생활방식'으로서의 '시장 사회(market society)'로 옮겨가면 어떤 결과가 나올까? 그는 이와 같은 질문을 던지고 고민함으로써 '공동의 선 (common good)'에 대한 인류의 오랜 생각을 되찾을 수 있다고 믿었다.[32]

라이어널 로빈스는 경제학을 더 '과학적으로' 만들기 위해 경제학에서 윤리학을 추방했다. 그러나 이것은 허망한 희망이었다. 그의 희망은 과학으로서의 경제학이 가진 결정적 약점 때문에 물거품이 된다. 경험적으로 강력한 인간 행동 법칙을 확립하는 것이 거의 불가능하다는 점을 감안할 때, 경제학의 '과학적 핵심'은 엄격하고 비현실적인 논리적·수학적 추론으로만 구성된다. 경제학은 케인스가 지적한 '자기성찰'과 '가치 판단'에서 벗어날 수 없다.

그런데도 여전히 경제학은 연역적 방법론만 묻혀 있다. 바로 이것이 실제 세계를 설명하는 학문, '더 나은 삶'을 위한 학문으로서의 경제학을 내부에서 좀먹게 하고 그저 정부의 정책 지침쯤으로 오해하게 만든다. 그래도 늦지 않았다. 그동안의 사회적 실수를 바로잡을 만큼의 충분한 도덕적 자원이 있다. 경제학은 윤리학을 다시 받아들여야 한다.

전지적 학문이 아니라는 사실을 인정할 때

제13장

> 신은 우리가 걱정하는 많은 것들에 대해서 '확률'이라는 황혼만을 부여하셨다. 이는, 가정컨대, 신이 우리를 놓고 즐겨 하셨던 평범과 수습의 상태에 걸맞은 표현일 것이다.
>
> _존 로크

:: 경제학이 해결해야 할 학문적 문제 ::

주류 경제학은 두 가지 방식으로 인간 행동을 오해한다. 하나는 인간에게 이해득실을 따지는 '계산력'을 과도하게 부여한다는 것이고, 다른 하나는 인간 행동이 이해득실에 따라 행동하려는 지나친 '욕구'에서 비롯된다고 본다는 것이다. 주류 경제학은 '효용 극대화'를 추구하는 존재로 인간을 바라보기 때문에 인간 행동에서 '불확실성'과 '애착'이라는 요소를 고려하지 않는다. 케인스의 말처럼 경제학의 오류는 논리적 모순이 아니라 "전제의 보편성 부재"에 있다.[1]

인간 행동에 대한 경제학의 설명과 실제로 보이는 인간 행동에는 큰 차이가 있다. 주류 경제학은 인간이 사리사욕을 계산하는 존재라는 전제를 손보지 않은 채 빅데이터와 컴퓨팅의 힘으로 그 차이를 메우려고만 한다. 그 결과 경제학자들이 생각하는 것과 대중이 실제로 느끼는 것의 괴리가 더욱 커지면서 사회적 불만이 폭주하고 있다. 주류 경제학자들이 '말의 마음'을 충분히 깊이 들여다보지 않은 탓이다.

이 장에서 나는 경제학이 학문으로서 해결해야 할 두 가지 문제인 '인식론(epistemology)'과 '존재론(ontology)'에 관한 주요 논증을 살핌으로써 주류 경제학을 바로잡기 위한 공격을 마무리하려고 한다.

:: 경제학의 인식론: 보편성이 부족한 전제 ::

인식론은 지식의 기반, 구조, 범위, 방법에 관한 문제를 다룬다. 경제학의 인식론 측면에서 가장 중요한 문제는 우리가 미래에 대해 얼마나 알고 있는지 또는 알 수 있는지다. 경제학은 인간의 마음을 들여다보고 '효용 극대화'를 발견했다. 이후 효용 극대화는 경제학 이론의 기본 법칙이 됐다. 이를 훨씬 더 겸손하게 그리고 정확하게 표현하면, 인간은 어떤 상황에서든 최선을 다해 사리사욕을 합리적으로 모색하고 행동한다. 그런데 그 상황에는 '리스크'와 '불확실성'이 포함된다.

프랭크 나이트(Frank Knight, 1885~1972)와 존 메이너드 케인스는 모두 '리스크'와 '불확실성'을 구분했지만 개념에서는 차이가 있다. 나이트에 따르면 '리스크'는 일어날 법한 사건이 실제로 일어날 가능성을 정량화할 수 있는 상황에 적용된다. 반면 '불확실성'은 그 가능성을 정량화할 수 있는 지식의 부족하다는 것을 의미한다. 달리 말하면 리스크는 보험을 들 수 있는 모든 결과를 말하고, 불확실성은 보험을 들 수 없는 모든 결과를 뜻한다.

그런데 이후의 경제학자들은 이 차이를 구분하지 않았다. 그들은 경제를 체스처럼 '닫힌' 시스템으로 취급하기 때문에 모든 개인은 어떤 행동이 어떤 결과로 이어질지를 정확히 계산할 수 있다고 여겼다. 프랭크 나이트가 창시한 시카고(Chicago) 학파는 아예 대놓고 금융 시스템을 닫힌 시스템으로 규정한 뒤 금융 이론을 수립했다. 그들은 모든 자산의 리스크는 "평균적으로 정확하게 가격이 책정된다"고 주장했다. 그렇기에 2008년 글로벌 금융 위기는 일어날 수 없는 사태였다. 시카고 학파의 엄격함을 거부하는 경제학자들조차도 미래지향적 선택에 관해 논할 때마다 부득이하게 리스크라는 용어를 사용한다. 인간은 리스크 성향을 갖고 있다. 금리가 리스크에 대한 욕구를 측정한다. 국채에는 리스크가 없다(그리스 국채는 예외란다). 자산 가격은 리스크 회피와 합리적 기대 등을 평가한다.

그러나 아무 언론의 경제 기사만 살펴봐도 기업들이 견디지 못하는 것은 리스크가 아니라 '불확실성'이라는 사실을 알 수 있다. 기업들은 정부를 상대로 이런저런 불확실성을 제거해달라고 요구한다. 물가 안정을 위한 정책인 '인플레이션 타기팅(inflation targeting)'은 미래 물가 추이에 대한 '불확실성을 없애려고' 고안된 것이다. 도대체 무슨 일이 일어나고 있는 것일까?

대체로 케인스보다 나이트가 가정한 불확실성이 더 잘 받아들여졌다. 나이트는 불확실성을 '불균형' 상태에 국한했지만, 케인스는 불확실성을 '균형' 자체의 본질을 결정하는 요인으로 봤기 때문이다. 프랭크 나이트는 《리스크, 불확실성 그리고 이윤(Risk, Uncertainty and Profit)》에서 이윤을 기업가 정신이나 신제품 혁신에 대한 보상이라고 설명했다. 혁신은 미지의 영역을 향한 모험이며 새로운 사건이다. 이윤은 미지의 영역을 성공적으로 모험한 데 따른 보상이다. 따라서 기업의 혁신에 따른 이윤은 자본의 '정상 이익'과 구분해야 한다. 이윤은 혁신이 일반적으로 채택되면서 경쟁자들이 등장할 때까지만 유지되는 일시적 독점 현상이다. 경제학자들은 이런 개념에서의 불확실성만 인정한다. 케인스의 관점에서 불확실성은 기업뿐 아니라 경제 전반의 투자 수요 계획에 악영향을 준다. '정상 이익'은 없고 불확실성에 따라 좌우되는 '기대 이익'만 있게 된다.

케인스의 불확실성이 주류 경제학을 장악하지 못한 데는 두 가지 이유가 더 있다. 첫째는 케인스 스스로가 《고용, 이자 및 화폐에 관한 일반 이론》에서 불확실성에 대한 논의를 '여담' 정도로 치부했기 때문이다. 그 여담은 후대에 액면 그대로 수용됐다. 둘째는 그의 설명 부족으로 경제 시스템에서 리스크가 존재하는 부분과 피할 수 없는 불확실성이 존재하는 부분을 명확히 지적하지 못했기 때문이다. 조지 섀클, 하이먼 민스키(Hyman Minsky, 1919~1996), 폴 데이비슨(Paul Davidson, 1930~) 등 경제학의 근거를 인식론적 불확실성에 두려는 후기 케인스학파의 시도가 진전을 이루지 못한 까닭도 바로 여기에 있다.

하지만 케인스는 경제학 개혁의 기반으로 진지하게 고민할 가치가 있는 다른 '일반 이론'을 남겼다. 그가 스스로를 경제학자로 여기기 전에 세상에 나와 방치된 걸작 《확률에 관한 논문(Treatise on Probability)》에서 제공한 '확률 이론'이다. 이 책에서 케인스는 이후 로드 오도넬(Rod O'Donnell)이 '합리적 믿음과 행위에 대한 일반 이론'이라고 부르는 것을 설명했다.[2] 《확률에 관한 논문》은 프랭크 나이트가 《리스크, 불확실성 그리고 이윤》을 출판한 1921년이 돼서야 출간됐지만 그 사상의 기원은 케인스가 케임브리지대학교 학생이던 1904년으로 거슬러 올라간다.

케인스도 '말의 마음'을 들여다봤지만, 효용 극대화가 아니라 확실성이 다른 상황에서 합리적으로 행동하고자 시도하는 모습을 목격했다. 그가 둔 신의 한 수는 진정한 믿음에서 합리적 믿음(또는 합리적 기대)을 구분해낸 것이었다. 오늘날 주류 경제학의 합리적 기대 이론은 어떤 사건에 합리적 기대를 한다는 것을 그 사건이 일어날 확률에 대한 정확한 지식을 갖고 있다는 것과 동일시한다. 일찍이 케인스는 증거를 근거로 어떤 사건이 일어날 가능성이 있다고 믿는 것은 합리적이나, 그 증거가 너무 희박해 사건이 일어날 확률을 도출할 수 없다고 주장했다.

확률은 어떤 사건이 일어날 가능성을 분수나 백분율로 표현한 비율이다. 이전 사건과의 유사성에 따른 결과다. 예를 들어 흡연자 10명 중 1명이 폐암으로 사망한 경우, 흡연자가 폐암으로 사망할 확률은 10%다. 기수 확률은 보험계리사가 인식하는 표준 위험 영역이다. 대부분 화재 보험료는 정해진 기간 해당 구역의 전체 주택 수 대비 화재로 소실된 주택 수를 근거로 산출된다. 그것을 넘어선 영역에는 불확실성이 존재한다.

그런데 주류 경제학은 이를 부정하고 불확실성 비율은 계산할 과학적 근거가 없는 상황으로 간주한다. 하지만 케인스는 확률 사이에 정확한 비율은 없으며, 어떤 사건이 더 또는 덜 일어날 가능성만 있다고 봤다. 우리는 정확한 차이는 알지 못한 채 어떤 확률이 다른 확률보다 더 높다고 말할 뿐이다. 케인스는 확률을 "다른 것들과 비교해 더 중요하거나 덜 중요하다는 것이 전혀 중요하지 않은 수치를 비교하는 것"이라고 요약했다. 그리고 확률의 중간 영역에서 합리적 선택이 이뤄진다고 믿었다.[3]

신고전주의적 인식론에서는 모든 확률에 숫자가 있다. 경마에서 우승할 가능성이 있는 말에 베팅하는 것부터가 확률이다. 베팅한 말의 과거 우승 이력을 알아야 할 필요는 없다. 합리성은 베팅 참가자에게 불리한 마권이 구성되지 않도록 심적으로 일관성 있게 베팅하라고 요구한다.[4] 주관적인 믿음은 토머스 베이즈(Thomas Bayes, 1702~1761)가

더 나은 삶을 위한 경제학

조건부 확률 계산으로 제시한 '베이즈 정리(Bayes theorem)'를 통해 객관적 확률로 변형된다.[5] 강경한 합리적 기대 이론가들처럼 경제 주체가 미래 사건의 발생 가능성에 관한 최신 정보를 모두 가졌다고 가정한다면 가격 위험을 미리 방지할 수 있다.

합리성에 대한 케인스의 '일반 이론'은 신고전주의 이론을 크게 개선한 것이다. 신고전주의 합리성 기준을 따르지 않는 행동을 '비합리적'이라고 부르게 되는 함정을 피하게 해준다. 나아가 닫힌 시스템, 부분적으로 닫힌 시스템, 열린 시스템을 구별하는 방법도 제공한다. 케인스의 일반 이론은 경제학이 다양한 지식을 근거로 인간 행동을 탐구할 수 있게 돕는다. 예측을 위해서 수학적 경로만 선택하지 말고, 통합된 사회과학적 방법론을 활용해 인간 행동을 탐구하라고 제안한다.

:: 경제학의 존재론: 미완의 현실 지도 ::

경제학 방법론을 개선하고자 케인스로 회귀하라는 의미가 아니다. 케인스 경제 이론의 주요 결점은 사회적·역사적 관점이 부족한 저개발 존재론이라는 것이다. 그는 "물리학에서 그토록 멋지게 적용된 원자 가설은 심리학에서 무너진다"고 인식한 뒤 '구성의 오류(fallacy of composition)'와 '절약의 역설(paradox of thrift)'과 같은 사례를 제시했다. 그러나 딱 거기까지만 하고 더이상 경제학에서 존재론을 개선하지

않았다.[6]

경제학의 존재론은 경제에 존재하는 것들의 기본 구조와 사회 현상의 본질을 탐구한다. 주류 경제학의 '현실 지도'에는 오로지 '개인'만 존재한다. 개인만 인정되고 집단과 제도는 수단, 즉 기술과 같은 도구로서만 존재한다. 이 '방법론적 개인주의' 접근법 때문에 경제학은 인간 행동의 큰 부분을 이해하지 못한다. 그 결과 경제학은 잘못된 조언을 자주 제공한다.

경제학은 막스 베버가 '공동' 유대라고 부른 집단에 대한 충성심, 애착, 정체성의 위력을 이해하지 못한다. 공동 유대가 "개인은 효용 극대화를 추구한다"는 경제 모델을 어느 수준까지 변경하는지도 이해하지 못한다. 자기이해의 힘과 사회적 지위가 자기이해를 형성하는 과정 역시 이해하지 못하고, 개인의 선택을 좌우하는 사상, 권력, 기술의 역할 또한 이해하지 못한다. 경제학은 보편적인 원칙 중 일부의 역사적 우연성을 알지 못하고 자신의 역사에 무관심하다.

보다 정확한 사회적 현실 지도에는 '개인', '정부', '기업'이라는 경제 주체가 존재한다. 이들 주체는 관계의 복잡한 네트워크를 통해 서로 연결된다. '개인'과 '정부'의 의미는 충분히 명확하다. '기업'의 범위는 우리가 일반적으로 생각하는 회사를 넘어 개인에게 가치 있는 서비스를 제공하고 개인과 국가를 중재하는 모든 집단을 일컫는다. 지방 자치 단체, 종교 기관, 대학교, 자발적 협회, 기업, 노동조합, 은행 및 금융 시스템 등이 모두 기업에 해당한다. 역사를 통틀어 명성이나 의무

더 나은 삶을 위한 경제학

또는 이윤을 이유로 기업들이 공공재를 제공하는 구조는 국가와 시장의 이분법적 구조에 적합하지 않다. 우리는 경제를 국가가 맨 위에, 개인이 맨 아래, 중간에 다양한 기업이 있는 '메소경제(mesoeconomy)' 시스템으로 생각할 수 있다. 메소경제는 거시경제와 미시경제 사이에 있는 경제 실체다. 국제 체제에서 국가는 개인과 초국가적 조직 사이에 존재하는 중간 제도다.

구조는 집단에 속한 개인의 동기에 영향을 미쳐서 개인의 행동을 이끌기 때문에 중요하다. 여기에서의 행동은 '집단'의 행동이 아니라 '집단 내' 행동이다. 신제도주의자들이 아무리 애써도 집단 내 행동은 개인이 사리사욕을 계산해 도출한 결과로 이해될 수 없다. 사랑, 두려움, 용기, 충성심, 탐욕, 배반, 숭배 그리고 인간이 규칙적으로 보여주고 경탄하거나 비난하는 특성들은 오직 집단 내에서만 이해할 수 있다.

집단 내 행동의 근원과 논리를 적절하게 이해하면 우리는 신고전주의 경제학에서 멀어진다. 협력은 거래 비용이 줄일 수 있다는 인식에서 시작되지 않았다. 경제학자들은 이것이 개인 행동의 비용을 논하는 정확한 방법이라고 말할지도 모른다. 그런 이유로 협력하기도 한다. 하지만 그와 같은 이해방식은 사회성의 깊은 이해로 이어지지 않는다. 신고전주의 경제학적 인식의 약점은 무역의 기원에 관한 일반적인 설명에서도 발견된다. 폴 새뮤얼슨은 이렇게 썼다.

"서로 재화를 교환하면 각자 더 부유해질 수 있다는 사실을 깨달았던 첫 번째 두 유인원에게 감사의 빚을 지고 있다."[7]

대부분 경제학자는 미개한 물물교환 이야기를 좋아한다. 그 이야기 속에는 사회가 생략돼 있기 때문이다. 하지만 에밀 뒤르켐이 주목했듯이 이와 같은 거래관계를 맺으려면 개인은 우선 사회적 동물이 돼야 한다. 그런데 개인이 어느 순간 자발적으로 사회적 존재가 되는 게 아니다. 사회적 존재가 될 운명을 타고난 것이다. 그로 인해 상대적인 사회적 불안정성이 인간 행동 조건에 내재하게 된다. 일시적이고 부분적인 경제 모델로는 인간 행동을 정확히 분석하고 이해할 수 없다.

우리 각지는 해결하기 이려운 수수께끼로 남아 있다. 경제학자들이 '말의 마음'을 들여다볼 때, 그 속에 실제로 존재하는 것을 보는 걸까 아니면 자신들이 이미 심어놓은 것을 보는 걸까? 달리 말해 경제학은 기술적일까 아니면 규범적일까? 경제학은 이 두 가지를 동시에 추구해야 한다. 기술적이기만 하다면 경제학은 인간 행동을 연구하기에 부족한 학문이다. 그런데 시간이 지남에 따라 설명(기술적 서술)이 처방(규범적 서술)과 비슷해질 수는 없을까? 개인의 실제 행동이 경제학에서 말하는 행동이 되는 것은 불가능할까?

인간 본성을 단순히 설명하는 게 아니라 변화시키는 것은, 오늘날 공학자들이 기술 유토피아를 꿈꾸는 것처럼 사회공학자들의 오랜 이상이었다. 그리고 이는 모든 진보 원칙의 기반이다. 그러나 인간이 인식할 수 있는 형태로 존재하기를 멈추기 전에 그렇게 할 수 있을까? 그럼에도 불구하고 경제학은 계속 노력해야 할 것이다.

더 나은 삶을 위한 경제학

:: 경제를 이해하는 다른 접근방식 ::

우리가 위에서 확인한 두 가지 문제, 즉 '보편성이 부족한 전제(인식론)'와 '미완의 현실 지도(존재론)'라는 문제는 서로 연결돼 있다. 우리에게는 인식론적 측면에서 더 겸손하고 존재론적 측면에서 더 풍부한 경제학이 필요하다.

앞서 '맹인과 코끼리' 비유가 시사한 문제는 다음의 도식을 구성하면 개선할 수 있다. 수직축은 존재론이고 수평축은 인식론에 해당한다.

경제학은 주로 오른쪽 위 영역을 차지한다. 역사학·사회학·정치학은 왼쪽 아래 영역을 맡는다. 심리학은 왼쪽 위 영역을 담당한다. 그리고 오른쪽 아래 영역은 역사적 유물론(마르크스주의)의 역할이다. 내가 하려는 주장은 경제학이 개인주의와 연역적 추론에 대한 의존도를 줄이면서 화살표가 가리키는 방향으로 움직여야 한다는 것이다. 경제학은 완벽하기보다 부분적인 예측 가능성 논리로 이뤄져야 한다.

아울러 경제학은 경제를 독자적 행동 논리를 가진 전문적 활동이 아닌, 인간의 삶과 노력의 한 측면으로 보는 더 넓은 관점에서 존재론과 인식론을 연결해야 한다. 칼 폴라니는 시장 경제를 비판하는 관점에서 이 사상을 표현한 바 있다.

내가 제안한 접근법으로 경제 분석 영역을 넓히는 것에 대해 주제를 너무 모호하게 만든다고 비판할 수 있다. 폴 크루그먼의 관점이 그렇다. 그는 두 가지 이유를 제시했다. 첫째, '산만하고 비수학적인 방법

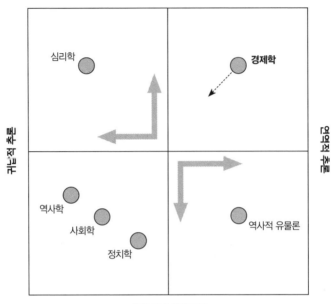

론'을 채택한 사상가들은, 설령 아무리 유창하더라도 다른 경제학자들의 관심을 끌 수 없다. 둘째, '통제되고 유치한 경제 모델'이 유용한 진실을 얻을 수 있는 유일한 방법이다. 첫 번째 이유는 현재 유행하는 경제학 방법론에 관한 견해이며, 두 번째는 더 많은 고려가 필요하다.

나는 기존의 '통제되고 유치한 경제 모델'이 새로운 지식을 창조하는 만큼 낡은 지식을 파괴한다고 생각한다. 엄격하고 우스꽝스러운 방식으로 모델화할 수 없는 것들은 설명에서 빠진다. 대수롭지 않게 파괴를 진보의 대가로 치부한다. 하지만 그로 인한 이해 부족은 쉽게 나쁜 정책을 낳을 수 있다. 경제학자들이 1970년대까지 수확 체증이나 과점 경쟁을 모델화할 수 없었다는 사실은 그들이 경쟁 경제의 '유치한' 모델을 고수했다는 것을 의미했다. 그들이 지금은 그것들을 모델화할 수 있을까?

크루그먼은 경제학 방법론이 경제학자들로 하여금 '합리적 사상'을 표현하지 못하게 방해한다는 발언의 의미를 온전히 깨달았을까? 아마도 그는 '장기적으로' 이런 합리적 사상은 '완전히 정립된 모델'에 담기리라고 발뺌할 것이다.[8] 장기적이라면 도대체 어느 정도의 기간을 말하는 걸까? 단기적으로 손실되는 유용한 지식은 얼마나 될까? 그리고 왜 그는 장기적으로 엄격함이 더 큰 진실을 낳는다고 믿었을까?

형식적 모델화는 경제학의 고유한 특징이다. 심리학, 역사학, 사회학, 윤리학 등은 인간 행동을 더 잘 이해하기 위해 '통제되고 유치한 경제 모델'에 의지하지 않는다. 경제학을 제외한 나머지 사회과학은 알렉산더 로젠버그가 '정량적(quantitative)'이 아니라 '정성적(qualitative)'이라고 부른 예측을 목표로 삼는다. 그러나 주류 경제학은 정성적 예측을 시도하지 않는다. 정성적 예측을 목표로 하면 "경제학은 자연과학"이라는 주장을 스스로 부인하는 셈이 되기 때문이다. 경제학이 정말로 자연과학이라면, 물론 괜찮다. 하지만 경제학이 다른 사회과학과 더 비슷해서 정량적 예측이 아닌 정성적 예측을 제공할 수 있다면, 형식적 모델화가 경제생활에서 중요한 진실에 도달하는 유일한 방법이라는 주장은 오만의 표시일 뿐이다.

토니 로슨은 급진적인 질문을 던졌다. 만약 경제학의 연구 주제가 다른 사회과학의 연구 주제와 같다면, 경제학과 다른 사회과학을 구분할 이유는 무엇인가? 통합된 사회과학에 반대하는 이유는 무엇인가? 한 가지 답은 경제학은 다른 사회과학에는 없는 '닫힌 세계'를 보여준다는 것이다. 이 닫힌 세계에서는 정량적 예측이 가능하다. 목표가 주어지고, 규칙이 정해져 있으며, 오직 제한된 움직임만 허락되는 게임의 세계와 비슷하다. 경제학에서 이 세계는 늘 존재했고 오늘도 존재한다. 그것들은 미시경제학의 중요한 재료다.

그렇지만 나는 닫힌 세계가 현대의 경제생활, 특히 금융 시스템이 지배하는 경제생활에 대한 일반적 가정이 될 수 있는지 매우 의심스럽다. 우리는 질문을 던질 수밖에 없다. 경제학이 고유한 가치를 더하는 세상, 경제학이 다른 사회과학과 동일한 가치를 더하는 세상, 경제학이 전혀 가치를 부가하지 않고 오히려 떨어뜨리는 세상은 무엇일까? 그리고 우리는 전근대 사상에서는 핵심이었지만 '과학적' 경제학으로 인해 재껴둔 질문으로 되돌아가야 한다. 부는 무엇을 위한 것인가? 우리는 그저 부자만 되면 그만인가?

경제학이라는 건물의 1층에 윤리학을 다시 입주시켜야 한다. 인간의 욕구를 당연한 것으로 간주함으로써 경제학은 아무 제한 없이 부만 축적하려는 사람들의 욕망을 전혀 비판하지 않는다. 이것이 인류를 파괴

더 나은 삶을 위한 경제학

로 몰아가는 정책을 초래할 수 있다는 사실은 몇몇 경제학자들만 관심을 가져야 하는 문제가 아니다. 경제학자들 모두가 인식해야 할 중대한 사안이다.

더 나은 삶을 위한 경제학

그동안 경제학은 대단한 일을 해냈지만, 언제나 할 수 있는 것보다 더 많은 것을 약속한다. 개인을 합리적이고 미래 지향적인 경제 주체로 가정해 지키지 못할 약속의 비용을 과소평가한다. 이는 인간 행동을 재설계하고자 경제학이 택한 경로가 망가진 사회로 어지럽혀져 있다는 의미다.

1세대 사회학자들을 괴롭혔던 유령, 타고난 권리를 되찾아주겠다고 약속한 카리스마 넘친 리더들 아래 옹기종기 모인 대중을 끈질기게 못살게 굴던 유령이 다시 나타났다.

경제학을 어떻게 할 것인가에 관한 문제는 오늘날 자유 사회의 생존과 직결되기에 특히 시급해졌다. 1930년대에 케인스는 이런 질문을 던졌다.

— 오늘날 권위주의적 국가 시스템은 효율성과 자유를 희생하면서 실업 문제를 해결하는 것처럼 보인다. 세계는 자본가의 개인주의와 관련한 실업을 더는 용납하지 않을 것이다. 하지만 문제를 올바르게 분석한다면 효율성과 자유를 보존하면서 실업 문제를 해결하는 것이 가능할지도 모른다.[1]

  지금도 실업 문제는 '완전 실업', '불완전 고용', '불안정 고용' 등 다양한 형태로 나타나고 있다. 그래서 실업으로 인한 모든 문제를 쉽게 정의하거나 판단할 수는 없다. 그리고 실업 문제는 '부와 소득의 임의적이고 불공평한 분배'를 동반한다.[2] 1930년대와 마찬가지로 이런 상황은 갖가지 경제 문제를 '효율성과 자유를 희생시켜' 해결하겠다고 약속하는 독재 정당과 정권을 불러온다. 더욱이 '경제 통합'이라는 이름으로 자행되는 공동체의 공동화(hollow)를 향한 대중의 분노를 일으킨다. 프랑스 에마뉘엘 마크롱(Emmanuel Macron, 1977~) 대통령이 '낙오자들'이라고 묘사한 사람들은 자신에게 유리하도록 상황을 관리하고 있다고 여기는 엘리트 계층에 대한 경제적·사회적 적개심으로 가득 차 있다.

  따라서 오늘날 좋은 정책은 경제 문제의 올바른 분석뿐 아니라 강력한 사회적 상상력을 요구한다. 물론 경제학이 단독으로 이 모든 일을 해낼 수는 없다. 그렇지만 경제학이 나서서 경제 시스템이 더 제대로 그리고 보다 공정하게 작동하도록 돕는다면 사회적 긴장이 완화될 것이다.

케인스가 당시 정통 경제학에 가한 공격은 경제학자들의 무능이 아니라 그들이 사용하는 방법론에 대한 것이었다. 오늘날도 마찬가지다. 주류 경제학의 방법론은 변화해야 한다. 신고전주의 경제학은 관리가 안 되는 시장이 제공할 수 없는 것들을 약속하기 때문에 격동의 시기에 위험한 조언이다. 자신들의 닫힌 세계에서 도출한 결론을 열린 세계에 적용하면 심각한 오해를 불러일으키고 경제 정책에 큰 실수를 초래할 수 있다.

특히 경쟁 시장이 자발적으로 안정과 공평을 낳는다는 맹목적 믿음은 시장 시스템을 안정되고 공평하게 설계해야 할 필요성을 간과하게 만든다. 일찍이 케인스는 이 사실을 알았지만, 신고전주의 경제학은 이를 단호하게 거부해왔다.

경제학이 진정으로 '더 나은 삶'과 '더 나은 세상'을 위해 유용하려면 자율 규제 시장에 대한 기존 믿음을 조정할 필요가 있다. 물론 자유 시장이 스스로 질서를 유지한다는 것은 대단한 발견이었다. 이는 경제생활이 국가, 지방 자치 단체, 공동체 등의 관습적 규칙으로부터 자유로워질 수 있음을 의미했다.

그러나 시장 경쟁이 자기충족적 지배 원칙이라고 주장하는 것은 잘못이다. 시장은 정치적 제도와 도덕적 믿음에 내재한 시스템이다. 오늘날 세계에서 시장은 거래자들뿐 아니라 유권자들에 대해서도 피할 수 없는 책임을 지고 있다.

글로벌 시장 통합은 가치 있는 목표이기는 하지만, 어디까지나 정치적 합의가 허용하는 범위와 수단으로서만 추진돼야 한다. 증명의 문제가 아닌 판단의 문제다. 좋은 정책을 시험하는 유일한 방법은 칼 폴라니의 방식이다. 경제 발전을 위해 사회는 얼마나 많은 분열과 불평등을 허용할 수 있을까?

이 같은 고민은 경제학을 공부하는 방법과 관련이 있다. 경제학은 물물교환 시장에서 결정되는 상대적 가격에 관한 이론인 미시경제학으로 출발했다. 케인스는 초점을 화폐로 옮겨 통화 이론을 거시경제학으로 확대했다. 그리고 세월이 흘러 거시경제학의 여러 한계가 드러났는데도 여전히 주류 경제학은 거시경제적 관계를 경쟁 시장에서 미래 지향적 생산자와 소비자가 내린 합리적 결정의 결과로 간주한다.

내가 생각하는 이상적인 경제학 교과서가 인과관계를 뒤집을 것이다. 나의 교과서는 먼저 거시경제의 제도들로 시작해 그것들이 어떻게 시장을 구성하고 시장 내에서 개인의 선택을 형성하는지 보여줄 것이다. 이것이 사회적 경제학이 해야 할 일이다. 중심 주제는 국가의 역할, 권력 분배, 부와 소득 분배가 될 것이다. 개인이 스스로 확보한 불완전한 지식 조건에서 최대한 합리적으로 행동하리라는 가정을 제외하고는, 개인의 행동에 대해 그 어떤 가정도 하지 않을 것이다.

나아가 나의 경제학 교과서는 인류를 빈곤에서 구원해 '더 나은 삶'

을 살 수 있도록 돕는 것만이 옹호할 수 있는 경제학의 유일한 목적임을 분명히 밝힐 것이다. 경제학이 제공하는 교훈은 여기서 끝이다. 다른 욕심은 부리지 않을 것이다. 그 이후에는 윤리학, 사회학, 역사학, 정치학이 필요한 교훈을 제공하게 될 것이다. 통계의 이용과 한계에 적절한 이해가 필수지만, 이 지침에 대한 수학적 필수조건은 최소한이 될 것이다. 극진한 대접은 받지 못하더라도, 영리한 문제 해결사들이 설 자리는 늘 있을 것이다.

세상을 이롭게 하는 정책들을 제공할 때 경제학자들은 징치직 합의의 조건에 대해 지금까지보다 훨씬 더 많은 관심을 기울여야 한다. 공공 선택에 관한 주류 경제학의 사상은 너무 단순하다. 전지전능한 컴퓨터가 나올 때까지 모든 것을 시장에 맡겨야 한다는 생각으로 너무 성급히 이끈다. 과거를 돌이켜본 훗날의 역사학자들은 금융 주도 세계화를 21세기 혼란의 근본 원인으로 생각할지도 모른다.

정치적 패권은 각국 정부에 맡긴 채 금융 시스템이 유령처럼 세계를 장악하도록 방치하는 것은 경제적·정치적 재앙을 자초하는 일이다. 경제학이 이런 불행한 사건들의 원인이라고 할 수는 없지만, 그 사건들에 연루된 것은 사실이다. 내가 지금까지 주장했듯이 경제학 방법론이 탄탄한 반론 근거를 제공하지 않았기 때문이다.

현재 존재하는 병폐의 결과가 어떻든지 간에 지금의 가식적인 경제학은 그것들을 해결하는 데 큰 도움이 되지 않고 있다. 경제학은 자연스럽게 다른 사회과학과 손을 잡아야 한다. 그리고 사회과학의 군주로

서가 아니라 서로 동등한 위치에서, 인류의 더 나은 삶을 위한 파트너로서 경제 현상을 분석하고 정책을 마련하는 필수적 도구를 계속 제공해야 할 것이다. 그럼으로써 경제학이 또 한번의 대전환을 이뤄내기를 희망한다.

주

들어가며

1. Marshall, 1890: 9.

2. Harvey, 2016. Fischer 외, 2018.

제1장

1. Robbins, 1935.

2. Samuelson, 1992: 240.

3. Hahn, 1992.

4. Keynes, 2015[1938]: 281.

5. Bhaskar, 1975: 70.

6. Christoph M. Schmidt, 2017, 독일경제전문가협의회 의장 연설.

7. Robbins, 1935: 84, 86.

8. Lo, 2017: 6~7.

9. Streeck, 2016: 242~6.

10. Tetlock, 2005.

11. Keynes, 2015[1924]: 173~4.

제2장

1. Smith, 1904[1776]: 4.

2. Marshall, 1890: 1, 18.

3. Robbins, 1935: 15~16.

4. 위의 문헌: 13.

더 나은 삶을 위한 경제학

5. McConnell & Brue & Flynn, 2009: 8.

6. Robbins, 1935: 15.

7. Sahlins, 1972.

8. Robbins, 1935: 92~3.

9. Smith, 1904[1776]: 165.

10. Menger, 2007[1871]: 125.

11. 위의 문헌: 125~7.

12. Veblen, 1899.

13. Galbraith, 1969. Packard, 1957.

14. Hirsch, 1976. '지위재'는 로이 해러드(Roy Harrod, 1900~1978)의 '과점적 상품' 에 대한 견해에서 등장했으며, 로버트 프랭크는 '지위적 군비 경쟁'이라는 개념 으로 발전시켰다.

15. Robbins, 1935: 76.

16. Sen, 1981.

17. Robbins, 1935: 85.

18. Marshall, 1890: 1.

제3장

1. Mokyr, 2016: 5~6.

2. List, 1909[1841].

3. Meadows 외, 1972: 45, 87.

4. Ricardo, 1817.

5. 위의 문헌을 참조할 것.

6. Chang, 2002. Amsden, 1992, Bairoch, 1993.

7. Chang, 2008.

8. Mazzucato, 2013.

9. Mill, 1848: 804~805.

10. Rosenstein-Rodan, 1943. Hirschman, 1958. Lewis, 1954.

11. Prebisch, 1959.

12. Johnson, 1977.

13. Hirschman, 1958: 110.

14. Frank, 1966.

15. Krueger, 1974.

16. Smith & Toye, 1979.

17. Wolf & Wade, 2002.

제4장

1. Schumpeter, 1954: 968.

2. J.W. Goethe, 1808, *Faust: Prologue in Heaven*, 배야드 테일러(Bayard Taylor, 1825~1878)의 번역본.

3. Walras, 1954[1874].

4. Hayek, 1937.

5. Backhouse, 1997: 32.

6. Kornai, 2006: 174.

7. Foley, 2016.

8. Schumpeter, 1954: 963~964.

9. 위의 문헌을 참조할 것.

10. 균형 이론가로서 마르크스의 관점을 더 자세히 살피려면 다음 문헌을 참조할 것. Desai, 2002.

11. Arrow & Debreu, 1954, 보다 명쾌한 설명은 다음 문헌을 참조할 것. Hahn, 1989.

제5장

1. Routh, 1984: 152.

2. Samuelson, 1970: 1.

3. Robbins, 1935: 66.

4. Fleetwood, 2017.

5. Jevons, Vol. 2, 1913[1877]: 509.

6. Phillips, 1958.

7. Coase, 1999.

8. Schelling, 2006[1978]: 18.

9. 폴 새뮤얼슨은 이를 보다 명확하고 진지하게 설명했다. "내가 물 분자라고 가정해보자. 그런 상황에서 내가 무엇을 할 수 있을까? 사회과학자들은 종종 고의로 또는 무의식적으로 이와 같은 비유를 이용한다." Samuelson, 1970: 9.

10. Krugman, 1995.

11. 이에 대한 비판은 다음 문헌을 참조할 것. Albert, 1976.

12. Kaldor, 1961: 177~178.

13. 나심 탈레브(Nassim Taleb, 1960~)는 유명한 책 《블랙 스완(The Black Swan)》에서 자신이 '검은 백조'라고 이름 붙인, 도저히 일어날 것 같지 않지만 만약 발생하면 시장에 엄청난 충격을 몰고 올 극단적 사건의 가능성을 무시하는 기존 경제학을 비판했다. 모든 백조가 하얀 것은 아니라는 생각은 시인 새뮤얼 테일러 콜리지(Samuel Taylor Coleridge, 1772~1834)가 19세기 호주로 이송되는 영국 죄수들을 묘사하면서 처음 등장한다. '날 받아주오, 청년들이여! 검은 백조와 캥거루 사냥을 함께할 테니.'

14. 이는 '뒤엠-콰인 논제(Duhem-Quine thesis)'로 알려져 있다. 한 가지 가설만 단독으로 실험하는 것은 불가능하다는 것이다. "X는 Y에 의해 발생한다"와 같은 명시적 가설을 경험적으로 검증하려면 "이것은 X가 Y에 의해 발생하는지에 대한 유효한 실험이다", "실험에 사용한 도구는 정확하다"와 같은 암시적 가설을

추가적으로 만들어야 한다.

15. Popper, 2005[1959]: 65.

16. Skoufias 외, 2001.

17. Routh, 1984: 154.

18. Alesina 외, 2019.

19. Borjas, 2017.

20. Hodgson, 1997.

21. McCloskey, 1983.

22. Mirowski, 1989.

23. Rosenberg, 1995.

24. Solow, 1985.

제6장

1. Mankiw, 2018: 6.

2. Lazear, 2000.

3. '호모 이코노미쿠스'가 완벽하게 젠더 중립적인 용어는 아니지만, 흔히 번역되는 '경제적 인간(Economic Man)'을 버릴 수 있게 해준다는 점에서 유용하다.

4. Haldar, 2018.

5. Lucas, 1988.

6. Stigler, 1982: 7, 19.

7. Sargent, 2015.

8. Akerlof, 1970. Stiglitz & Rothschild, 1976.

9. Becker, 1968.

10. 범죄 문제에 관한 고전적인 19세기 공리주의적 접근방식은 다음 문헌을 참조할 것. Henry Sidgwick, *Elements of Politics*, 1891.

11. Rampell, 2013.

더 나은 삶을 위한 경제학

12. Anderson, 2011.

13. Angner, 2012.

14. Priest, 2016.

15. Thaler & Sunstein, 2008.

16. Schwartz, 2015: 29.

17. Syll, 2018.

제7장

1. Gorz, 2010.

2. Harvey, 2016.

3. Pareto, 다음 문헌에서 재인용. Fuller, 2006: 14.

4. Samuels 외, 2003.

5. Kant, 1784.

6. Nisbet, 1993[1966]: 13.

7. 위의 문헌: 16.

8. Marx & Engels, 2004[1848].

9. 다음 문헌에서 재인용. Nisbet, 1993[1966]: 28.

10. Tonnies, 1957[1887].

11. Weber, 1930[1905].

12. Habermas, 1981a, 1981b.

13. 다음 문헌에서 재인용. Nisbet, 1993[1966]: 90.

14. Durkheim, 2006[1897].

15. Eldridge, 1972: 93.

16. Weber, 1930[1905].

17. 막스 베버의 대표적 추종자인 베르너 좀바르트(Werner Sombart, 1863~1941)는
자본주의 정신의 태동을 프로테스탄트에서 유대인으로 대체했다. 그에 따르면

북유럽을 경제 발전의 중심지로 만든 것은 칼뱅주의가 아니라 1490년대 스페인과 포르투갈에서 유대인을 추방한 사건이었다. 다음 문헌을 참조할 것. W. Sombart, 1913.

18. Polanyi, 2002[1944]: 46~47.

19. 신체의 상호의존적 시스템 붕괴는 스탠리 큐브릭(Stanley Kubrick, 1928~1999) 감독의 블랙코미디 영화 〈닥터 스트레인지러브(Dr. Strangelove)〉에서 잘 묘사된다. 주인공 닥터 스트레인지러브는 과학기술과 컴퓨터의 신봉자이나 역설적이게도 기계 팔에 의해 생명이 겨우 유지되는 퇴물 파시스트다. 닥터 스트레인지러브가 자신의 의지와 상관없이 저절로 나치 경례를 하는 기계 팔을 멈추지 못해 자기 목을 조르는 장면은 꽤나 인상적이다.

20. Lawson, 1997.

21. '합리적 중독 이론'에 따르면 "중독은 그것이 심지어 강한 중독이더라도 안정된 선호와 미래 지향적 효용 극대화를 포함한다는 의미에서 일반적으로 합리적"이다(Becker & Murphy, 1988). 올레 로제베르그(Ole Rogeberg)는 이와 같은 발상이 경제학에서 발생할 수 있는 더 넓은 문제의 징후라고 지적하면서 "이런 이론은 수학적 모델을 설명하고 정당화하는 접근방식에 문제가 있음을 여실히 보여준다"고 비판했다(Rogeberg, 2004).

제8장

1. Simon, 1976: 218.

2. Galbraith, 1967.

3. Hodgson, 2000b. 다음 문헌에서 재인용. Hodgson, 2000a.

4. Coase, 1937.

5. Davis & North, 1971.

6. North & Thomas, 1973: 16~17. 공유지가 오히려 소작농을 보호했다는 생각은 '과도한 방목' 등 속임수를 쓰는 유인을 제거했다는 데서 기인한다.

7. 위의 문헌: 4.

8. 맨커 올슨은 공공재에 관해서도 깊은 통찰을 보여준다. 그에 따르면 가로등이나 도시 방어 체제와 같은 특정 공공재는 세금을 통해 제공할 수밖에 없다. 왜냐하면 '비기여자들(non-contributors)'도 혜택을 받는다는 속성을 갖기 때문이다. 그러므로 이들 '무임승차자(free rider)'를 위한 자발적 기부는 기대하기 어렵다. 결국 세금으로 해결해야 한다. 그러려면 필요한 재원, 즉 세금을 국민으로부터 확보해야 하는데, 올슨은 독재 체제에서 거둬들이는 세금이 훨씬 크다고 봤다. 어쩔 수 없는 무임승차가 발생하더라도 그 혜택을 자신이 누릴 수 있다면 개인은 세금이 가장 적은 체제를 수용해야 합리적이다. 올슨의 관점에서 세금이 적은 체제는 민주주의다. 공산주의 독재국가 소련에서 정착형 강도는 이익에 대한 통제력 상실로 무너졌다. 사유지가 없는 상황에서 강도들의 강압이 약해지자 무임승차만 만연해졌다. 다음 문헌을 참조할 것. Olson, *The Logic of Collective Action*, 1971[1965].

9. Buchanan 외, 1978.

10. Unger, 2019.

제9장

1. Stiglitz, 1993.

2. Varoufakis, 2017.

3. Lukes, 2016.

4. Hearn, 2012: 20.

5. Gramsci, 1971[1936]: 12.

6. Marx & Engels, 2004[1848].

7. Pareto, 1991[1920].

8. Smith, 1904[1776]: 131.

9. Cooper, 2003.

10. Tugendhat, 1972.

11. 가격을 안정적으로 유지하는 카르텔의 능력은 산업의 자연적 조건이 급격한 가격 변동을 유발하는 석유와 같은 산업에서 카르텔 유지의 명분이 될 수 있다.

12. Robinson, 1969.

13. Keynes, 2015[1936]: 262.

14. Robinson, 1962: 7.

15. Cartwright, 1999: 2.

16. 본래의 노벨상은 물리학상, 화학상, 문학상, 생리의학상, 평화상이며 모두 1895년 알프레트 노벨의 유언으로 제정됐다.

17. Marx & Engels, 2004[1848].

18. Streeck, 2016: 190.

19. Skidelsky, 2018.

20. Foucault, 1973[1963].

21. Galbraith, 1983: 120.

22. 위의 문헌: 105.

23. Friedman, 1993. 다음 문헌에서 재인용. Cherrier, 2011.

24. Earle 외, 2016.

제10장

1. Hicks, 2008.

2. Gide & Rist, 1948: 10.

3. Robbins, 1935: 69.

4. Stigler, 1982.

5. Krugman, 1995.

6. Stigler, 1982.

7. 다음 문헌에서 모두 재인용. Routh, 1975: 2~17.

더 나은 삶을 위한 경제학

8. Leontief, 1970.

9. Hahn, 1970.

10. Johnson, 2013.

11. Sraffa, 1926, 다음 문헌에서 재인용. Routh, 1975.

12. Kuhn, 1962.

13. Lakatos, 1978.

14. Hansen, 2017.

제11장

1. Marshall, 1890: 31.

2. Parker, 1986.

3. Piketty, 2014.

4. Denison, 1962.

5. Solow, 1985.

6. Kulikowski, 2014.

7. Finlay, 1973: 56.

8. Solow, 1985.

9. Crafts, 1987.

10. Saul, 2004.

제12장

1. Robbins, 1938: 148.

2. Stigler, 1982: 8.

3. Mill, 1848: 754.

4. Smith, 1904[1776]: 32.

5. Ricardo, 1817: 246.

6. Marx, 1887[1867].

7. Whately, 1832.

8. 소스타인 베블런 같은 인물이 등장할 것을 고대하며 애덤 스미스는 이렇게 썼다. "다이아몬드의 아름다움은 희소성으로 인해 크게 향상된다. 부자들에게 부의 가장 큰 기쁨은 부의 과시다. 그들의 눈에 자신 외에는 누구도 가질 수 없는 부유함의 결정적 표식을 소유할 때처럼 완벽한 것은 없다." 다음 문헌을 참조할 것. Smith, 1904[1776]: 172~173.

9. Jevons, 1987[1871]: 45.

10. 위의 문헌: 164.

11. 신경과학자들은 이 문제를 해결할 수 있다고 확신하지만, 현재로서는 그저 미세한 땀을 흘리는 정도를 모니터링해 감정적 반응을 측정하는 정도다. 다음 문헌을 참조할 것. Ramachandran, 2010: 95.

12. Locke, 1764[1689]: 220.

13. Pigou, 1932[1920].

14. Kaldor, 1939.

15. 나는 2000년대 초 모스크바에서 있었던 두 사람의 사업가 카카 벤두키츠(Kakha Bendukidze)와 미하일 호도르코프스키(Mikhail Khodorkovsky)의 토론 내용을 생생히 기억한다. 벤두키츠는 기업의 사회적 책임은 주주 가치를 극대화하는 데 국한한다고 주장했다. 반면 호도르코프스키는 기업에는 사회에 대한 추가적인 책무가 있다고 주장했다. 벤두키츠의 주장은 기업이 '거대 규모의 이윤을 극대화하는 개인'이라는 신고전주의 경제학의 관점을 반영한 것이었으며, 실제로 1980년대 경제학의 표준 원칙이었다. 기업은 주주의 이익을 극대화하는 것 이상의 사회적 의무를 지지 않았다. 이는 일찍이 제너럴일렉트릭(General Electric)의 최고경영자 오웬 영(Owen Young)이 표현했던 기업을 일컫는 오랜 관점인 '이해관계자'를 뒤집었다. 오웬 영은 이렇게 말했었다. "주주의 이익은 리스크 프리미엄에 상응하는 최대 수익에 국한하며, 나머지 이

더 나은 삶을 위한 경제학

익은 기업 자금으로 남거나 더 높은 임금으로 지급되거나 고객에게 전달됩니다." 다음 기사를 참조할 것. Plender, John(2019). 'Shareholders Are Being Dethroned as Rulers of Value', *The Financial Times*, 3 January.

16. Foley, 2009.

17. 다음 문헌에서 재인용. Galbraith, 1987: 119.

18. Keynes, 2015[1930]: 82.

19. 다음 문헌에서 재인용. Chaves, 2003: 336.

20. Easterlin, 1974.

21. Layard, 2005.

22. 다음 문헌에서 재인용. Scull, 2019.

23. Layard, 2005.

24. 이 논쟁과 관련해 더 자세한 내용은 다음 문헌을 참조할 것. Skidelsky & Skidelsky, 2012: 제4장.

25. Sen, 1999.

26. Skidelsky & Skidelsky, 2012: 147~151.

27. Alkire 외, 2015.

28. Meadows 외, 1972.

29. Raworth, 2017.

30. 더 자세한 내용은 다음 문헌을 참조할 것. Oreskes & Conway, 2014.

31. 이 문제는 다음 문헌에서 자세히 다루고 있다. Skidelsky & Skidelsky, 2012: 제5장.

32. Sandel, 2012.

제13장

1. Keynes, 1964[1936]: vii.

2. O'Donnell, 1989: 3.

3. Keynes: 1973[1921]: 111.

4. 레드, 블루, 옐로우라는 세 마리 경주마에 각각 다음과 같은 배당률을 적용한 다고 가정해보자. 1-1은 레드, 2-1은 블루, 3-1은 옐로우다(2-1은 내가 이기면 초기 판돈을 돌려받는 것을 의미한다). 레드에 6달러, 블루에 4달러, 옐로우에 3달 러를 베팅하면 경주 결과와 상관없이 12달러를 받게 된다. 하지만 초기 지출은 '6+4+3=13'이므로 무조건 1달러 손실을 본다. 이 사례에서는 세 마리 모두에 베팅하는 경우이므로 이와 같은 결과가 나오지만, 실제 경마에서는 낮은 배당률 의 경주마가 우승 확률이 더 높으며 그만큼 수익률도 낮다. 금융 시장에서의 차 익 거래 관행도 이와 유사하다.

5. Ramsey, 1931[1926]. 베이즈 정리의 규칙도 경제 모델 구성 규칙과 같다. 원하 는 전제를 선택할 수 있다.

6. Keynes, 1972[1926]: 262.

7. 다음 문헌에서 재인용. Skidelsky, 2018: 24.

8. Krugman, 1995.

나오며

1. Keynes, 2015[1936]: 260.

2. 위의 문헌: 252.

더 나은 삶을 위한 경제학

참고문헌

들어가며

- Harvey, John T.(2016). *Contending Perspectives in Economics: A Guide to Contemporary Schools of Thought*, Cheltenham: Edward Elgar.
- Fischer, Liliann, Hasell, Joe, Proctor, J. Christopher, Uwakwe, David, Ward-Perkins, Zach and Watson, Catriona(2018). *Rethinking Economics: An Introduction to Pluralist Economics*, London: Routledge.
- Marshall, Alfred(1890). *Principles of Economics*, London: Macmillan.

제1장

- Bhaskar, Roy(1975). *A Realist Theory of Science*, Leeds: Leeds Books.
- Hahn, Frank(1992). 'Answer to Backhouse: Yes', *Royal Economic Society Newsletter*, 78: 3~5.
- Harvey, John T.(2016). *Contending Perspectives in Economics: A Guide to Contemporary Schools of Thought*, Cheltenham: Edward Elgar.
- Hodgson, Geoffrey(2019). *Is There a Future for Heterodox Economics? Institutions, Ideology and a Scientific Community*, Cheltenham: Edward Elgar.
- Jensen, Michael C.(1978). 'Some Anomalous Evidence on the Efficient Market Hypothesis', *Journal of Financial Economics*, Vol. 6(2/3): 95~101.
- Joffe, Michael(2018). 'What's Really Wrong with Economics?', *Royal Economic Society Newsletter*, 183.

- Keynes, John Maynard(2015[1938/1924]). 'Methodological Issues: Tinbergen, Harrod', 'Alfred Marshall' in Robert Skidelsky(편), *The Essential Keynes*, Penguin Classics.
- Kornai, Janos(2006). *By Force of Thought: Irregular Memoirs of an Intellectual Journey*, Cambridge, MA: MIT Press.
- Lo, Andrew(2017). *Adaptive Markets: Financial Evolution at the Speed of Thought*, Princeton: Princeton University Press.
- Robbins, Lionel(1935). *An Essay on the Nature and Significance of Economic Science*, 제2판, London: Macmillan.
- Samuelson, Paul(1992). 'My Life Philosophy: Policy Credos and Working Ways', in Michael Szenberg(편), *Eminent Economists· Their Life Philosophies*, Cambridge: Cambridge University Press.
- Schmidt, Christoph M.(2017). 'The Art of the Surplus', Project Syndicate.
- Streeck, Wolfgang(2016). *How Capitalism Will End: Essays on a Failing System*, London: Verso.
- Tetlock, P.E.(2005). *Expert Political Judgement: How Good Is It? How Can We Know?*, Princeton University Press. 테틀록의 연구는 데이비드 엡스타인(David Epstein, 1983~)이 자세히 다룬 바 있다. 다음 문헌을 참조할 것. David Epstein, 'The Peculiar Blindness of Experts', *The Atlantic*, June 2019.

제2장

- Frank, Robert(1985). *Choosing the Right Pond: Human Behaviour and the Quest for Status*, Oxford: Oxford University Press.
- Galbraith, John Kenneth(1958). *The Affluent Society*, Houghton Mifflin Harcourt.
- Georgescu-Roegen, Nicholas(1971). *The Entropy Law and the Economic Process*, Princeton: Princeton University Press.

더 나은 삶을 위한 경제학

- Harrod, Roy(1958). 'The Possibility of Economic Satiety', in *Problems of US Economic Development*, Vol. 1, New York: Washington Committee for Economic Development.
- Hirsch, Fred(1976). *Social Limits to Growth*, Cambridge, MA: Harvard University Press.
- Keynes, John Maynard(2015[1930]). 'Economic Possibilities for our Grandchildren', in Robert Skidelsky(편), *The Essential Keynes*, Penguin Classics.
- Marshall, Alfred(1890). *Principles of Economics*, London: Macmillan.
- McConnell, Campbell, Brue, Stanley and Flynn, Sean(2009). *Macroeconomics*, New York: McGraw-Hill.
- Menger, Carl(2007[1871]). *Principles of Economics*, Online: Mises Institute.
- Packard, Vance(1957). *The Hidden Persuaders*, New York: D. McKay Co.
- Robbins, Lionel(1935). *An Essay on the Nature and Significance of Economic Science*, 제2판, London: Macmillan.
- Sahlins, Marshall(1972). *Stone Age Economics*, New York: de Gruyter.
- Sen, Amartya(1981). *Poverty and Famines: An Essay on Entitlement and Deprivation*, Oxford: Oxford University Press.
- Smith, Adam(1904[1776]). *An Inquiry into the Nature and Causes of the Wealth of Nations*, London: Methuen.
- Veblen, Thorstein(1899). *The Theory of the Leisure Class*, New York: Macmillan.

제3장

- Acemoglu, Daron, Johnson, Simon and Robinson, James(2001). 'The Colonial Origins of Comparative Development: An Empirical Investigation', *American Economic Review*, Vol. 91(5): 1369~1401.

- Amsden, Alice(1992). *Asia's Next Giant: South Korea and Late Industrialization*, Oxford: Oxford University Press.

- Bairoch, Paul(1993). *Economics and World History: Myths and Paradoxes*, Hemel Hempstead: Harvester Wheatsheaf.

- Chang, Ha-Joon(2008). *Bad Samaritans: Rich Nations, Poor Policies and the Threat to the Developing World*, London: Random House Business.

- Chang, Ha-Joon(2002). *Kicking Away the Ladder: Development Strategy in Historical Perspective*, London: Anthem Press.

- Frank, Andre Gunder(1966). *The Development of Underdevelopment*, Boston: New England Free Press.

- Hirschman, Albert(1958). *The Strategy of Economic Development*, New Haven: Yale University Press.

- Johnson, Harry(1977). 'Keynes and the Developing World', in Robert Skidelsky(편), *The End of the Keynesian Era: Essays on the Disintegration of the Keynesian Political Economy*, London: Macmillan.

- Krueger, Anne(1974). 'The Political Economy of the Rent-Seeking Society', *American Economic Review*, Vol. 64(3): 291~303.

- Krugman, Paul(1987). 'Is Free Trade Passe?', *Journal of Economic Perspectives*, Vol. 1(2): 131~144.

- Lewis, W. Arthur(1954). 'Economic Development with Unlimited Supplies of Labour', *The Manchester School*, Vol. 22(2): 129~191.

- List, Friedrich(1909[1841]). *The National System of Political Economy*, London: Longmans, Green and Co.

- Malthus, Thomas(1798). *An Essay on the Principle of Population*, London: J. Johnson.

- Malthus, Thomas(1803). *An Essay on the Principle of Population*(제2판), London: J. Johnson.

- Mazzucato, Mariana(2013). *The Entrepreneurial State*, London: Anthem Press.

- Meadows, Donella H., Meadows, Dennis L., Randers, Jorgen and Behrens, William W. III(1972). *The Limits to Growth*, New York: Universe Books.
- Mill, John Stuart(1848). *Principles of Political Economy*, London: John W. Parker.
- Mokyr, Joel(2016). *A Culture of Growth: The Origins of the Modern Economy*, Princeton: Princeton University Press.
- Prebisch, Raul(1959). 'Commercial Policy in the Underdeveloped Countries', *American Economic Review*, Vol. 49(2): 251~273.
- Ricardo, David(1817). *On the Principles of Political Economy and Taxation*, London: John Murray.
- Rosenstein-Rodan, Paul(1943). 'Problems of Industrialization of Eastern and South-Eastern Europe', *Economic Journal*, Vol. 53(210/211): 202~211.
- Smith, Sheila and Toye, John(1979). 'Introduction: Three Stories about Trade and Poor Economies', *Journal of Development Studies*, Vol. 15(3): 1~18.
- Wolf, Martin and Wade, Robert(2002). 'Are Global Poverty and Inequality Getting Worse?', *Prospect Magazine*. https://www.prospectmagazine.co.uk/magazine/areglobalpovertyandinequalitygettingworse.

제4장

- Arrow, Kenneth and Debreu, Gerard(1954). 'Existence of an Equilibrium for a Competitive Economy', *Econometrica*, Vol. 22(3): 265~290.
- Backhouse, Roger E.(2004). 'History and Equilibrium: A Partial Defense of Equilibrium Economics', *Journal of Economic Methodology*, Vol. 11(3): 291~305.
- Backhouse, Roger E.(1997). 'The Rhetoric and Methodology of Modern Macroeconomics', in Brian Snowdon and Howard Vane(편), *Reflections in the Development of Modern Macroeconomics*, Cheltenham: Edward Elgar.

- Desai, Meghad(2002). *Marx's Revenge*, London: Verso.

- Foley, Duncan(2016). 'Crisis and Theoretical Methods: Equilibrium and Disequilibrium Once Again', in *Conference Paper Presented at the International Conference on Economics, Economic Policies and Sustainable Growth in the Wake of the Crisis*, Ancona.

- Hahn, Frank(1989). 'The Emergence of the New Right', in Robert Skidelsky(편), *Thatcherism*, Oxford: Basil Blackwell.

- Hayek, Friedrich(1937). 'Economics and Knowledge', *Economica*, New Series, Vol. 4(13): 33~54.

- Kornai, Janos(2006). *By Force of Thought: Irregular Memoirs of an Intellectual Journey*, Cambridge, MA: MIT Press.

- Lazear, Edward P.(2000). 'Economic Imperialism', *Quarterly Journal of Economics*, Vol. 115(1): 99~146.

- Robinson, Joan(1978). *Contributions to Modern Economics*, Oxford: B. Blackwell.

- Schumpeter, Joseph A.(1954). *History of Economic Analysis*, London: Allen & Unwin.

- Walras, Leon(1954[1874]). *Elements of Pure Economics*, London: Allen & Unwin.

제5장

- Albert, Hans(1976). 'Science and the Search for Truth: Critical Rationality and the Methods of Science', in Robert S. Cohen and Marx Wartofsky(편), *Boston Studies in the Philosophy of Science*, Vol. LVIII.

- Alesina, Alberto, Favero, Carlo and Giavazzi, Francesco(2019). *Austerity: When it Works and When It Doesn't*, Princeton: Princeton University Press.

- Borjas, George(2017). 'The Wage Impact of the Marielitos: A Reappraisal',

더 나은 삶을 위한 경제학

Industrial and Labor Relations Review 70(5): 1077~1110.

- Coase, Ronald(1999). 'Speech to the ISNIE: The Task of Economics', 신경제사고 연구소(Institute of New Economic Thinking) 연례 콘퍼런스 기조 연설, Washington, DC.

- Fleetwood, Steven(2017). 'The Critical Realist Conception of Open and Closed Systems', *Journal of Economic Methodology*, 24(1).

- Forrester, Jay W.(1971). 'Counterintuitive Behavior of Social Systems', *Theory and Decision*, Vol. 2(2): 109~140.

- Friedman, Milton(1953). 'The Methodology of Positive Economics', *in Milton Friedman, Essays in Positive Economics*, Chicago: University of Chicago Press.

- Friedman, Milton(1968). 'The Role of Monetary Policy', *American Economic Review*, Vol. 58(1): 1~17.

- Hodgson, Geoffrey M.(1997). 'The Ubiquity of Habits and Rules', *Cambridge Journal of Economics*, Vol. 21(6): 663~684.

- Jevons, William Stanley(1913[1877]). *The Principles of Science: A Treatise on Logic and Scientific Method*, London: Macmillan.

- Kaldor, Nicholas(1961). 'Capital Accumulation and Economic Growth', in Friedrich Lutz(편) *The Theory of Capital*, London: MacMillan.

- Krugman, Paul(1995). 'The Fall and Rise of Development Economics', in Paul Krugman, *Development, Geography and Economic Theory*, Cambridge, MA: MIT Press.

- Mankiw, N. Gregory(2018). *Principles of Economics*, Mason, OH: Cengage Learning.

- McCloskey, Deirdre(1983). 'The Rhetoric of Economics', *Journal of Economic Literature*, Vol. 21(2): 481~517.

- Mirowski, Philip(1989). More Heat than Light: *Economics as Social Physics, Physics as Nature's Economics*, Cambridge: Cambridge University Press.

- Phelps, Edmund(1967). 'Phillips Curves, Expectations of Inflation and Optimal Unemployment Over Time', *Economica*, Vol. 34(135): 254~281.

- Phillips, A.W.(1958). 'The Relation Between Unemployment and the Rate of Change of Money Wage Rates in the United Kingdom, 1861~1957', *Economica*, Vol. 25(100): 283~299.

- Popper, Karl(2005[1959]). *The Logic of Scientific Discovery*, London: Routledge.

- Robbins, Lionel(1935). *An Essay on the Nature and Significance of Economic Science*, 제2판, London: Macmillan.

- Roscoe, Philip(2014). *I Spend Therefore I Am*, London: Viking.

- Rosenberg, Alexander(1995). *The Philosophy of Social Science*, Boulder: Westview Press.

- Routh, Guy(1984). *Economics: An Alternative Text*, London: Macmillan.

- Samuelson, Paul(1970). *Economics*(제8판), New York: McGraw-Hill.

- Samuelson, Paul and Solow, Robert M.(1960). 'Analytical Aspects of Anti-Inflation Policy', *American Economic Review*, 50(2): 177~194.

- ·Schelling, Thomas(2006[1978]). *Micromotives and Macrobehavior*, New York: W.W. Norton.

- Skoufias, Emmanuel, Parker, Susan W., Behrman, Jere R. and Pessino, Carola(2001). 'Conditional Cash Transfers and Their Impact on Child Work and Schooling: Evidence from the PROGRESA Program in Mexico', *Economia*, Vol. 2(1): 45~96.

- Solow, Robert(1985). 'Economic History and Economics', *American Economic Review*, Vol. 75(2): 328~331.

제6장

- Akerlof, George(1970). 'The Market for Lemons: Quality, Uncertainty, and the Market Mechanism', *Quarterly Journal of Economics*, Vol. 84(3): 488~500.

- Akerlof, George and Shiller, Robert(2015). *Phishing for Phools: The Economics of Manipulation and Deception*, Princeton: Princeton University Press.
- Anderson, Jenny(2011). Economists in Love: Betsey Stevenson and Justin Wolfers, *It's not you, it's the dishes*. http://www.itsthedishes. com/2343/2011/03/economists-in-love-betsey-stevenson-and-justin-wolfers.
- Angner, Erik(2012). *A Course in Behavioural Economics*, London: Palgrave.
- Becker, Gary(1968). 'Crime and Punishment: An Economic Approach', *Journal of Political Economy*, Vol. 76(2): 169~217.
- Becker, Gary(1974). 'A Theory of Marriage', in Theodore William Schultz(편), *Economics of the Family: Marriage, Children, and Human Capital*, Chicago: University of Chicago Press.
- Haldar, Antara(2018). 'Intrinsic Goodness: Why We Might Behave Better Than We Think', *Times Literary Supplement*, No. 6031.
- Kahneman, Daniel(2011). *Thinking, Fast and Slow*, London: Allen Lane.
- Lazear, Edward P.(2000). 'Economic Imperialism', *Quarterly Journal of Economics*, Vol. 115(1): 99~146.
- Lucas, Robert E.(1988). 'On the Mechanics of Economic Development', *Journal of Monetary Economics*, Vol. 22(1): 3~42.
- Priest, George L.(2016). 'Something Smells Phishy', *Claremont Review of Books*, Vol. XVI(4).
- Rampell, Catherine(2013). 'Outsource Your Way to Success', *New York Times Magazine*, 10 November.
- 다음 팟캐스트를 참조할 것. Sargent, Thomas(2015). 'Computational Challenges in Economics', Platform for Advanced Scientific Computing Conference, Zurich, 1~3 June.
- Schwartz, Barry(2015). *Why We Work*, London: Red Books-Simon & Schuster.
- Skidelsky, Robert(1993). *Interests and Obsessions*, London: Macmillan.

- Stigler, George(1982). *The Economist as Preacher, and Other Essays*, Chicago: University of Chicago Press.

- Stiglitz, Joseph and Rothschild, Michael(1976). 'Equilibrium in Competitive Insurance Markets: An Essay on the Economics of Imperfect Competition', *Quarterly Journal of Economics*, Vol. 90(4): 629~649.

- Syll, Lars Palsson(2018). 'On Randomness and Probability in Economics', *Real-World Economics Review*. https://rwer.wordpress.com/2018/06/18/on-randomness-and-probability-in-economics.

- Thaler, Richard H. and Sunstein, Cass R.(2008). *Nudge: Improving Decisions about Health, Wealth, and Happiness*, New Haven: Yale University Press.

제7장

- Arrow, Kenneth J.(1994). 'Methodological Individualism and Social Knowledge'(Richard T. Ely Lecture), *American Economic Review, special issue: Papers and Proceedings of the Hundred and Sixth Annual Meeting of the American Economic Association*, American Economic Association, 84(2): 1~9.

- Becker, Gary S. and Murphy, Kevin M.(1988). 'A Theory of Rational Addiction', *Journal of Political Economy*, Vol. 96(4): 675~700.

- Dawkins, Richard(1976). *The Selfish Gene*, Oxford: Oxford University Press.

- Durkheim, Emile(2006(1897)). *On Suicide*, London: Penguin.

- Eldridge, J.E.T.(편)(1972). *Max Weber: The Interpretation of Social Reality*, London: Nelson.

- Fuller, Steve(2006). *The Philosophy of Science and Technology Studies*, London: Routledge.

- Gorz, Andre(2010). *Ecologica*, London: Seagull Books.

- Habermas, Jurgen(1981). *The Theory of Communicative Action*, Vols I & II,

Boston: Beacon Press.

- Harvey, John T.(2016). *Contending Perspectives in Economics: A Guide to Contemporary Schools of Thought*, Cheltenham: Edward Elgar.

- Hawthorn, Geoffrey(1987). *Enlightenment and Despair: A History of Social Theory*, Cambridge: Cambridge University Press.

- Kant, Immanuel(1784). 'What is Enlightenment?', in *Foundations of the Metaphysics of Morals and What is Enlightenment*, New York: Liberal Arts Press.

- Lawson, Tony(1997). *Economics and Reality*, London: Routledge.

- Marx, Karl and Engels, Friedrich(2004[1848]). *Manifesto of the Communist Party*. Marxists Internet Archive. https://www.marxists.org/archive/marx/works/1848/communist-manifesto/index.htm.

- Nisbet, Robert(1993[1966]). *The Sociological Tradition*, New Brunswick: Transaction Publishers.

- Polanyi, Karl(2002[1944]). *The Great Transformation: The Political and Economic Origins of Our Time*, Boston: Beacon Press.

- Rogeberg, Ole(2004). 'Taking Absurd Theories Seriously: Economics and the Case of Rational Addiction Theories', *Philosophy of Science*, Vol. 71(3): 263~285.

- Samuels, Warren J., Biddle, Jeff E. and Davis, John B.(2003). *A Companion to the History of Economic Thought*, Oxford: Oxford University Press.

- Sombart, Werner(1913). *The Jews and Modern Capitalism*, New Brunswick: Transaction Publishers.

- Tocqueville, Alexis(2017[1835]). *Democracy in America*, Mineola, NY: Dover.

- Tonnies, Ferdinand(1957[1887]). *Community and Society[Gemeinschaft und Gesellschaft]*, Oxford: Michigan State University Press.

- Weber, Max(1930[1905]). *The Protestant Ethic and the Spirit of Capitalism*, London: Allen & Unwin. https://www.marxists.org/reference/archive/

weber/protestant-ethic.

- Williamson, Oliver(1975). *Markets and Hierarchies, Analysis and Antitrust Implications*, New York: Free Press.

제8장

- Buchanan, James M., Rowley, Charles K., Breton, Albert, Wiseman, Jack, Frey, Bruno, Peacock, A. T., Grimond, Jo, Niskanen, W.A. and Ricketts, Martin(1978). *The Economics of Politics*, London: Institute of Economic Affairs.
- Chang, Ha-Joon(2011). 'Institutions and Economic Development: Theory, Policy and History', *Journal of Institutional Economics*, Vol. 7(4): 473-98.
- Coase, Ronald(1937). 'The Nature of the Firm', *Economica*, Vol. 4(16): 386~405.
- Coase, Ronald(1960). 'The Problem of Social Cost', *Journal of Law and Economics*, Vol. 3: 1~44.
- Davis, Lance and North, Douglass C.(1971). *Institutional Change and American Economic Growth*, Cambridge: Cambridge University Press.
- Galbraith, John Kenneth(1967). *The New Industrial State*, London: Hamish Hamilton.
- Hodgson, Geoffrey(2000a). 'What Is the Essence of Institutional Economics?', *Journal of Economic Issues*, Vol. 34(2): 317~329.
- Hodgson, Geoffrey(2000b). 'Structures and Institutions: Reflections on Institutionalism, Structuration Theory and Critical Realism', 미공개 문서, University of Hertfordshire.
- North, Douglass and Thomas, Robert(1973). *The Rise of the Western World: A New Economic History*, Cambridge: Cambridge University Press.
- Olson, Mancur(1971[1965]). *The Logic of Collective Action: Public Goods and*

the Theory of Groups(개정판), Cambridge, MA: Harvard University Press.

- Simon, Herbert(1976). *Administrative Behavior: A Study of Decision-making Processes in Administrative Organization,* New York: Free Press.
- Simon, Herbert(1991). 'Organizations and Markets', *Journal of Economic Perspectives,* Vol. 5(2): 25~44.
- Standing, Guy(2014[2011]). *The Precariat: The New Dangerous Class,* London: Bloomsbury Academic.
- Unger, Roberto Mangabeira(2019). *The Knowledge Economy,* London: Verso.

제9장

- Cartwright, Nancy(1999). *The Dappled World: A Study of the Boundaries of Science,* Cambridge: Cambridge University Press.
- Cherrier, Beatrice(2011). 'The Lucky Consistency of Milton Friedman's Science and Politics, 1933~1963', in R. Van Horn, P. Mirowski and T. Stapleford(편), *Building Chicago Economics: New Perspectives on the History of America's Most Powerful Economics Program*(Historical Perspectives on Modern Economics), Cambridge: Cambridge University Press.
- Collini, Stefan(2009). 'Impact on Humanities', *Times Literary Supplement,* 13 November.
- Cooper, Robert(2003). Is *"Economic Power" a Useful and Operational Concept?,* 마이크로소프트 워드 문서.
- Earle, Joe, Moran, Cahal and Ward-Perkins, Zach(2016). *The Econocracy: The Perils of Leaving Economics to the Experts,* Manchester: Manchester University Press.
- Foucault, Michel(1973[1963]). *The Birth of the Clinic: An Archaeology of Medical Perception,* London: Tavistock Publications.
- Friedman, Milton(1993). 'Postface', in Marc Lavoie and Mario Seccareccia(편),

Milton Friedman et son oeuvre, Montreal: Les presses de l'Universite de Montreal.

- Galbraith, John Kenneth(1983). *The Anatomy of Power*, New York: Houghton Mifflin.
- Gramsci, Antonio(1971[1936]). *Selections from Prison Notebooks*, London: Lawrence & Wishart.
- Hearn, Jonathan(2016). 'Power and Economics', in Robert Skidelsky and Nan Craig(편), *Who Runs the Economy?: The Role of Power in Economics*, London: Palgrave Macmillan.
- Hearn, Jonathan(2012). *Theorizing Power*, Basingstoke: Palgrave Macmillan.
- Keynes, John Maynard(2015[1936]). 'The General Theory of Interest, Unemployment and Money', in Robert Skidelsky(편), *The Essential Keynes*, Penguin Classics.
- Lukes, Steven(2016). 'Power and Economics', in Robert Skidelsky and Nan Craig(편), *Who Runs the Economy?: The Role of Power in Economics*, London: Palgrave Macmillan.
- Lukes, Steven(2004). *Power: A Radical View*, London: Palgrave Macmillan.
- Marx, Karl and Engels, Friedrich(2004[1848]). *Manifesto of the Communist Party*. Marxists Internet Archive. https://www.marxists.org/archive/marx/works/1848/communist-manifesto/index.htm.
- Mill, John Stuart(1869). *On Liberty*, London: Longmans, Green, Reader and Dyer.
- Packard, Vance(1957). *The Hidden Persuaders*, New York: McKay.
- Pareto, Vilfredo(1991[1920]). *The Rise and Fall of Elites: An Application of Theoretical Sociology*, New Jersey: Transaction Publishers.
- Robinson, Joan(1962). *Economic Philosophy*, London: Watts.
- Robinson, Joan(1969). *The Economics of Imperfect Competition*(제2판), London: Palgrave Macmillan.

- Russell, Bertrand(1938). *Power: A New Social Analysis*, London: Allen & Unwin.

- Skidelsky, Robert(2018). *Money and Government*, London: Allen Lane, New Haven: Yale University Press.

- Skidelsky, Robert(2005). 'Keynes, Globalization and the Bretton Woods Institutions in the Light of Changing Ideas about Markets', *World Economics*, Vol. 6(1): 1~16.

- Skidelsky, Robert and Craig, Nan(편)(2016). *Who Runs the Economy?: The Role of Power in Economics*, London: Palgrave Macmillan.

- Smith, Adam(1904[1776]). *An Inquiry into the Nature and Causes of the Wealth of Nations*, London: Methuen.

- Stiglitz, Joseph E.(1993). 'Post Walrasian and Post Marxian Economics', *Journal of Economic Perspectives*, Vol. 7(1): 109~114.

- Streeck, Wolfgang(2016). *How Will Capitalism End? Essays on a Failing System*, London: Verso.

- Tugendhat, Christopher(1972). *The Multinationals*, New York: Random House.

- Varoufakis, Yanis(2017). *Adults in the Room*, London: The Bodley Head.

제10장

- Blaug, Mark(2001). 'No History of Ideas, Please, We're Economists', *Journal of Economic Perspectives*, Vol. 15(1): 145~164.

- Dasgupta, A.K.(1985). *Epochs of Economic Theory*, Oxford: Basil Blackwell.

- Davis, John Bryan(2016). 'Economics as Science', in Robert Skidelsky and Nan Craig(편), *Who Runs the Economy?: The Role of Power in Economics*, London: Palgrave Macmillan.

- Galbraith, John Kenneth(1987). *A History of Economics: The Past as Present*,

London: Penguin.

- Gide, Charles and Rist, Charles(1948). *A History of Economic Doctrines, from the Time of the Physiocrats to the Present Day*, London: George G. Harrap.
- Hahn, Frank(1970). 'Some Adjustment Problems', *Econometrica*, Vol. 38(1): 1~17.
- Hansen, Lars Peter(2017). 'Publishing and Promotion in Economics: The Curse of the Top Five', 전미경제학회 연례 콘퍼런스 패널 대담회, 7 January, Chicago, Illinois.
- Hicks, John(2008). 'Revolutions in Economics', in Spiro Latsis(편), *Methods and Appraisal in Economics*, Cambridge: Cambridge University Press.
- Johnson, Harry(2013). 'The Keynesian Revolution and the Monetarist Counter-Revolution', in *Selected Essays in Monetary Economics(Collected Works of Harry Johnson)*, London: Routledge.
- Krugman, Paul(1995). 'The Fall and Rise of Development Economics', in Paul Krugman, *Development, Geography and Economic Theory*, Cambridge, MA: MIT Press.
- Kuhn, Thomas(1962). *The Structure of Scientific Revolutions*, Chicago: University of Chicago Press.
- Lakatos, Imre(1978). *The Methodology of Scientific Research Programmes: Philosophical Papers*, Vol. 1, Cambridge: Cambridge University Press.
- Leontief, Wassily(1970). 'Presidential Address', 전미경제학회 연례 콘퍼런스, 29 December, Detroit, Michigan.
- Robbins, Lionel(1935). *An Essay on the Nature and Significance of Economic Science*, 제2판, London: Macmillan.
- Routh, Guy(1975). *The Origin of Economic Ideas*, London: Macmillan.
- Schumpeter, Josef(1981[1954]). *The History of Economic Analysis*, London: Allen & Unwin.
- Sraffa, Piero(1926). 'The Laws of Returns under Competitive Conditions', *The*

더 나은 삶을 위한 경제학

Economic Journal, Vol. 36(144): 535~550.

- Stigler, George(1982). 'Does Economics Have a Useful Past?', in George Stigler, *The Economist as Preacher and Other Essays*, Chicago: University of Chicago Press.

제11장

- Acton, Peter(2014). *Poiesis: Manufacturing in Classical Athens*, New York: Oxford University Press.
- Bolt, Jutta, Inklaar, Robert, de Jong, Herman and Luiten van Zanden, Jan(2018). 'Rebasing "Maddison": New Income Comparisons and the Shape of Long-run Economic Development', *Maddison Project Working Paper* 10, Maddison Project Database.
- Boulding, Kenneth E.(1971). 'After Samuelson Who Needs Adam Smith?', *History of Political Economy*, Vol. 3(2): 225~237.
- Chang, Ha-Joon(2002). *Kicking Away the Ladder: Development Strategy in Historical Perspective*, London: Anthem.
- Crafts, Nick(1987). 'Economic History', in John Eatwell, Murray Milgate and Peter K. Newman(편), *The New Palgrave: A Dictionary of Economics*, London: Palgrave.
- Dasgupta, A.K.(1985). *Epochs of Economic Theory*, Oxford: Basil Blackwell.
- Denison, Edward F.(1962). *The Sources of Economic Growth in the United States and the Alternatives Before Us*, New York: Committee for Economic Development.
- Finley, Moses(1973). *The Ancient Economy*, Berkeley: University of California Press.
- Fogel, Robert W. and Engerman, Stanley L.(1995[1974]). *Time on the Cross*, New York: W.W. Norton.

- Hayek, Friedrich(1944). *The Road to Serfdom*, Chicago: University of Chicago Press.

- Kulikowski, Michael(2014). 'The Glorious Free Market', *London Review of Books*, Vol. 38(12): 37~38.

- Landes, David(1998). *The Wealth and Poverty of Nations: Why Some Are So Rich and Others So Poor*, New York: W.W. Norton.

- Marshall, Alfred(1890). *Principles of Economics*, London: Macmillan.

- Parker, William Nelson(1986). *Economic History and the Modern Economist*, Oxford: Basil Blackwell.

- Piketty, Thomas(2014). *Capital in the 21st Century*, Cambridge, MA: Harvard University Press.

- Saul, John Ralston(2004). 'The Collapse of Globalism', *Harper's Magazine*, March.

- Schlesinger, Arthur M.(1986). *The Cycles of American History*, London: Penguin.

- Schumpeter, Joseph(1983[1934]). *The Theory of Economic Development: An Inquiry into Profits, Capital, Credit, Interest, and the Business Cycle*, New Brunswick: Transaction Publishers.

- Solow, Robert(1985). 'Economic History and Economics', *American Economic Review*, Vol. 75(2): 328~331.

제12장

- Alkire, Sabina, Foster, James E., Seth, Suman, Santos, Maria Emma, Roche, Jose M. and Ballon, Paola(2015). *Multidimensional Poverty Measurement and Analysis*, Oxford: Oxford University Press.

- Arrow, Kenneth(1951). *Social Choice and Individual Values*, London: Chapman & Hall.

- Chaves, Emilio Jose(2003). 'Toward a Centre-Periphery Model of Global Accounting', in Gernot Kohler and Emilio Jose Chaves(편), *Globalization: Critical Perspectives*, New York: Nova Science.
- Daly, Herman E.(1996). *Beyond Growth: The Economics of Sustainable Development*, Boston: Beacon Press.
- Easterlin, Richard(1974). 'Does Economic Growth Improve the Human Lot?', in P.A. David and M.W. Reder(편), *Nations and Households in Economic Growth: Essays in Honour of Moses Abramovitz*, New York: Academic Press.
- Foley, Duncan K.(2009). Adam's Fallacy: *A Guide to Economic Theology*, Cambridge, MA: Harvard University Press.
- Galbraith, John Kenneth(1987). *A History of Economics: The Past as Present*, London: Penguin.
- Hayek, Friedrich(1937). 'Economics and Knowledge', *Economica*, New Series, Vol. 4(13): 33~54.
- Jevons, W. Stanley(1987[1871]). *The Theory of Political Economy*, London: Macmillan.
- Kaldor, Nicholas(1939). 'Welfare Proposition of Economics and Interpersonal Comparisons of Utility', *The Economic Journal*, Vol. 49(195): 549~552.
- Keynes, John Maynard(2015[1930]). 'Economic Possibilities for Our Grandchildren', in Robert Skidelsky(편), *The Essential Keynes*, Penguin Classics.
- Layard, Richard(2005). *Happiness: Lessons from a New Science*, London: Penguin.
- Locke, John(1764[1689]). *Two Treatises of Government*, London: A. Millar 외.
- Marx, Karl(1887[1867]). *Capital*, Vol. 1, Moscow: Progress Publishers.
- Marx, Karl and Engels, Friedrich(2004[1848]). *Manifesto of the Communist Party*. Marxists Internet Archive. https://www.marxists.org/archive/marx/works/1848/communist-manifesto/index.htm.

- Meadows, Donella H., Meadows, Dennis L., Randers, Jorgen and Behrens, William W. III(1972). *The Limits to Growth*, New York: Universe Books.

- Mill, John Stuart(1848). *Principles of Political Economy*, London: John W. Parker.

- Nozick, Robert(1974). *Anarchy, State, and Utopia*, New York: Basic Books.

- Oreskes, Naomi and Conway, Erik M.(2014). *The Collapse of Western Civilization: A View from the Future*, New York: Columbia University Press.

- Pigou, C. Arthur(1932[1920]). *The Economics of Welfare*(제4판), London: Macmillan.

- Plender, John(2019). 'Shareholders Are Being Dethroned as Rulers of Value', *The Financial Times*, 3 January.

- Ramachandran, V.S.(2010). *The Tell-Tale Brain*, India: Random House.

- Rawls, John(1999[1971]). *A Theory of Justice*, Cambridge, MA: Harvard University Press.

- Raworth, Kate(2017). *Doughnut Economics: Seven Ways to Think Like a 21st-Century Economist*, London: Random House.

- Ricardo, David(1817). *On the Principles of Political Economy and Taxation*, London: John Murray.

- Robbins, Lionel(1938). 'Interpersonal Comparisons of Utility: A Comment', *The Economic Journal*, Vol. 48(192): 635~641.

- Sandel, Michael J.(2012). *What Money Can't Buy: The Moral Limits of Markets*, New York: Farrar, Strauss and Giroux.

- Scull, Andrew(2019). 'Egos and Experiments', *Times Literary Supplement*, 18 January.

- Sen, Amartya(1999). *Development as Freedom*, Oxford: Oxford University Press.

- Skidelsky, Robert and Skidelsky, Edward(2012). *How Much is Enough?*, London: Allen Lane.

- Smith, Adam(1904[1776]). *An Inquiry into the Nature and Causes of the Wealth of Nations*, London: Methuen.

- Stigler, George(1982). *The Economist as Preacher, and Other Essays*, Chicago: University of Chicago Press.

- Whately, Richard(1832). 'Lecture IX' in *Introductory Lectures on Political Economy*, London: B. Fellowes.

제13장

- Davidson, Paul(1994). *Post-Keynesian Macroeconomic Theory: A Foundation for Successful Economic Policies for the Twenty-first Century*, Aldershot: Edward Elgar.

- Hayek, Friedrich(1944). *The Road to Serfdom*, London: Routledge.

- Hollis, Martin(1987). *The Cunning of Reason*, Cambridge: Cambridge University Press.

- Keynes, John Maynard(1921)[케인스 전집, Vol. 8, 1973]. *A Treatise on Probability*, London: Macmillan. http://www.gutenberg.org/files/32625/32625-pdf.pdf.

- Keynes, John Maynard(1964[1936]). *The General Theory of Employment, Interest and Money,* San Diego: Harcourt.

- Keynes, John Maynard(1926)[케인스 전집, Vol. 10]. 'Francis Ysidro Edgeworth, 1845~1926: A Memoir', in *The Collected Writings of John Maynard Keynes, Vol. 10: Essays in Biography*, London: Macmillan.

- Keynes, John Maynard(1936)[케인스 전집, Vol. 7, 1972]. 'The General Theory of Interest, Unemployment and Money', in Robert Skidelsky(편), *The Essential Keynes*, Penguin Classics.

- Krugman, Paul(1995). 'The Fall and Rise of Development Economics', in Paul Krugman, *Development, Geography and Economic Theory*, Cambridge, MA: MIT Press.

- Minsky, H.(1986). *Stabilizing an Unstable Economy*, New York: McGraw-Hill.

- Neumann, John von and Morgenstern, Oskar(1944). *Theory of Games and Economic Behavior*, Princeton: Princeton University Press.

- O'Donnell, Rod(1989). Keynes: *Philosophy, Economics and Politics*, London: Macmillan.

- Ramsey, Frank P.(1931[1926]). 'Truth and Probability', in Frank P. Ramsey(1931), *The Foundations of Mathematics and Other Logical Essays*, Ch. VII, R.B. Braithwaite(편), London: Kegan, Paul.

- Shackle, G.L.S.(1955). *Uncertainty in Economics and Other Reflections*, Cambridge: Cambridge University Press.

- Skidelsky, Robert(2018). *Money and Government*, London: Allen Lane.

- Skidelsky, Robert(1994). *John Maynard Keynes: The Economist as Saviour, 1920~1937*, New York: Allen Lane.

나오며

- Keynes, John Maynard(2015[1936]). 'The General Theory of Interest, Unemployment and Money', in Robert Skidelsky(편), *The Essential Keynes*, Penguin Classics.

추가 문헌

- Feynman, Richard P.(2011[1965]). *Six Easy Pieces: Essentials of Physics Explained by Its Most Brilliant Teacher*, New York: Basic Books.

- Fischer, Liliann, Hasell, Joe, Proctor, J. Christopher, Uwakwe, David, Ward-Perkins, Zach and Watson, Catriona(2018). *Rethinking Economics: An Introduction to Pluralist Economics*, London: Routledge.

- Graeber, David(2011). *Debt: The First 5,000 Years*, London: Verso.

더 나은 삶을 위한 경제학

- Heidegger, Martin(1977). *The Question Concerning Technology and Other Essays*, New York: Harper Torchbooks.
- Kay, John and King, Mervin(2020). *Radical Uncertainty: Decision-making Beyond the Numbers*, New York: W.W. Norton.
- Spengler, Oswald(1932). *Man and Technics*, London: Allen & Unwin.

찾아보기

더 나은 삶을 위한 경제학

더 나은 삶을 위한 경제학

더 나은 삶을 위한 경제학

ㅈ

더 나은 삶을 위한 경제학

옮긴이 장진영

경북대학교에서 영어영문학과와 경영학을 복수전공한 뒤 서울외국어대학원대학교 통번역
대학원 한영번역과를 졸업했다. 홈페이지 영문화 번역 등 다년간 기업체 번역을 진행했으
며, 현재 번역에이전시 엔터스코리아에서 출판 기획 및 전문 번역가로 활동하고 있다. 옮긴
책으로 《케인스라면 어떻게 할까?》《빅데이터, 돈을 읽다》《어떤 브랜드가 마음을 파고드는
가》《돈 앞에선 이기주의자가 되라》《게임 체인저》《퓨처 스마트》《AI가 알려주는 비즈니스 전
략》《CEO사회》《돈의 탄생 돈의 현재 돈의 미래》 등이 있다.

더 나은 삶을 위한 경제학
주류 경제학이 나아갈 길에 관하여

초판 1쇄 인쇄 2021년 5월 19일
초판 1쇄 발행 2021년 5월 26일

지은이 로버트 스키델스키
옮긴이 장진영
펴낸이 조민호

펴낸곳 안타레스 유한회사
출판등록 2020년 1월 3일 제2020-000005호
주소 서울시 마포구 신촌로2길 19 마포출판문화진흥센터 314호
전화 070-8064-4675 팩스 02-6499-9629
이메일 antares@antaresbook.com
블로그 antaresbook.com 포스트 post.naver.com/antaresbook
페이스북 facebook.com/antaresbooks 인스타그램 instagram.com/antares_book

WHAT'S WRONG WITH ECONOMICS